保育のグランドデザインを描く

これからの保育の創造にむけて

汐見稔幸／久保健太
［編著］

ミネルヴァ書房

Grand Design of ECEC
Early Childhood Education and Care

はしがき

子どもにかかわる人間は、さまざまな「思い」や「願い」を抱いて、子どもにかかわっています。この本には、そうした「思い」や「願い」が記されています。「子どもへの思い／願い」「未来社会への思い／願い」をめぐって、みなさんと語り合いたい。それが、本書の思いです。

都市部では、待機児童の問題が依然として深刻です。財源の問題、保育士不足の問題、用地の問題。そういったさまざまな問題が絡み合い、保育所の不足が続いています。そのために「子どもを預けたい」という保護者の「思い」に応えきれていない状況が続いています。本書ではこうした問題を十分に語り合うことはできませんでした。その点については、改めてしっかり語り合いたいと思っています。

私が希望をもっているのは、保護者が抱いている「思い」が「預けたい」という思いだけではないという点です。たしかに、預けたいという思いが叶わない状況では、預けたいという気持ちばかりが膨らんでしまいます。ですから、待機児童の問題は解決されなくてはなりません。しかし、そうした状況のなかでも、保護者のみなさんは「こういう人間に育ってほしい」という「思い」を抱いています。そして、預かる保育者も「こういう人間に育ってほしい」という「思い」を抱いています。忘れてはならないのは、子どもたち本人も「こういう人間になりたい」という「思い」を抱いて生きているということです。

保護者は「預ける」人、保育者は「預かる」人、子どもは「預けられている」人。そういう分断ばかりが目立ってしまいますが、そうではありません。「こういう人間になりたい／こういう人間に育ってほしい」という「思い」を真ん中において、子どもと保護者と保育者が響き合うことも可能だと思います。私は、そこに希望を感じています。

本書はそもそも、公益社団法人全国私立保育園連盟の保育・子育て総合研究機構が企画した「保育のグランドデザインを考える対談」がもとになっています。そこでは、保育現場の代表として六人の園長先生が登場し、保育理論の代表として汐見稔幸先生が登場しました。現場と理論との対話を通じて、グランドデザインを考えるための素材を得ようという企画でした。その対談が第Ⅰ部のもとになっています。本書には、この対談に限らず全体を通して、これからの新しい保育の創造に向け日々心を砕きながら子どもたちや保護者たちに向き合っている保育者や研究者の「思い」と「願い」が込められています。保育団体の企画がもとになった本ではありますが、できるかぎり多くの方々と語り合いたいという思いをもっています。

本書をきっかけに、「思い」や「願い」の語り合いが拡がり、分断にかわって響き合いが主流になることを願っています。

二〇一六年四月

編者を代表して　久保健太

保育のグランドデザインを描く——これからの保育の創造にむけて

目次

第Ⅰ部　保育のグランドデザインを考える
——対談　六人の園長×汐見稔幸

対談3

序　学習とは何かということを考える
——保育のグランドデザインを描くために

久保健太

はじめに、グランドデザインという言葉について説明しておきます。私たちは日々、子どもに対する願いを抱いて、その育ちにかかわっています。そうした願いは、「こういう人間に育ってほしい」という願いですが、そこには「そういう人間こそ、社会で活躍してほしい」という願いが込められているはずです。それは、「子どもへの願い」であるとともに、その子たちが生きる「未来への願い」「社会への願い」でもあるはずです。この「未来への願い」「社会への願い」こそが日々の保育の根底にあるもの、すなわち、保育のグランドデザインです。

ところで、「こういう人間に育ってほしい」という願いは、人それぞれです。それは、「未来への願い」「社会への願い」が人それぞれだということです。しかし、それでいいのです。人によって、それぞれだからこそ、そこに対話が生まれます。

グランドデザインは、一部の人間が考えて、それに他の人間が従うというものではありません。子どもの育ちにかかわるすべての人間が、ともに議論をしながら考えるものです。

保育のグランドデザインをめぐって、みんなで対話をしましょう。それが私の思いです。対話を通じて、グランドデザインをみなさんで考える。そういったことを願って、まずは私が考える「こういう人間に育ってほしい」という「子どもに対する願い」と、「そういう人間が活躍する社会であってほしい」という「未来社会への願い」を記します。

とはいえ、「願い」は「問い」とセットになっています。つまり、「こういう人間に育ってほしい」という願いは、「どうやったらそういう人間に育つのか」という問いとセットになっています。ですから、ここでは「こうやったらそういう人間に育つ」という「育ち」論も記します。そして、その育ち論を学習論・教育論として整理します。それは「どうやったらそういう人間に育つのか」という「問い」への私なりの答えであり、〝「学習」とは何か？〟〝「教育」とは何か？〟という問いへの私なりの答えでもあります。こうした問いに答えておくことが、「願い」を実現していくためには避けて通れないことなので、あえて、この難問に答えてみようと思うのです。

1　子どもに対する願いと、未来社会への願い——私の「育ち」論

人にやさしい街づくり：地域、共同体

次に示す写真1は、オランダの生活道路の様子です。写真では、スキンヘッドの男性がギターを弾いている姿しか見えませんが、その斜め前では、女性が本を読んでいます。奥では、子どもたちが遊んでいます。いわば、オランダ版の「縁側《えんがわ》」です。人々は縁側に出てきて、思い思いに自分の時間を過ごします。

写真１　オランダの生活道路

オランダでは生活道路と幹線道路をしっかりと分けています。そして、生活道路には車がスピードを出せないような仕掛けを施しています。表面を石畳にしたり、住んでいる人たちが鉢植えを置いたり、道の真ん中に木を植えてしまったりという仕掛けです。

道路がこういった具合ですので、生活道路には、あまり車が入ってきません。もちろん椅子を置いてもいいわけですから、自然に道路が「縁側」のようになってきます。風に吹かれてギターを弾いたり、本を読んだりしたほうが、家のなかで弾いたり、読んだりするよりも気持ちがいいので、みなさん外に出てきます。

こうした道は、子育てにやさしい街を生み出します。お母さんは、ベビーカーを押しながら、子どもを二人連れて歩いています（写真２）。お父さんは、三人の子どもを一台の自転車に乗せて、サイクリングをします。

こうした街は、子どもにやさしい街でもあります。子どもたちは、川辺やら、グラウンドやら、いろいろなところで遊んでいますが（写真３）、車に脅かされることなく、遊び場ま

写真２　母親と子どもたち

で行けます。一方で、日本の子どもたちは「囲い込まれ」ていています。大人のいないところでのびのびと遊ぶことが難しくなっています。

しかし、日本でもオランダのような風景をつくることは可能です。なぜなら、四〇年前のオランダの街は、まさにいまの日本のように、車が歩行者を押しのけながら、わがもの顔で道路を占拠するような街だったからです。しかし、オランダは、車が主人公の幹線道路と、人が主人公の生活道路を分けることによって、子育てにやさしく、子どもにやさしい街を整えていきました。このような街づくりは欧米で広がりつつあります。

先に述べたように、日本の子どもたちは囲い込まれ、「囲い込み」の「外の世界」とかかわることが減ってきています。「外の世界」の最たるものは地域ですが、地域社会との交流はイベント的なものが多くなり、日常的な交流は少なくなっています。これにはさまざまな原因がありますが、ここで述べた道路の問題も原因の一つです。

写真３　木登りする子どもたち

「本物」の活動

しかし、人が育つには、地域社会との日常的なかかわりが必要です。保育園や幼稚園でも地域に出ていくことがあります。その際、地域の方の仕事場にお邪魔することもあります。そこにあるのは「本物」の活動です。「本物」を使いこなしている活動と言ってもいいでしょう。

「本物」とは何か。本物とは「二面性」をもつものです(1)。仕事場で、仕事人たちが使う本物の道具は、どれも二面性をもっています。たとえば、料理人の包丁は、ものすごい切れ味で、食材を刻んでいきます。しかし、その切れ味は、使い方を誤れば、自分の体を傷つけもします。「自分を生かしもすれば、自分を殺しもする」。この「どちらに転ぶかわからない」という二面性こそ、本物の道具が備えているものです。

(1)　現実は「二面性」をもつ。すなわち、現実は見る角度によってさまざまな解釈を可能にさせる。言い換えれば、現実には発見しても、発見しつくせない側面が存在する。そういった思想を、私は大田堯から引き継いでいる。このような思想を記した大田の文献は数多くあるが、そのなかでも「一つの学力論」（一九六八年）と「選びながら発達することの権利について」（一九七〇年）の二論文は大田（二〇一四b）に収録されているので手に入れやすい。

私は、埼玉県の川口市という工場町で育ちました。映画「キューポラのある街(2)」の舞台となったところで、数多くの鋳物《いもの》工場がありました。私が幼い頃は、鋳物工場の仕事の様子を覗き見ることができました。そこでは真っ赤に溶けて、ドロドロになった金属を鋳型《いがた》に流し込んでいました。工場のおじさんたちは、大胆かつ慎重に仕事をしていました。幼い私は、その仕事を遠くから覗き見、惚れ惚れするだけでしたが、今となれば、少しでも誤ると大惨事になるという緊張感が、おじさんたちの慎重さを生んでいたのだということがわかります。ドロドロに溶けた金属は、思い通りのかたちに成型できるという点では非常に便利なものですが、ひとたび扱い方を誤ると、取り返しのつかない事態をもたらします。

「本物」がもつ「どちらに転ぶかわからない」という二面性につき合いながら、「本物」が備えている力を引き出そうと工夫をして、技術が洗練されていく。「本物」の活動とはそういった活動です。

「美しさ」への「感染」

私が小さい頃には、そういった活動が、子どもの目に見える範囲にたくさんありました。それは、今にして思えば、貴重な学びの資源でした。なぜなら、そうしたおじさんたちの姿に憧れて、その姿を真似ようとしたからです。

エンゲストローム(3)というフィンランドの教育学者がいます。彼の学習理論のエッセンスを大胆に抽出すると、学習を次の四段階で描くことができます。

①「やりたい」の段階
②「やりたいけど、できない」「できないけど、やりたい」の段階
③「やった！　できた！」の段階
④「いつでもできる、どこでもできる」の段階

おじさんたちが見せてくれた「本物」の活動は、私の「やりたい」に火をつけてくれました。おじさんたちは、「あのちびっ子の〝やりたい〟に火をつけてやろう」と思って、仕事をしていたわけではありません。「本物」の活動をしていただけです。その姿に、私が「感染(4)」してしまったのです。

これは、本物の道具を使いこなしている子どもに、使いこなせない子どもが「あこがれ」をもつ

(2)「キューポラのある街」は、早船ちよの小説で、一九六二年に公開された浦山桐郎監督の日本映画である。鋳物の街でキューポラ（鉄の溶解炉）が多く見られた埼玉県川口市を舞台とした青春ドラマ。主人公ジュン（吉永小百合）の周りで起こる貧困や親子問題、民族、友情、性など多くのエピソードを描いている。

(3) ユーリア・エンゲストローム（Engeström, Y.: 1948–）ヘルシンキ大学教授。「活動理論」と呼ばれる人間の教育と学習と発達を創造するための理論を展開し、そこから「拡張的学習」という新しい学習理論をつくりだした、世界の教育学をリードしてきた教育学者。彼は、学びが共同的に行われると考える。共同体のメンバーの学びは、個人の学びであるとともに、共同体の学びでもある。学びは、個人に変化をもたらすとともに、共同体にも変化をもたらす。これがエンゲストロームの学習観である。詳しくはエンゲストローム（一九九九）および久保（二〇一五）を参照。

のと同じ構造です。コマ回しが誰よりも上手な子どもが、見事にコマを回す。本人は、うまく回らない時期を乗り越えて、ようやく回せるようになったコマが、自分の手によってしっかりと回ってくれることが楽しくて、コマを回しているだけです。少しでも油断をすると、うまく回ってくれないから、真剣に回しているだけです。しかし、その姿に周囲が「感染」する。彼の努力を知っているから感染するのではありません。彼の姿が美しいから感染するのです。この場合の「美しい」というのは、「生き生きしている」という意味です。コマと一体になることで、彼の生命力が淀みなく発露し、あるいは炸裂しているという意味です。

コマ回しの姿がもつ、こうした「美しさ」に周囲の子が「感染」します。コマを回せる子どもは「やってみたら」なんて一言も言っていない。感染した側が、勝手に、真似をしているだけです。ですから、感染によって始まった活動は、「自発的」な活動です。

しかし、この「勝手に感染をしてしまった」という「自発性」が「やりたいけど、できない」「できないけど、やりたい」の段階では、支えになります。「やれと言われたけど、できない」のと、「やりたいけど、できない」のとでは、同じ「できない」でもまったく中身が違います。「やりたいけど、できない」とき、人は必死に工夫をします。失敗しても、そのたびに試行錯誤を繰り返します。本人の「やりたい」が根にあるからです。こうした試行錯誤を経て、技術が、徐々に、身についていきます。

そうして、「やった！　できた！」の瞬間が訪れ、さらに磨きをかけると「いつでもできる、どこでもできる」の段階に到達します。コマ回しに限らず、さまざまな技術がこうした過程を経て獲得されます。これがエンゲストロームのいう学習なのですが（正確には、これに加えて「拡張」という側面もあります(5)）、「やりたい」という欲求の芽生えは、特に学習の第一段階として非常に重要なのです。

「おもしろそう」なものとの出会いを：未知で不確実なもの

地域の魅力は「本物」の活動があることだけではありません。未知のものがたくさんあることも、

(4)「感染」という言葉は、宮台真司が「感染動機」（宮台、二〇〇八）や「感染的模倣」（大澤・宮台、二〇一〇）といった概念で用いる言葉である。宮台は利他的に振る舞う人物が感染を惹き起こすとした。私は、自己と他者の区別すら溶解し、さらには自己と世界との境界までも溶解した振る舞いが感染を惹き起こすと考えた。この発想のもとになったのは、矢野智司の「溶解体験」論である。私は、矢野にならって、溶解体験を「生命にふれること」だと考え（矢野、二〇〇六）、それに対して、周囲が「感染」すると考えた。

(5)　エンゲストロームは、学習による学習者の変化が、どのように社会の変化（共同体の変化）をもたらすかを考えた。そうして考えたのが「学習とは拡張である」という理論である。「拡張」は、次のように説明できる。私たち人間は、「現実」に即して「技術」をつくる。「技術」ができると、その「技術」を当てはめて、現実に働きかけていく。しばらくは、それでうまくいくが、次第に、技術が当てはまらない（技術が通用しない）現実が出てくる。そうすると、その現実に当てはまる（通用する）技術をつくる。とはいえ、「技術のつくりなおし」は簡単ではないので、「古い技術」が通用しない「目の前の現実」に通用する「新しい技術」を求めて、試行錯誤をする。その結果「新しい技術」を獲得する。獲得した「新しい技術」に即して、これまでの「古い技術」を更新する。こうして「技術」の適用範囲が（通用する範囲が）拡がる。これが「拡張」である。なお「技術」を「規則」と置き換えれば、規則の拡張として学習を説明することもできる。詳しくはエンゲストローム（一九九九）を参照。

地域の魅力の一つです。「囲い込まれた」世界では、知っているものに出会う場合がほとんどですから、両者は対照的です。

未知のものは、不確実なものでもあります。この不確実性を、日本語では「〜そう」という言葉で表現しています。「おいしそう」とか「楽しそう」と言うときの「〜そう」です。とても微妙な違いだと思うのですが、「おもしろそう」なものと「おもしろい」ものは、明らかに違います。「おもしろそう」なものには、まだ全貌が明らかになっていない不確実さがあります。それが「おもしろい」ものなのかどうなのか、それすらわかりません。対して、「おもしろい」ものが、楽しみをもたらしてくれるものであることは、保証されています。そうであるのに、人は「おもしろい」ものよりも「おもしろそう」なものに惹かれます。

かつての地域には、「おもしろそう」なものがゴロゴロ転がっていました。生き物もたくさんいました。原っぱの木に登って、草むらをぼんやり眺めていると、何やら草むらがゴソゴソ動く。しばらく見ていると、また別の場所がゴソゴソ動く。それでも見ていると、さらにゴソゴソと動く。たまらず草むらに入って、近づいてみる。すると、ゴソゴソの正体がネズミだったことがわかる。そこからネズミ獲りが始まる場合もありますが、たいていの場合、「なーんだ」で終わる。

別の日には、団地の敷地内の公民館に、遊びに行く。公民館と団地の間に、九〇cmくらいの、子どもならすり抜けられそうなすき間が空いているのを見つけた友達が、そこに入っていく。別の子が、二つの壁の間を登りながら歩く「スパイダーマン歩き」を発明する(写真4)。「おもしろそう」なのでやってみる。最初は「おもしろい」スパイダーマン歩きが、自在にできるようになってくる

写真４　スパイダーマン歩き

と「つまらなく」なってくる。そうして、「あー、おもしろかった」で終わる。

最初は「おもしろそう」だったものも、たいていは、「なーんだ」や「あー、おもしろかった」で終わります。しかし、それでいいのです。「あー、おもしろかった」で終わったとしても、スパイダーマン歩きをする前よりも、確実に、スパイダーマン歩きの技術が身についています。ひそかに、学習の第四段階に到達しているのです。

地域における多様なものの「混在」：失敗を発達に位置づける

さて、「未知のもの」、おもしろそうなものとの出会いのために必要なのが地域です。しかし、地域にはすでに知っているもの、すなわち既知のものもたくさんあります。つまり、地域には既知のものと未知のもの、確かなものと不確かなもの、「安全なもの」と「危険なもの」が混在しています。この混在につき合うことによって、子どもは、自分にとっての「安全なもの」と「危険なもの」を「分別」する力を身につけます。(6) この「分別」は「混在」に出会い、その「混在」のなかから「安全なもの」と「危険なもの」などを分けることによって身につきます。

しかし、現在では、「安全・安心」を確保しようとする街づくりのなかで、不確実なものが「危険なもの」と見なされ、街のなかから取り除かれつつあります[7]。その結果、地域における多様なものの「混在」が失われつつあります。私が「スパイダーマン歩き」をした場所には、「遊んではいけません」の看板が掲げられ、もしくは、大人の目が届かない「死角」自体がなくなるように街がつくられています。たしかに、安全で、安心な街をつくることは大切なのですが、そればかりを推し進めると、未知で、不確実なものが街から失われてしまいます。「混在」が失われると、子どもが「分別」を身につける機会が失われてしまいます。

加えて、技術を獲得する機会も減ってしまいます。エンゲストロームは、学習のなかに「やりたいけど、できない」「できないけど、やりたい」という段階を置きました。この段階では、登れそうだけど登れない木のような、危険にも安全にもなる二面性をもった事物を相手にすることが大事になります。そして、登りたいけど登れない木を相手に、試行錯誤を繰り返し、ときには失敗もし、擦り傷をつくりながら、木登りの技術を獲得していきます。こうして技術を獲得し、「危険なもの」を「安全なもの」に変えていくことが、エンゲストロームのいう学習なのですが、「登れそうだけど登れないもの」を最初から危険なものと見なし、「危ないので登ってはいけません」の看板を掲げてしまっては、学習の機会が失われてしまいます。

とはいえ、登れそうだけど、登れない木を、街のなかに無造作に置いておくのは怖いという気持ちもわかります。ケガにつながるのは、そのような木だからです。これは「本物」の道具を街に放置してある状態であって、道具の使い方を誤ると、大惨事につながりかねない状態です。そこで提案したいのが、「本物の道具」ではなく、「本物の活動」を街に置いておこうということです。「本物の活動」とは、先に述べたように、「本物」を使いこなす「仕事人たちの活動」です。この場合の「仕事人」は、それを本職にしている人でなくてもかまいません。

本物の活動が、子どもの目に見える範囲にたくさんあれば、子どもはその活動に「感染」し、少しずつでも、真似してみようとします。そうして、エンゲストロームのいう学習を進めていきます。とはいえ、本物の活動を街に置いておくこともすぐにできることではありません。ですから、本物の活動を行っている「仕事場」と保育園とが連携できる社会をデザインしたり、保育園のなかに「仕事場」をつくったりすることが必要だと思うのです。

相手の身になって考える

「危険かもしれない未知のもの」に出会ったときに力を発揮するのが、安全なものと危険なものとを見分ける「分別」です。この能力こそ、不確かなもの、多様なものとつき合っていくために必要な能力ですが、もう一つ「相手の身になって」考え、行動する能力も必要なように思います。難しいのは、「安全なもの」と「危険なもの」とを見分ける「分別」と、「相手の身になって」考

(6)「分別」は大田堯の教育思想のキーワードである。たとえば『教育とは何か』という著作には、随所に「分別」という語が登場する（大田、一九九〇）。
(7) 齋藤（二〇〇五）、特に一四一頁など。

える能力とが、ときには互いの邪魔をし、ぶつかり合ってしまうことがある点です。

その点について、「分別」と「無分別」という言葉を使って説明します。私たちは普段「分別」を働かせて生きています。そうして「安全なもの」と「危険なもの」、「使いこなせるもの」と「使いこなせないもの」などを分け、環境に適応しています。

しかし、この分別の世界は、私と相手との間に境界を引き、両者を別のものとして扱う世界でもあります。ですので、この分別の世界に生きているだけでは「相手の身になって」考えることは、難しいのです。相手の身になろうとしても、どうしても頭でっかちになってしまいます。

ですから、人には、自分と相手との間の境界を取っ払い、相手の「身になる」体験が必要なのです。この体験は分別の世界が設けた境界が溶けてしまう体験、すなわち「無分別」の体験です。この「無分別」の体験において、人は「混じり合った感覚」「溶け合った感覚」を味わいます[8]。

盆踊りの感覚も、それに近いものです。そこにいる人たちが混じり合いながら、同じリズムに身を委ね、溶け合っていく。そのとき、目の前で踊っているおばちゃんと自分との間の境界はなくなる。おばちゃんの楽しそうな表情が見えると、なおいい。おばちゃんの感情まで、こちらに伝わってきて、心まで溶け合う。祭りが終わり、ふと我にかえると、おばちゃんの「身になる」ことができている。

もちろん、事情は、そこまで単純ではありません。実際は、こうした盆踊りのようなことを何度も繰り返して、相手の「身になる」ことができていきます。たとえば、一緒に川で水遊びをして、同じ川の冷たさを感じたり、一緒に夕焼けを見て、ともに心を打たれたり、そういったことを繰り返しながら、相手の「身になる」ことができていきます。「相手の身になる」ためには「分別」だけではなく、こうした「無分別」も大事なのです。

一体感のなかでの食い違い：対話の土台

とはいえ、「無分別」だけに傾くのも危険です。なぜなら、「相手の身になる」ことは「自分を失う」という危険もはらんでいるからです。相手に感情移入しすぎてしまうあまり、自分の感情や冷静な判断力を失ってしまうという危険です。

肝心なのは、「無分別」と「分別」のバランスです。つまり、「相手の身になる」と同時に、自分と相手とを「分けて」考えて、バランスをとることです。

それを私は、「一体感のなかでの食い違い」とか「食い違っても感じている一体感」という言葉で考えています。(9) ここで一体感というのは「無分別」が生み出す「混じり合った感覚」「溶け合った感覚」のことです。この一体感を一方で感じながら、自分と相手との間に生じている「食い違い」にも気づいている。そうすることで、「相手の身になり」ながらも、自分の判断を保つことが

(8)　久保（二〇一五）二〇八頁を参照。
(9)　大田堯は「生命」の特徴として「ちがう」「かかわる」「かわる」の三点をあげている（大田、二〇一四a）。その上で、学習を「ちがう」もの同士が「かかわる」ことでみずから「かわる」ことだと述べている（大田、二〇一三）。ここで私が「一体感のなかでの食い違い」と述べているものは「ちがう」もの同士が「かかわる」とはどういうことかということを私なりに考えたものである。

できます。

「一体感のなかでの食い違い」は「対話」を生み出す原動力にもなります。たとえば、日頃から仲のいいAちゃんとBちゃんのケンカ。どういうわけか二人に食い違いが生じている。聞いてみると、Aちゃんは自分がままごとのお母さんをやりたいのに、Bちゃんがお母さんを譲ってくれないという。

ここで一体感という言葉を使えば、AちゃんとBちゃんとの間には、一体感がある。その一体感は、二人が共に感じているのだけれど、Aちゃんからすれば、自分と一体であるはずのBちゃんに、なぜか気持ちが伝わらない。そんなとき、Aちゃんは自分の気持ちをBちゃんに伝えようとする。そのとき、Aちゃんを動かしているのは「気持ちが伝わるはずのBちゃんに、気持ちが伝わらない悔しさ」のようなものだと思うのです。そして、この悔しさの土台になっているのが「Bちゃんと私とは一体なはずだ」という一体感だろうと思うのです。この一体感がなければ、食い違ったままバラバラに遊び始めてしまうはずです。

一体感があるのに食い違ってしまう。食い違っているけれど一体感は感じている。この状態でこそ、人は、相手に、自分の気持ちを伝えようとします。「気持ちが伝わるはずの相手に、自分の気持ちを伝えようとすること」を「対話」と呼んでいいのだとすれば、対話の原動力には「一体感のなかでの食い違い」と「食い違っても感じている一体感」があると言っていいでしょう。

溶解体験とセンス・オブ・ワンダー

先に「無分別」について述べた箇所で、盆踊りの例をあげました。そこにいる人たちが混じり合いながら、同じリズムに身を委ね、溶け合っていく。そのとき、目の前で踊っているおばちゃんと自分との間の境界が溶けて、なくなる。祭りが終わり、ふと我にかえると、おばちゃんが、祭りの前とは別のもののように見える。おばちゃんの見え方が変わっていることは、おばちゃんの「意味」が変わっているということです。「無分別」を味わうことによって、普段の世界とは別の世界が見えてきます。これが「無分別」の体験がもたらす学習です。

この無分別の体験を、教育哲学者の矢野智司は「溶解体験」と呼びます。自分と世界との境界が溶けてしまう体験という意味です。(10) この溶解体験は、人でないものに対しても起きます。というよりも、人を超えたもの、すなわち世界に対する溶解体験こそが、本来の溶解体験です。世界に、引き込まれ、飲み込まれ、入り込み、包み込まれる体験がそれです。

たとえば、川に散歩に行く。水面《みなも》を眺めていると、波紋が一つ広がる。そのまま眺めていると、別の場所でも波紋が広がる。腰を上げて、近づいてみる。すると、別の場所でも波紋が広がる。波紋のあった辺りをのぞき込んでみる。よく目をこらしてみると、小さなカニがいる。カニの行方を追っていくと、カニが岩の暗がりに隠れる。その暗がりを、のぞき込む。我を忘れてのぞき込んでいると、足がしびれてきて、そこでようやく我にかえる。足のしびれが取れてくると、さっきのカ

(10) 「溶解体験」については、矢野智司の著作以外にも、作田啓一の著作も参照。作田（一九九三）、作田（一九九五）、矢野（二〇〇六）、矢野（二〇〇八）など。

ニをつかまえたくなってくる。靴を脱ぎ、裸足になって、川のなかに入っていく。最初は冷たかった水に足が馴染んでくる。ヌメヌメして歩きづらかった川底の石にも、足の裏が馴染んでくる。川の水に手を突っ込み、カニが入り込んだ岩をもち上げてみると、二、三匹のカニがいる。

そのカニを一匹つかまえる。手のなかでカニがもぞもぞと動く。カニを落とさないように、しばらく手で包んでいると、いつの間にか手のひらとカニとが溶け合ってくる。すると何だか、カニの呼吸までこちらに伝わってくる。手のなかで動くものがカニではなく、小鳥のような柔らかく温かいものであれば、この溶け合いは、より深くなる。

そういった体験においては、水と足との境界、川底の石と足の裏との境界、手のひらとカニとの境界、そういったもろもろの境界が溶けてなくなっていきます。そうして、水面のきらめき、波紋、カニ、川の水、川底の石、そういったものが混然一体となった世界に引き込まれ、飲み込まれ、入り込んでいきます。こうした体験が溶解体験です。

この溶解体験はセンス・オブ・ワンダーによってもたらされます。センス・オブ・ワンダーとは、自然が繰り広げる不思議に応じてしまう感性です(11)。このセンス・オブ・ワンダーに動かされることで、自然の不思議に引き込まれ、飲み込まれ、入り込んでいきます。

こうした溶解体験を経た後では、川の水の見え方、川底の石の見え方、カニの見え方が変わってしまいます。それは、世界の新たな意味を発見することでもあります。これこそが「混じり合い、溶け合うこと」そのものによる学習、言い換えれば「無分別」がもたらす学習です。

2　「混じり合うこと」と「分かれること」の行き来——私の「学習」論

学習とは何か

私が考える「子どもに対する願い」「未来社会への願い」を書いてきました。それは、子どもたちが、自分の足で「本物の活動」と出会ったり、未知のものと出会ったり、自然を相手に溶解したり、一体感や食い違いを味わったり、多様なものの混在に触れたりしながら育っていく姿であり、そういった「育ち」が可能であるような社会です。そこには、ざっと数えても五つの学習が含まれています。登場順に列挙すると、次の五つです。

学習①　「本物」のもつ「二面性」を使いこなそうとして所作や技術が「美しく」なること。
学習②　「美しさ」に「感染」し、試行錯誤を経て「技術」を身につけること。
学習③　未知のものと既知のものとの「混在」につき合いながら「分別」を身につけること。

---

(11)　大田はセンス・オブ・ワンダーを「感応力」と呼び、人間と自然とのかかわりにおいて、感応力が発揮されることの重要性を繰り返し述べている。これについては、大田（一九九二b）一一五頁、大田（一九九二c）一四頁、大田（一九九七）一一六頁など参照。私は「無分別」がもたらす学びについて述べたことがあるが（久保、二〇一五）、それは矢野の「溶解体験」論と大田の「センス・オブ・ワンダー」論に影響を受けての学習論である。大田と矢野の理論的関係については、久保（二〇一三）を参照。

学習④「一体感のなかでの食い違い」を埋めようとするうちに「対話」の能力が身につくこと。
学習⑤「混じり合い、溶け合う」ことによって、世界の新たな意味を発見する。

この五つの学習から言えることは、学習とは「混じり合った状態から分かれること」によって起きるか、もしくは「分かれた状態から混じること」によって起きるものだということです。

たとえば、「混在」につき合いながら「分別」を身につけることは「混じり合った状態から分かれることによって起きる学習」です（学習③）。一方、馴染みのない「本物の道具」と混じり合おうとして、技術を身につける学習があります（学習①②）。道具に馴染んでいる状態とは、道具と自分とが一体となっている状態だと言えます。逆に、馴染んでいない状態とは、道具と自分とがバラバラに分かれた状態だと言えます。そう考えると、馴染みのない状態から馴染んだ状態に至る学習は「分かれた状態から混じり合おうとすることによって起きる学習」の一つだと言えます。同様に、学習④や、学習⑤も、分かれた状態から混じろうとして、もしくは混じることによって起きる学習と捉えることができます。このように考えると、先の五つの学習は「混じったものを分けようとする学習」と「分かれたものを混ぜようとする学習」の二つに整理することができます。つまり、学習とは「混じり合った状態」と「分かれた状態」との行き来において生じるものとして捉えることができるのです。この点は、私が、自分の学習論の肝として述べておきたいことの一つ目です。

二つ目に述べておきたい点は、この行き来は「起こす」ものではなく、「起きる」ものだという点です[12]。分かれた状態に置かれていても、「溶解」（学習⑤）は「起きて」しまいます。気がついたら、いつのまにか、世界に引き込まれ、飲み込まれ、入り込んで、溶解してしまいます。「よし、今日は川とカニとが織りなす世界に入り込むぞ！」と思って、入り込むことは、まずありません。気がついたら、いつのまにか、その世界に入り込んでしまっています。「感染」（学習②）の場合も同様です。「よし、今日は友達のコマ回しに感染するぞ！」と思って感染することはありません。気がついたら、いつのまにか、感染してしまっています。つまり、混じり合った状態は「起こそう」として起きるものではなく、「起きて」しまうものなのです(13)。

逆に、混じり合った状態に置かれていても、分けたくなったり、分かれたくなったりしてきます。言い換えれば「分別」（学習③）が働きます。川とカニとの世界に入り込んでいるうちに、カニが波紋をつくっていることがわかってきます。これは複雑な混じり合いのなかに置かれた水とカニを切り分けて、そこに因果関係を見出す知的作業です。大田はこれをセンス・オブ・ワンダーを土台にした「分別」と呼んでいます(14)。加えて、混じり合った状態では不便だし、疲れるという理由で分別が働くこともあります。混じり合った状態では、自分にとって危険なものや自分を不安にさせるものが含まれています。そういったものと一緒にい続けると疲れてきます。だから、整頓しようとします。そうして分別を身につけるわけです。そうした学びを起動させるのは「疲れてくる」という

(12)「起こしたこと」と「起きたこと」の異同については、竹内整一による「みずから」為したことと「おのずから」成ったことについての論考、竹内（二〇一二）などを参照。
(13) 気がついたら、いつのまにか「起きて」しまうことについては、久保（二〇一三）を参照。
(14) 大田（一九九二a）二二頁。

身体的事実です。この「疲れ」も「生じさせる」ものではなく、「生じる」ものです[15]。

三つ目に述べておきたいのは、こうした行き来は「身体」が土台になって「起きる」という点です。混じり合いが起きるのは身体が溶解や感染を起こしてしまうからですし、分けようとするのも身体がセンス・オブ・ワンダーを発揮したり、危険や不安、疲れを感じたりするからです。

乳幼児教育における大人の役割

以上の三点が、私の学習論の肝です。ここであらためて強調しておきたいのは、学習は「起こそう」としなくても、おのずから「起きる」という点です。しかし、そのためには身体が感じる「疲れ」や「感染」といったものに素直になることが肝心です。混じり合いに「疲れ」て、分けたり、分かれたりする。分かれていても、いつのまにか、気がついたら、本物の活動がもつ美しさに感染してしまう。その結果、試行錯誤を経て、技術を身につける。このとき、感染は、身体に「起きて」しまいます。「起こそう」としなくても「起きて」しまいます。「溶解」も同様です。

すなわち身体には、感染、溶解、疲れといったものが「生じて」しまいます。そして、それらが生じた結果、学習が「起きて」しまいます。だとしたら、私たち大人は何をすればよいのでしょうか。私たち大人ができることはいくつかあると思います。

一つ目は、運動のなかに、子どもを置いてやること。「起きたこと」ではなく、「起きていること」のなかに子どもを置くこと。この「起きていること」も、人が「起こしたこと」よりも、自然に「起きていること」のほうがいい。言い換えると、それは生きているもの、移ろうもの、変わるもの、リズムをもつものです。川にたゆたう水や、岩に隠れるカニは生きています。そこにはリズムがあります。そのリズムが溶解体験を引き起こします。(16) 二つ目には、身体が感じる危険や不安、疲れといった本物の活動を、子どもの前に置いておくこと。三つ目には、身体が感じる危険や不安、疲れといったものに素直になることができる環境をつくっておいてやること（それは、危険や不安、疲れをしっかり感じることのできる「かしこい身体」を育むことにもなります）。四つ目には、溶け合い、混じり合いに疲れたときには、くつろげる場所を準備しておくこと。そういった場所が、混じり合いから少し離れた所、すなわち混じり合いを俯瞰できる所にあること。五つ目には、混じり合いをうまく整頓してくれるモデルを、子どもから見えるところに置いておくこと。六つ目には、混ぜ方も分け方もおぼつかない子どもたち、エンゲストロームの学習論でいえば「やりたいけど、できない」段階の子どもたちに、完璧を求めないこと。

(15)「疲れ」が「生じる」メカニズムはダマシオ（Damasio, Antonio R.）による「原自己」「中核自己」「自伝的自己」の枠組みに時間性の視点を加えることで説明できるかもしれない。すなわち、自分に不安を与える対象（原自己にマイナスの修正・変化を与える対象）に出会うことによって、原自己および中核自己は「その対象へのアンテナを鋭くせよ」と指令を送る。自伝的自己は、その指令を無視し続けることもできるが、やがて無視し続けることに「疲れ」てくる。「やがて」という時間性を導入することによって、「疲れ」が「生じる」メカニズムをこのように説明することが可能になると思われる（ダマシオ、二〇〇三）。

(16) リズムと溶解体験には深い関係がある。矢野はオノマトペ論として、両者の関係を論じている。矢野（二〇〇八）、特に第六章第四節などを参照。私も矢野の影響を受けながら、生命界がもつリズムに飲み込まれる体験について述べたことがある（久保、二〇一五）。

こういったことが私たち大人にできることですが、これを全部やろうとすると、それはそれで窮屈な感じになってきます。ですから、もう少し大らかに「あ、溶解してる」「あ、感染してる」「あ、疲れてる」くらいに考えて、最初はおぼつかなくても完璧は求めないでおいて、「混じり合うこと」と「分かれること」の行き来を、力を抜いて眺めていればいいのだと思います。

このような大人のあり方の問題は、かたい言葉でいうと、「教育における大人の意図性」の問題です。次節では、この問題について述べます。また、「混じり合い、溶け合い」を学習の一つの極として強調したのは、「分ける」ということばかりが教育のなかで重視されてきたことを省みてのことです。その点については、近代という時代の問題として、また、人の育ちにおける「縁側」の重要性の話として最後に述べます。

それらを述べて、この序章を終わりにします。

3　教えようとはしないものからでも教わってしまう――私の「教育」論

おまけに、とてもかしこくなる：大人の意図性

繰り返しになりますが、私が学習論のなかで伝えておきたかったことの一つは、学習は、起こそうとしなくても、起きてしまうのだという点です。

その点とかかわって、『ぐりとぐらの1ねんかん』(17)から「10がつ」の文章を紹介します。

本はこどものたからもの
おもしろくて　たのしくて
わくわくする
はらはらする
もういっぺん　もういっぺん
なんべん　よんでも　たいくつしない
おまけに
とても　かしこくなる

「おまけに　とても　かしこくなる」。かしこくなるのは、おまけです。第一には、「わくわく　はらはら」があるのであって、「かしこくなる」のは、そのおまけです。

この順序を間違えて、かしこくすることばかりに一生懸命になって、子どもの「わくわく　はらはら」を保障できなければ、「かしこくなる」ことは難しいのではないでしょうか。

ですから、大人は、子どもの育ちに願いはもちつつも、子どもを操作しようとすることには慎重でなくてはなりません。大人の「意図性」のもち方が非常に難しいのだと思います。その点につい

---

(17)　中川・山脇（一九九七）。ちなみに、作者の中川氏は、保育士として一七年間保育所に勤めていた。そのときの経験から「ぐりとぐら」シリーズをはじめ、『いやいやえん』（福音館書店、一九六二年）などが生まれたとのことである。

ては、「感染」と「おもしろそう」がもつ教育力をあらためて確認しておきたいと思います。

「美しい」姿でコマを回している友達がいる。生命力が発露し、炸裂している、その「美しさ」に「感染」したとき、子どもの「やりたい」に火がつき、学習が始まる。

もしくは、「登れなさそうだけど、登れそう」な木を見て、「おもしろそう」と感じ、登り始める。登りながら、「危ないところ」と「安全なところ」を「分別」する。失敗と試行錯誤を繰り返しながらも、木登りの「技術」を身につける。

どちらも、人に言われて、始めたわけではありません。しかし、最終的には「できそうで、できない」という「わくわく　はらはら」を味わいながら、「分別」と「技術」を身につけています。加えて、「失敗しても、やれば、できる」という「自信」も身につけています。そして、木登り以外にも応用が利くであろう「身のこなし」も獲得しています。これらが「かしこくなる」の中身です。

「美しい」姿でコマを回している友達は「回してみたら」とは言っていませんし、「登れなさそうだけど、登れそう」な木も「登ってみたら」とは言っていません。しかし、人はコマを回し、木に登ります。そして、さまざまなものを獲得します。

人は「教えようとはしないものからでも教わってしまう」のです(18)。これは非常に重要なことです。もちろん、意図的に「教えよう」とすることも大事です。しかし、一方で「教えようとはしないものからでも教わってしまう」ことも大事です。私たち大人には、この両者のバランスをとることが求められているように思います。

「分けて、並べて、教える」

「教えようとするもの」と「教えようとはしないもの」のバランスをどのようにとるか。この問題こそ、この二〇〇年間、人類が考えつづけてきたことであり、今後の保育や教育を考える上で、私たちが考えなくてはならないことです。そのことを最後に書いて、終わりにします[19]。

「教えようとするもの」と「教えようとはしないもの」との違いは何か。それは「教えたいこと」があるかどうかと、教える内容が「分けて、並べ」られているかどうかにあります。

「教えようとするもの」には、「教えたいこと」があります。「教えたいこと」があらかじめ決まっていると、たいてい「正解」が決められてしまいます。たとえば、理科の授業。「固体が溶けると液体になる」ことが「教えたいこと」として、あらかじめ決められているとします。その場合、〝「雪が溶けたら」どうなりますか？〟という問題に対して、「雪が溶けたら水になる」という答えが「正解」として決められてしまいます。

加えて、「教わる」側は、教える側が、わかりやすく整理してくれた教材を用いて、「正解」を教わります。「雪」は固体であること。固体が溶けたら液体になること。「雪」という固体の液体名は

(18)　大田堯は、自然がもつ教育的効果として「教えたがらないものからでも教わってしまうこと」をあげている。大田（一九九二a）二一一頁、大田（一九九二b）一一五頁、大田（一九九二c）一一五頁参照。

(19)　ここは、大田堯が近代教育を、文化を「わかち、つたえ」る営みと定義づけたことに影響されて、書いている。大田の近代教育観は、大田（一九九〇）の第六章などに示されているが、それ以前にも大田（一九七九）などで論じられている。

「水」であること。そういったことが整理され、わかりやすく配列された教材を用いて、「雪が溶けたら水になる」という「正解」を学びます。

このとき、「教えようとするもの」は非常に親切です。その結果、教わる者が、「教えたいこと」にしっかりとたどりつくように、教える内容を「分けて、並べて」提示してくれます。

一方、「教えようとはしないもの」が提示する「教材」には、そういったわかりやすさがありません。「雪解け」という自然現象を見て、何を考えるのかは自由です。ですから、〝「雪が溶けたら」どうなりますか?〟という問題に対して「雪が溶けたら春になる」とか、「雪が溶けたらキツネが出てくる」とか、「雪が溶けたらお父さんがタイヤを交換する」とか「雪が溶けたらコタツが片づけられる」とか、いくつもの答えが出てくるのです。「教えようとはしないもの」は多くの要素を含んでいますが、それを「教えよう」とはしません。「教わる」側が、自力で「自分なりの答え」を見つけ出すしかないのです。

しっかりと「正解」にたどりつけるように、教える内容を「分けて、並べて」提示する。この善意は、否定されるべきものではありません。しかし、「分けられ、並べられた」ものから「正解」を導き出すだけではなく、多様な要素を含んだ「教えようとはしないもの」から「自分なりの答え」を引き出すことも大事です。

なぜなら、生きていく上では、多様な選択肢を含んだ、その場その場の状況から「自分なりの答え」を見つけ出し、行動しなくてはならないからです。雪が溶けたら、誰に教えられるわけでもなく、コタツを片づけ、タイヤを交換し、キツネに備えて、生きていくわけです。状況から「自分なりの答え」を見つけ出す能力は、「分け」られ、「並べ」られた教材ばかりを相手にしていたのでは身につきません。

これからの保育と教育を考える：地域の「縁側」としての園の役割

「分けて、並べて、教える」という教え方が、大規模に広がったのは、ここ二〇〇年ばかりの「近代」という時代でのことです。近代になると、人類は、学校という「教える」ことを専門にした場所をつくりました。さらに教師という専門家に、「教える」ことを任せました。

仕事を分業し、それぞれの仕事の専門機関をつくり、専門家にその仕事を任せるという試みは、教育以外の分野でも広がりました。その試みがうまくいった面もあります。しかし、「人が育つ」ということにおいては、その試みのマイナス面も見えてきたように感じます。

「本物」の活動が専門機関のなかで行われるようになり、子どもの目からは見えなくなり、子どもが「感染」する機会が激減しました。「混在」が失われ、「分別」を身につける機会も減りました。なにより、人と人との「気楽な」かかわり合いが減りました。

あらためて縁側の話をします。縁側でのかかわり合いは、気楽なかかわり合いです。私には、隣に住んでいた原さんというおじいちゃんとの縁側での思い出があります。小学生の頃の話です。私はよく、縁側で一人将棋を指していました。そうしていると、「また、一人将棋かい」と原さんが隣の家から声をかけてくれるのです。原さんは、縁側つたいにやってきて、うちの縁側に腰を下ろし、将棋の相手をしてくれました。

いま思えば、原さんは将棋の師匠であり、カウンセラーであり、マナー講師でした。私は原さんと過ごすことで、将棋教室に行くことなく将棋を教わり、カウンセリングを受けることなく学校であったイヤなことに気持ちの整理をつけ、おまけに「ですます調」の初歩を身につけました。

近代は、「原さん」の機能を分けて、その機能を担う専門機関を設け、それぞれの専門家に機能を任せることで、生活をよくしようと試みた時代です。その試みがうまくいった面があることは否定できません。しかし、お隣の原さんと縁側でかかわり合うのと、将棋師範のAさんに教えを受けに将棋教室に行くのとでは、その「気楽さ」が違います。

この「気楽さ」は、縁側が「何かをするための空間」ではないところから生まれています。縁側が仮に「将棋教室」のように将棋を教えることの専門機関だったとしたら、「気楽さ」は生まれなかったでしょう。「縁側」は何かをするための空間ではありませんが、何でもできる空間です。ですから、そこを舞台に将棋が、カウンセリングが、マナー講習が気ままに、気楽に行われたわけです。こうした「縁側」を街の随所につくることは、ある機能を担う専門機関を設け、専門家を配置することと同じくらい進められていいように思います。

しかし近代は、縁側のような「何かをするための空間ではないが、何でもできる空間」、「混在が許される空間」を失わせてしまいました。あわせて、近代は、「本物」の活動を専門機関のなかに押し込めることによって、それを子どもの目の見える範囲からなくしてしまいました。

縁側における「混在」も、「本物」の活動も「教えようとはしないもの」です。そういった「教えようとはしないもの」と「教えようとするもの」とのバランスが、今後の保育や教育のテーマになると、私は考えています。その点、この文章では「教えようとはしないものからでも教わってしまうこと」に重きを置きすぎました。しかし、それは、現在の教育において、「教えよう」とする大人の意図が大きい一方で、「教えようとはしないものからでも教わってしまう」機会が子どもから失われていることに懸念を抱いているからです。

そういう意味では、保育園、幼稚園、認定こども園、学校といった保育・教育施設のなかでの子どもの育ちの議論と同じくらい、保育・教育施設の外での子どもの育ちの議論もしたほうがいいように思います。

そうした思いを込めて、私が思い描いている未来社会を、もう一度記しておきます。その社会とは、第一に、保育・教育施設の外である地域に「本物」の活動が多様にあって、その活動に、子どもが「感染」し、その活動のまわりで、少しずつ真似を始めている。そして、少し大きくなれば、その活動に、徐々に混ぜてもらう——そんな社会です。加えて、第二に、街の随所に「縁側」があり、子どもはそこで、「気楽に」人とかかわり合い、その人から「おまけに」何かを教わる。そして、「縁側」における「混在」に出会い「分別」を身につける。

かつては、そうした地域が保育・教育施設の外に広がっており、そこで子どもたちが育っていました。そうした頃には、私は「久保さんちの健太くん」として、地域に生きていました。「久保さんちの子どもだから」と、大人たちやお兄さん、お姉さんの活動に混ぜてもらっていました。しかし、いまは、そういったことが難しい時代です。それは、そういった大人たちや年長者の活動が地域からなくなってしまったという意味ですが、仮にそういった活動があったとしても、ご近所同士のつき合いがなく、「どこの子かわからない」ということになってしまうからです。そんなとき、「久保さんちの子どもだから」とは言われなくても、「○○保育園の子どもだから」と言われるようにしておくことが、保育園、幼稚園、認定こども園には可能であるように思うのです。

たとえ、それが難しくても、保育園が街の「縁側」となり、そこを舞台に人々が「気楽に」かかわり合う、子どもは「混在」と出会い「分別」を身につける。もしくは保育園で「本物」の活動が行われ、子どもがそれに「感染」する——そういったことも可能であるように思うのです。そういう意味でも、子どもと地域とを、私たちがつなぐことはできると思うのです。

参考文献

アントニオ・R・ダマシオ、田中三彦（訳）『無意識の脳　自己意識の脳——身体と情動と感情の神秘』講談社、二〇〇三年。

大澤真幸・宮台真司『「正義」について論じます』左右社、二〇一〇年。

大田堯「現代社会と子どもの発達」『子どもの発達と現代社会（子どもの発達と教育1）』岩波書店、一九七九年、二—四〇頁。

大田堯『教育とは何か』岩波書店、一九九〇年。

大田堯「今、『子どものしあわせ』とは」『子どものしあわせ』一月号、草土文化、一九九二年a、一二—二七頁。

大田堯「人間にとって自然とは（下）」『教育』四月号、国土社、一九九二年b、一〇四—一一七頁。

大田堯「教育とは何か——わたしの学力論（上）」『子どものしあわせ』七月号、草土文化、一九九二年c、八—一七頁。

大田堯『子どもの権利条約を読み解く』岩波書店、一九九七年。

大田堯『生きることは学ぶこと――教育はアート（大田堯自撰集成1）』藤原書店、二〇一三年。

大田堯『ちがう・かかわる・かわる――基本的人権と教育（大田堯自撰集成2）』藤原書店、二〇一四年a。

大田堯『ひとなる――教育を通しての人間研究（大田堯自撰集成4）』藤原書店、二〇一四年b。

久保健太「遊びの意欲の源泉について」『武蔵大学総合研究所紀要』第二二号、二〇一三年、八九―一一〇頁。

久保健太「自然・生活・学びをめぐって」鈴木まひろ・久保健太『育ちあいの場づくり論』ひとなる書房、二〇一五年、二〇〇―二一九頁。

齋藤純一「都市空間の再編と公共性」植田和弘ほか（編）『都市とは何か』岩波書店、二〇〇五年、一二九―一五四頁。

作田啓一『生成の社会学をめざして――価値観と性格』有斐閣、一九九三年。

作田啓一『三次元の人間――生成の思想を語る』行路社、一九九五年。

竹内整一『やまと言葉で哲学する――「おのずから」と「みずから」のあわいで』春秋社、二〇一二年。

中川李枝子（文）、山脇百合子（絵）『ぐりとぐらの1ねんかん』福音館書店、一九九七年。

宮台真司『14歳からの社会学』世界文化社、二〇〇八年。

矢野智司『意味が躍動する生とは何か』世織書房、二〇〇六年。

矢野智司『贈与と交換の教育学――漱石、賢治と純粋贈与のレッスン』東京大学出版会、二〇〇八年。

ユーリア・エンゲストローム、山住勝広・松下佳代ほか（訳）『拡張による学習――活動理論からのアプローチ』新曜社、一九九九年。

第Ⅰ部
保育のグランドデザインを考える
——対談　六人の園長 × 汐見稔幸

※第I部の対談は、公益社団法人全国私立保育園連盟発刊の「保育通信」において、掲載された特集がもとになっている。当該の掲載号は以下の通り。

- 対談1　鈴木まひろ×汐見稔幸（「保育通信」二〇一三年一一月号及び同年一二月号掲載）
- 対談2　室田一樹×汐見稔幸（「保育通信」二〇一四年一月号及び同年二月号掲載）
- 対談3　藤森平司×汐見稔幸（「保育通信」二〇一四年三月号及び同年四月号掲載）
- 対談4　片山喜章×汐見稔幸（「保育通信」二〇一四年六月号及び同年七月号掲載）
- 対談5　當間左知子×汐見稔幸（「保育通信」二〇一四年八月号及び同年九月号掲載）
- 対談6　遠山洋一×汐見稔幸（「保育通信」二〇一四年一〇月号及び同年一一月号掲載）

なお、対談中「――」の発言は、コーディネータを務めた久保健太氏の発言部分である。

対談1　子どもが、自分の「ドラマ」の主人公として生きるために

鈴木まひろ × 汐見稔幸

――今回、グランドデザインを考えるということで、お二人に語っていただくわけですが、未来の話をするよりも、和光保育園が現在のかたちに至るまでに、鈴木先生が試行錯誤してきた過程が、そのまま未来へのヒントになっていると思います。ですから、未来の話をしていただくよりも、鈴木先生がこの三〇年間をかけて和光保育園でやってきたことを話していただくのがいいと思っています。

“なぜ子どもは自分を表現しなくなったのか？”からの出発

鈴木　ちょうど三〇年くらい前に、初代の園長だった父親から保育園を引き継ぐようになって、子どものおかしさというものが、ものすごく気になった。大人の指図をいつも待っている。お母さんに言われることをいつも気にして、服が汚せない、喧嘩はダメ、廊下は走らない、食事中はおしゃべりしないなどの利口ぶりを装おうとする。頭でっかちなくらいにもの知りなのに、身体は不器用で、箸が使えない、雑巾がしぼれない、転んでも手が着けないで思いもよらぬケガをする。

鈴木まひろ氏

無気力、無感動、すぐ疲れる、おっくうがる、そういう子どもたちが和光保育園だけでなく、全国的なレベルで出てきた時期だった。どうしてこんなことが起きているんだろう、子どもらしい子どもに会いたい。どのような環境を用意したら、子どもが自分らしさを表現して、輝いてくれるんだろうと考えたんです。

そこで、子どもの一日を観察してみると、自由に遊んでいるときに、子どもが子どもらしい姿を表現していた。そのことから、子どもが自分で時間や場所や、遊ぶ仲間を選んで仕切れて自由に遊んでいるこの時間が、すごく大事じゃないかと思うようになった。ならばと、その時間を五分増やし、一〇分増やしと広げていったら、おなかがすくまで遊ぶという、そういう午前中の過ごし方になったんです。

そういうなかで、今までの保育のありようが、どうも違っていたんじゃないかなって思うようになった。それが、保育を切り替えたそもそもの始まりです。

「指示待ち症候群」に隠れていた「根源的探究心」

汐見　いまおっしゃっていた、子どもたちが、指示を待っているとか、いつも母親の目を気にしているとか、そんな状況に対して、何とか症候群って名前をつけていましたよね。

鈴木　そう、指示待ち症候群とか母親背後霊症候群。

汐見　指示待ちって言葉が流行ったのが八〇年代ですよね。あのとき、それまでの子どもの姿と少し変わってきたから、そういうレッテルを確かにみんな貼ったんです。だけど、レッテル貼りを超えて、そうした状況が警告しているものは何だろうと問うことは意外と少なかった。

私たちは、人間という動物は、元来、珍しがりやで、何でも探求したがりで、何でも工夫したがって、そういう存在だというふうに思っていた。赤ちゃんのときからすごく知りたがりで、何でも口に入れてしまうというような、そういうDNAにインプットされた探究心のようなものがあると思っていた。しかし、本当にそういったものがあるのであれば、簡単に指示待ちだとか、無気力にはならないって考えてもいいわけじゃない？

――「指示待ち症候群」というレッテルを貼って終わりにしちゃったから、人間が本来もっている「探究心」、つまり「根源的探究心」はなぜ発揮されないのかという問いかけや、もしくは、そもそも人間には「根源的探究心」があるという見方って正しいんだろうかっていう問いかけが出てこなかった、ということですね。

汐見稔幸氏

汐見　そう、人間には根源的探究心があるっていう見方は、「子どもには力がない」という考え方とは違うんです。子どもには力がないと思うと、力がないから力を育てなきゃいけないっていうようになる。子どものなかにあるものを膨らませようって感じにはならない。

――それは、鈴木先生のやり方とも違いますね。

汐見　鈴木さんが発見したのは、状況を変えれば、元来もっていたものが出てくるっていうことですよね。これは、子どものなかにあるものを膨らませようというやり方です。

「手応え」が根源的探究心にスイッチを入れる

汐見　鈴木さんは、人間には根源的探究心があるということを見つけただけじゃなくて、根源的探究心にスイッチを入れる方法も見つけたということですよね。言い換えると、人間というのは、環境によって大きく変わる存在だということが、深いレベルでわかってしまったんじゃないかな。それは、環境というものがもっている怖さが発見されたとも言えるんだけど。

鈴木　指示を待つというのは、子どものせいというより私たちのそれまでの保育が、子どもの興味・関心から始まるのではなくて、子どもに聞かずに保育者の想いだけで決めていた。だから子どもは、「今日は何するの？」(何に付き合うの？)、「これが終わったら次は何するの？」と聞くしかなかったことが大きかったと思う。

子どものやりたい思いよりも、保育者のさせたい思いが先行してしまっていて、子どもが自分の想いを出す隙がなかった。指導計画で予定した通りにするのが正しい保育で、先生の想いが先行するから、子どもはついていくしかない。子どもと保育者のそういった関係が、少なくともこれまでの保育のなかにあったと思うんですよね。

汐見　「次、何やるの?」とか「先生、今日は何やるの?」って聞いてくるということは、逆に、何かしたいっていうエネルギーはあるかもしれない。小さな穴から出口を探しているっていうか。

鈴木　それもエネルギーか。なるほどね。

汐見　そのエネルギーを信頼して、環境を構成したんだと思う。つまり、環境を整えさえすれば、そのエネルギーにはスイッチが入ると考えて、環境を構成したんだと思うんです。でも、それもやりすぎると、保育者のさせたい思いというのが環境として出すぎるんだけど、環境を構成する上で、鈴木さんが意識したことも何かあったわけでしょう。

鈴木　遊びや生活のなかの偶然的な出会いから湧き立ってくる好奇心とか、興味、関心を、素直に表現していいっていう場が与えられていないことには問題を感じていました。だから、そういった場はつくろうとしていた。

汐見　自分の好奇心、興味、関心を自由に表現していいっていう場で自分を表現すると、子どものなかに何が起きると言えますか。表現してこんなことができた、やれたというときです。

鈴木　一つは、自分の思いがかなえられたっていう喜びだったりだとか。

汐見　それは、感情ですよね。その感情がもたらす変化みたいなものがありますか?

鈴木　表現してくれることで、その子の内面に起こっていることが見えてきますよね。そして、その子自身も、自分の心持ちを感じ取ってくれている、受けとめてくれる人がいてくれることの満足感だったり、安心感だったり、安定感だったり。

汐見　思っていたことができたという満足感だとか喜び。それって情動的な経験ですよね。そういった情動的な経験を繰り返すことで、人間に何が起きるんだろう。何が変化するんだろう。つまり、「これダメ」「あれもダメ」というふうにかぶせられたベールを取り払って、全部自分でやってもいいんだというふうにして、そうして、「これはできそうだ」とか「これは危ない」とか、いろいろな試行錯誤をして、「できた」ってなったときに、全部、自分の力で探求できたっていうときの、この満足感とか喜びがあると、子どもたちのなかには根源的探究心というのが徐々に育っていくのかな。

鈴木　人間の祖先は猿だと言われているけど、猿は好奇心が非常に旺盛な動物で、人間にもそういう部分が引き継がれている。本来はまわりの世界で起こっているさまざまな物やコトに興味、関心をもつ存在なんだと思うのだけれども、ひょっとしたら大人がそれを抑え込んでしまっていた。その抑えから解かれたときに、本来もっていた、そういう好奇心にスイッチが入るのではないかと思うんですよね。

亡くなられた動物行動学者の日高敏隆さんが滋賀で行った全私保連の研究大会の記念講演（二〇〇七年）で「人間の祖先は、狩猟採集時代には、洞窟のようなところで、大体、一家族一〇人ぐらいの単位で、二〇組ぐらいが共同生活していた」「そこには、多様な人がいて、その多様な人が集団で暮らすということが、狩猟するにはとても便利だったので、集団でいる必要があった」と話されています。

集団を維持するためには、いろんな多様性に気づいて、これにつき合いながら、うまくそこで折り合いをつけていく。このような経験を、それこそ何千年もかけて人間は培ってきた。そういうものがDNAとして現代の我々にも受け継がれていて、人間の本性がつながりたいっていうふうに思っている。そうしたつながりのなかで自分を表現して、相手との関係（間柄）のなかで、それが手応えとして返ってくる。そこにうれしさや喜びだけでなく、群れのなかにいていいんだという所属観や存在感、手応え感を感じる。人間は、そういう存在なんじゃないかなと思うんですよね。

——「手応え」というのは、キーワードですね。

鈴木　そもそも人間は、自分を表現したい、共感したい、つながり合いたいと思う存在なのに、いまのこの社会は、そういう本来人間がもっているものをなかなか表現しづらい環境になっている。その表現しづらさをうまく外していくことができれば、本来の人間としてのありようというものが表に出てくるんだろうと思います。

——根源的探究心を育てるために、手応えを得られるような環境をつくったわけですね。

鈴木　しかも、この手応え感とか、いま自分はここにいるんだという存在感は、まわりのものや人に働きかけて、そのまわりや物が返してくれたことで、自分のなかに湧き立ってくるものなんですよね。だから根源的探究心も自己で完結できるものではなく、まわりの人やものから得るわけです。

子どもの探究心を支えたゆったりしたルールや倫理

汐見　いまの話を聞きながら、人間にとって探究心とは何かということを改めて考えました。たとえば、一〇人前後の家族で、支え合いながら生きていく。子どもからおじいちゃんまで多様な世代がいるけれど、そのなかでも大人は、どっかに水がないかとか、おいしいエサがないかって、必死になって探す。探さないと餓死するしかないわけだから。

だから、探究心の源というのは、やっぱり生きるための根本欲である食欲だったんじゃないかって気がするわけです。これまでの人間って、ほとんど毎日エサを探すために生きてきたような気がする。エサを探すことは本当に大変だった。冬なんか、特に大変だった。だからこそ人間は、食べるためにものの世界に対するたぐいまれな探究心をもつようになり、いろいろな経験知を溜めていったんだと思うんです。

その探究心は、世界に対して能動的にかかわっていく本能と言っていいんだろうけど、人間の特徴はそうした探究を、一人でやるのではなくて、みんなでやったことだと思う。だから、支え合うとか、喜びの共感とかいったものもたぶん、他の動物に比べてはるかに強くなったのだと思います。そこに言葉も生まれてくる。

ともかく、探究心においても、共感能力においても、人間は非常に高度なものを培ってきた。そういう人間の本能になった力をもって、子どもが生まれてくるわけです。子どもはまず地面の上をハイハイしながら、「これ何だろう」と、ミミズを見つけてみたりとか、バッタを見つけてみたり、口に入れてみたりとか、というようなことをする。大人に「あっ、それだけはダメだ」とか言われながら、もう一生懸命探究して、子どもなりに世界をわがものにしていく。

そのときに、子どもの探究を支えてくれた上の世代がいたことが大事だと思うんです。子どもが自分たちで世界とかかわり始めれば、「ああ、それはもう大丈夫だよ」と受けとめて励ましてくれる大人がいたということ。そういう形で子どもが自分で世界とかかわっていくということは、見守られながらの自由に任されていた。そうやっているうちに、これは大丈夫だ、こうやってもっと高いレベルでやってみたいというスイッチがどんどん入っていく。そういった感じで、生き物を含めた、ものの世界と人間の世界というのが、かなりうまく相乗するような形で、探究心とかかわり方のどちらをも、他の動物とは違うレベルで発達させていく方法を身につけた、そういう動物なんだと思います。

――人類が生き延びるためには、探究心に導かれてまわりの世界に対する経験知を身につけていくことが必要だったんですね。人やものと直接にかかわって、そこから手応えを得る。その手応えのなかには、私が受けとめられているということも大事。その手応えをもとに、どんどん探究を進め、そうして探究心にスイッチが入っていく。そういったサイクルがあったと。

汐見　それはそんなに昔のことではなくて、私が子どものときには、ものにじかに触れて手応えを得るということは、まだかなりさせてもらっていたような気がします。

人間は物語を生きている：昨日の物語の続きを、今日、書けるように

――いまのお話では、「探求」の結果得られる「手応え」が、さらなる「探究」を進めるもので

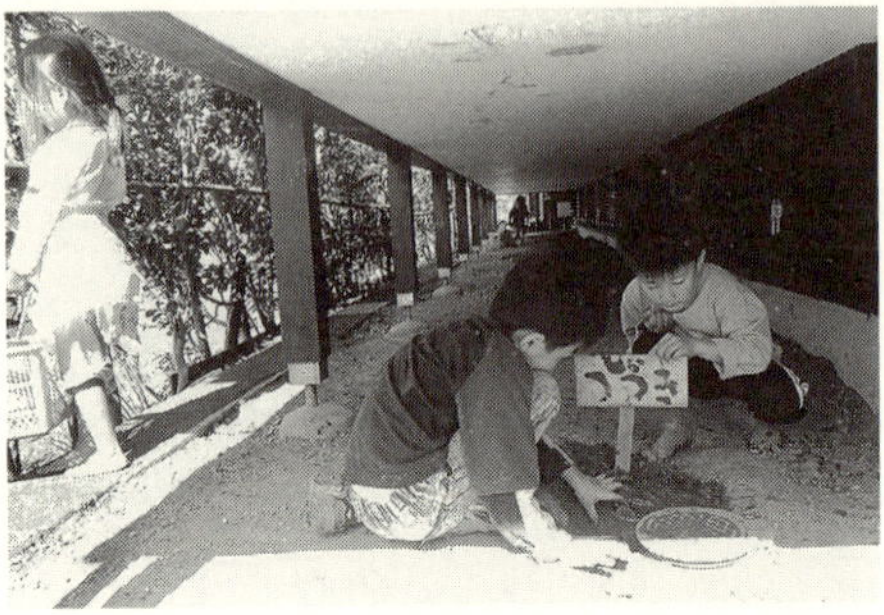

つづきの看板

もあったわけですが、「手応え」以外にも「探究」を進めるものがありますか？　環境構成のヒントとしてお聞かせいただければと思うのですが。

鈴木　先ほども話したように、自由な遊びの時間をどんどんのばしていったら、大人が想像していたよりもはるかに多くのものに子どもが興味を示し、そこで表現を返してくるということがわかってきて、そのことのおもしろさというものが見えてきたんです。

そこで、おなかがすくまで遊ぶのだけれど、片づけなきゃいけない、中断させなきゃいけない。けれど、そこで中断させないで遊びが続けられたらいいんじゃないかと思ったんです。昨日の遊びが今日につながり、今日の遊びが明日につながるということが保障できたら、きっとそれがまた遊びを深めたり、広げたりもできるんだろうと思ったんです。

そこで、〝つづきの看板〟を用意したんです。四、五歳児しか使えないんだけれど、それを出せば、明日への続きが保障される。他の子はそこをいたずらできない。

汐見　あれは、すごく大事なことですよね。〝つづきの看板〟を置くことによって、昨日していたことを、そのまま次の日にそこから始められる。今日が昨日の続きになるということですよね。それがドラマづくりを保障するわけですからね。それを、鈴木さんはすごく大事にしている。

一日一日をぶつ切りにしている保育園もあるんです。今日楽しかったことを次の日にもさせてくれるとは限らなくて，また一からやらなきゃいけないっていうこともあるんです。でも，〝つづきの看板〟があることで，子どもは見通しをもてるんです。今日は，ここまでやっておいて，家に帰って，明日こうしようかな，ああしようかなって考えて，そういう充実の時間があって，そこでのイマジネーション（想像）の組み直しがあって，次の日は前の条件と同じところから出発できて……，というふうになる。すごく物語がつくりやすくなるわけですね。

そういうことは，あまり大事にされてこなかったんじゃないかと思うんです。家で考えてきたアイディアを試してみたいと思っている子もいるわけで，それを丁寧に保障することによって，一人ひとりの子どもの感情が，時間的な連続性のなかで織りなされるようになったり，そのなかで，感情が徐々に洗練されていったりする。そういったことを，我々は「物語」づくりといっているんだと思うんですけどね。

――和光保育園では，「物語」が，読み切り短編じゃなく，連載長編になるわけですね。今日の「物語」の続きを，明日書けるという。

汐見　それは，ものすごく大事なことだよね。

子どもは「ドラマ」を生き，「作品」をつくる

鈴木　小学校の公開研究授業があって，近くの学校に行ったんです。国語と図画工作を一つにした授業という触れ込みがおもしろいなと思って行ったんです。お面をつくって，劇を最終的にやる

というストーリーで、行ったときにはお面をつくる授業でした。先生は、怒っている顔をみんなに描かせたかったので、いろんな絵本や写真の顔を見せて、怒っている顔がどういう顔かと質問する。子どもたちは目や眉毛がつり上がっているとか、口がへの字になっているとか、気がつくわけ。そこで、先生が画用紙を配る。すると、子どもがどんどん気がついたことを描き始める。

ところが、「ちょっと待って」と先生が言うんです。実は、先生は福笑いのようなものを子どもにさせたくて、一枚目の画用紙は輪郭だけ描かせて、二枚目にパーツを描かせたかった。だけど、子どもたちは怒った顔がどんなものかわかっていて、先へ先へどんどんどん行っちゃう。行っちゃう子に、先生が「待って」「待って」と、待たせる。先生が学びの順番とか中身を全部決めちゃって……。

子どもが自分から気づいたことを表現しようとすると、「待って」と言われる。先生が決めた筋書通りに進めることに終始する。保育者自身もそういう教育を受けて育ったので、保育も学校の先生みたいにしたくなっちゃう。

汐見　先生は先生なりにストーリーを考えた。そのストーリーを進めているうちに、子どものなかで、怖い顔というのがイメージできてきた。そうすると、子どもって、やっぱりそれを描きたいわけよね。そして、これが大事なことなんだけど、怖い顔っていうのは、パーツを並べ変えることによってできるものじゃない。怖い顔っていうのは、目がどう、口がどうというものじゃなくて、顔全体が一つのものとして怖い顔なんだよね。怖いっていうイメージが出てきたら、それは一つの全体のイメージなんですよ。

そういった心に湧き上がるイメージを、湧き出るままにつくろうとすることを、私は「作品を創る」と言ってきたんです。「子どもは、作品を創る」と。

以前、岐阜県の小学校で生活綴方(1)に取り組んでいる教師のところに通っていたことがあったんです。その先生は、書きたくないときには書いちゃダメっていうような先生だったんです。書きたくないのに書けって言われて書いたって、そんなのつまんない、本当に書きたくなったら、いつでも書いておいでっていう、そういう先生だったんです。

遠足のときに車が故障して、歩いて帰らなきゃいけなくなった。何キロかの道を最後は疲れ果ててね、やっとこさ学校に着いたっていうことがあって、次の日にそのことを作文に書いた。そうすると一人の男の子が、ただ、「トボ、トボ、トボ、トボ、トボ、……」原稿用紙二枚にそれしか書かなかった。そのときに、他の先生は「お前、真面目に書け」と言うんだけど、その先生は「いや、実感出ている」と言って、擁護したんです。

つまり、そのときの子どもの気持ち、感情、内的な世界、それがそのまま出ている。それはそのときのその子の作品なんだと。上手とか下手とかではなくてその子の気持ちが素直に出た作品。それは、別の言い方をすると、子どもたちが自発的にやり出したものというのは、極力尊重しなくちゃいけないということです。子どもがやり出したことを、大人の思惑で「ちょっと待ちなさい」

---

(1)　生活綴方とは、リアリズムの思想にもとづき、子どもたちに実生活に取材したひとまとまりの文や詩を書かせ、また書かれた作品を教材にしながら彼らのものの見方・感じ方・考え方に働きかける独自の教育方法のこと（久保義三ほか（編著）『現代教育史事典』東京書籍、二〇〇一年より）。

「先生が言っているのはこうなの」と道すじを変えたり、子どもが「でも、やりたいんだよ」と言ったときに、「今はやめなさい」と言うんじゃなくて、その子の思いを極力大事にしてあげることが大事だということです。

そう考えれば、子どもの一挙手一投足を見て、「ああ、今日はこういう作品をつくろうとしているんだな」と見ることができる。そういうふうに見ていると、子どもっておもしろいものをもっているなと思えたり、子どもってすごいなって思えることも、もっと増えてくる。

鈴木　そういうことを多くの人に語りたいし、わかってほしいし、一緒に考えたいのだけれども、現実としては、子どもの興味・関心から始まるのではなく、先生が何を教えたいのか、どうすることが正しいのかと考え、前もって指導計画を決め、その計画に沿って、予定通り展開されなければいけないものになってしまっている。

カリキュラムが活動の枠を決めちゃうから、カリキュラム通りにできたらそれがいい保育で、カリキュラムについてこれなかったり、違うことをしていた子は困った子、というふうに見てしまいがちになる。だから、そのあたりの見方や考え方を、私たち自身がどう変えていけるだろうか、子どもの思いや表現を受けとめられる大人になれるのか、という課題があるように思うんです。子どもが、自分の「物語」「ドラマ」の主人公として生きる。そのためには、カリキュラムは、できる限り背景に隠れなくてはならない。子ども自身が、自らの物語を編めるように、大人は、受けとめる側にまわらなくてはいけない。しかし、そうなると、保育の意図性まで隠れてしまう。

内なる自然に働きかけるという「意図性」

汐見　いま鈴木さんが言われたこと（……カリキュラム通りにできた保育がいい保育で、カリキュラムについてこれなかったり、違うことをしていた子は困った子というふうに見てしまいがちになるということ）は、新制度での議論とかかわってきます。特に、「学校教育」と「保育における教育」の連続と違いといった問題です。

教育は、子どもがやりたいことをやりながら何かを身につけていくということとは少し違っていて、大人社会が大事だと思っていることを次の時代に生きる子どもたちに「ぜひ身につけなさい」「こういうことができるようになりなさい」と伝える営みでもあります。そうじゃないと、大人の側だって心配だし、安心して次の世代に社会を託せないということで、身につけてほしいものをあれこれの方法で身につけさせる営みです。大人の側の願いをダイレクトにぶつけるかどうかは別として、そういうことを念頭に置きながら、それを上手に小出しにしながら、あるいは順に並べながら、子どもたちに獲得させていこうといった営みを総称して教育と言っています。だから、大人の意図や意識性、働きかけというものがなければ、普通は教育とは言わないわけです。子どもが生活や遊びのなかで、あるいは親の仕事を手伝いながら身につけるものはさまざまであって、それだけでは教育とは呼べないときがある。とにかく、教育は何らかの意図性のもとで行われるわけです。

先に、鈴木さんが紹介した小学校の公開授業の先生は、怒った表情というのはこういうものだということを分析的にわかるような力を身につけさせたいと思って、それを段階的にやろうとした。子どもはちょっと違う方向へ行っちゃったし、先生のやり方もまずかったのかもしれないけど、人間の表情には実に豊かなものがあるということをちゃんと理解させるという、ねらいそのものは悪くないと思う。ねらいをもって意図してやっていくということを学校はやるんだという、そういう意図性自体は悪いものではない。

逆にいえば、人間の表情というのは実に豊かだということを子どもにわからせていくということを、保育園では目標にしないんですかとか、そういうことをわからせるためにはどういう保育を組むんですかとかいうことを学校から聞かれたときに、どう答えたらいいかということですね。

鈴木　それはやはり、身近な生活のなかで感情を伴う表情にたくさん出会いながら、心のやりとりを通じて感じ取っていくもの、感じ取っていってほしいものじゃないかと思うんですけど。

汐見　感じ取るんだけどね、そこにどのような意図性を込めるかなんだよね。たとえば、イタリアの都市レッジョ・エミリアでは、人間の表情をすごく大事にしている。人の顔を含めて、人間は表現手段を一〇〇通りぐらいもっている、一〇〇の言葉をもっていると(2)。それは、ジャンニ・ロダーリの言葉なんだけど、そういう一〇〇の表現能力のうち、我々は一通りの表現能力しか伸ばせていないんじゃないか、という反省から出発したというのがあった。だから、レッジョは、さまざまな表現の力を伸ばすことを目標にしている。表現というものにすごくこだわっているという意味では、明確な意図性があるわけです。

そういうことを念頭においたとき、いま、鈴木さんたちがやっている保育には、これからの時代を担ってくれる子どもたちに、幼い頃にこういうことはぜひ体験しておいてほしいという意味での目標がありますか、その目標と実践との間に丁寧な整合性が保たれていますか、と聞かれたらどうでしょう。

鈴木　そう聞かれると、整理しきれてないというか、それはこうですと明確に語れる言葉までもちきれていないかもしれません。むしろ、その何億年、何十億年といわれているような命の歴史の上で人間が培ってきた内なる自然と、その外の自然との関係に委ねてっというか、そういう力に助けてもらっているほうがむしろ多くて、まだ整理しきれていないですね。

汐見　確かに難しいと思うけれども積極的に、そのねらいが当たっているかどうかは別として、思いのようなものを主張してもいいのではないかと思うんです。

人類がずっと何万年もかかって発展させて身につけてきたものというのは、ちょっと社会が変わったからといって、必要なくなることはない。しかも、社会が進歩して選択肢が増えたとしても、たとえば、移動手段が徒歩から自転車、自転車から自動車、さらに電車、飛行機と増えていったとしても、その一つひとつを使いこなせなければ（つまり、しっかりと歩けるようにしておかないと）、選択肢が増えたとはいえない。だから、私たちは生きる選択肢を増やすためにしっかり歩ける人間を育てます、とか。さらに、その一つひとつが与える手応えをしっかり体でわかっていないと、たとえば、自分の足で歩くことが与える手応えがわかっていないと、自分にとって必要な選択はできないので、一つひとつの選択肢について体で意味のわかる子を育てますとか、そういったことを主張してもいいと思うんです。

(2)　レッジョ・チルドレン、田辺敬子・木下龍太郎・辻昌宏（訳）『子どもたちの一〇〇の言葉』学習研究社、二〇〇一年。

鈴木まひろ氏（左），久保健太氏（中央），汐見稔幸氏（右）

幼児教育の場合、その目的は、どんな社会だとしても、人間として必要なものを、これまで培ってきたもののある種の再体験や追体験、準体験などをしながら十分に発酵させていくということになるんだと思います。つまり、遺伝子のなかで、我々が大事に大事に引き継いできたものに上手にスイッチを入れていってあげるということであって、こういう社会になるからこういうものが必要だろうというものを、焦って幼児期にさせるということだと、かえって歪んでしまう。

混在・違いへのポジティブな態度

――先ほど、意図性について話したところで、鈴木先生は、生活のなかで感情を伴う多様な表情を感じ取るとおっしゃいました。ということは、感情を伴う表情を子どもの目の前で、保育者なり他の子がするというような環境を意図的につくっているわけですよね。

鈴木　意図的というか、自然に。

――自然につくるとしても、そこに意図性が働くのだと思うんですが。

鈴木（秀）[3]　それは多様性を意図的につくるということかもしれない。やはり、たくさんの感情体験をしてもらいたいと思っていて、「泣くのは我慢しなさい」とか、そういうことを言うんじゃなくて、泣きたい気持ちも体験してもらいたい、表現してもらいたいと思っているんです。

　年中の男の子が、親御さんと広島に旅行に行ったときに平和記念資料館を見て、その子なりに何かを感じて帰ってきたんです。保育者が「どうだった?」って聞いたら、その子は「なんかさあ、笑っちゃったよ」って言ったんですって。「えっ、何。この子、笑ったの」じゃなくって、自分のなかでは処理しきれない感情のなかで、どうしようもできないときって笑っちゃうんだよね、そういうことってあるよなって、私はやけに納得したんです。

　だから、こういうときはこうじゃなきゃいけないっていうふうに決めるのではなく、子どもってこういう表現もするんだ、大人の忘れてしまった表情や感情表現とかをしてくれるな、と私たちが子どもから学ばせてもらっていることはたくさんあると思う。

汐見　さっきの話ではね、どんな社会だったとしても、人間として生きていく限り必要なものを準備するのが幼児教育・保育の目的ですよ、そのなかでも、受容体としての感性のスイッチを入れておきますよ、ということを、幼児教育・保育の意図性として話したんだけど、個人的には。でも、それでは世間は納得しないと思うんです。

　ちょっと違う角度からの話になりますが、いま育っている子どもが三〇代になる三〇年後には、アジア全体がもっと大きな経済圏として一体化していく可能性があって、他の国もいわば経済成長して似たような社会になっていく。一方で、日本は人口がどんどん減っていく。そうすると、日本

（3）対談当日には和光保育園の鈴木秀弘副園長も同席しており、秀弘副園長の言葉は、「鈴木（秀）」と表記している。

のなかで、経済が回らなくなる。そうなると、日本の会社に入ったけど、五年ジャカルタへ行って次に北京へ行ってまた日本に戻ってきたとか、国際結婚とかどんどん増えていくというようなことが必然的に起こると思うのね。違う歴史、違う言語、違う文化、違う感性の人たちと一緒に生活するということがもっと増えていく。それに多少の違和感は感じてしまうのかもしれないけど、違和感ばっかりだと生活が耐えられないものになってしまう。

そういうときに大事なのは、自文化とは異なる文化に対して「えー、おもしろい。僕らはあんなふうにしないよね」「何でそういうふうにするんだろうね」というように思える感性や、「そっかー、それっておもしろいよね。ぜひ教えて」と言えるような、異なる文化に対するポジティブな関心と、受容できる柔らかさだと思うんです。そういうものをもっていないと、これからの多文化社会ではしんどくなってしまう。

自分たちが大切にしてきたものを自覚して、それとは別のやり方で生きている文化を見て、しかし、根っこはたぶんつながっていると思えて、だけど、形はずいぶん違うということに気づいていく。そういうふうにして多様性に対するポジティブな態度を養っておかないと、下手すると戦い、争いになってしまう。だから、多様性に対処する能力は、いままで以上に大事になってくる。

鈴木　先ほど、日高敏隆さんの話をしましたが、彼は、二〇〇人の洞窟生活のなかで多様性とどう折り合っていけば群れが保てるかという、そういう学び方を人間はしてきたと言っています。それがいま、二〇〇人という多様性ではなく、それこそ億という単位の多様性とつき合わなきゃいけなくなってきている。それは大変なことだけど、一方で、そういうふうに変化してきているにもかかわらず、やっぱり多様性が受けとめられないとか、つき合い方がわからないっていう問題が、いま、社会のなかに起こっている。

ダイナミックと丁寧の両立

――ある程度、違うもの、多様なものを混在させた環境にしておいて、子どもたちが自分たちで共通点を見つけ、整理していくという機会も必要だと思います。そういった意味では、日本の保育では、大人が環境を整理しすぎてしまっているのではないかという点が気になります。

鈴木　三〇年くらい前、遊びを大事にしたいと思ったときに、片づけが問題になった。ものが出しっぱなし、散らかしっぱなし、壊れるしつまずくし、なくなるし……で、何とかしなきゃいけない。だけど、なかなか解決の方法が自分たちで見つけられなかった。そのときに、本吉圓子さんの実践に出会った。本吉さんの実践では、最後には子どもが「もう嫌だから片づけたい」と言い出すんですよ。こんなふうにやれたらいいなと思って真似してみるんだけど、うちの子たちは待てど暮らせど「片づけたい」って言ってくれないわけ。ご飯の時間になると、散らかっているものを自分の座るところだけどかして、平気で食べた。保育者も我慢しきれなくなって、「気持ち悪くないの」って聞くんだけど、「別に」って。それで、何がいけないんだろうって話になったんだけど、わからない。そうしたら、たまたま本吉さんの実践が載っていた本(4)の編集者との出会いがあって、「真

(4)　本吉圓子・笠間典美『私の保育どこが問題？』フレーベル館、一九八一年。

似してやってみたんだけど、うちの子ダメだった」って言ったら、「それは、あんたたちの保育が違うんだよ」って。「何が違うの？」って聞いたら、本吉さんたちは、子どもたちが言ってくるのをただ待っているのではなくて、保育者もどんどん散らかして、子どもが困るように困るようにしていく。「どっかになかった？　あれがないと困る。一緒に探して」と、子どもたちは毎日毎日つき合わされる。そして「もう嫌だから片づけたい」って当然言いたくなってくるわけ。

私たちはとかく、上手くとか、早くとか、失敗しないようにとか、試行錯誤することを避けてしまいたくなって、整えちゃったり、用意し過ぎてしまいがちなんだけど、生活を通して学ぶってこういうことなんじゃないか。なんかそういうところまで、うちはまだ向き合えていないなって思った。子どもが気づくのをただ待っていればいいのではなく、あるいは、大人が焦って解決の方法を先走って授けて、子どもは言われた通りにする、できることが学びだと思ってしまったりしてきたけれど、そうではなく、子どもと共に生きる、一緒に考える。そのために、子どもの出番を考え、保育者は影にまわって仕掛けて、気づかせていくことの重要性を学ばせてもらったんです。

汐見　圓子さんは、ダイナミックで大胆なんだけど、形だけ真似してもうまくいかないかもしれない。そこをうまくカバーできるようになると、非常におもしろい保育だなって。

鈴木　うちは丁寧すぎる。そういう意味ではね（笑）

汐見　ところが、ダイナミックさと丁寧さはなかなか両立しない。それが両立できるようになるまでには相当かかりますよ。ダイナミックだけど丁寧。ウッディ・キッズ(5)の溝口義郎さんのバランスは、その点では参考になる。

――溝口園長は、「混在させておけば、子どもたちは同定するだろう」と言うんです。同定というのは、多様なもののなかから共通点を見つけて、同じ要素をもったものは同じものとして、まとめて整理するということです。違うものを混在させておけば、子どもたちは困るから、自分たちで並べ始める、分け始めるだろうっていう考え方なんです。日本の保育は保育者が構成しすぎちゃうから、もっと混在させたほうがいいんじゃないかと言っているんですね。

汐見　困らないと乗り越えようという気持ちが育ってこない。乗り越えようという気持ちにならないと発達しないわけですよね。乗り越え方は臨機応変です。だから、臨機応変力を育てているんでしょうね。決まりパターンをこなしていくということではなくて、臨機応変にこうしよう、ああしようってやること。本当はそれが生活なんです。さあ、困ったどうしようとか、予定したものが届かないからどうしようか、そこでどういう知恵を出すかが生活の力と言えるんだと思う。だから、圓子さんや溝口さんみたいな考え方はもっともなんです。困らせていく方法をかなり意識して、工夫させるわけだよね。

鈴木　倉橋惣三も、失敗しないで何の学びが育つのかと言っていますが、失敗させないように、あまりにも準備しすぎて、大事な学びが抜け落ちてしまう……。

汐見　ついついお節介保育になっちゃうんだよね。

（5）ウッディ・キッズは、東京都あきる野市にある認証保育所。生活のなかでの学びを実践している。

発達するということは、失敗すること

汐見　これは国民性なのかもしれないけど、日本人って、ものすごく細かく丁寧にやることが好きで、折り紙でも何でもそうですよね。それに、できない子に対して、共感能力も察する力も高いのかな、上手にできないと悔しいだろうと思うから、上手にさせてあげようとすぐしてしまうわけ。ある調査で、世界の育児と日本の育児を比べて、日本の育児はどこに特徴があるかといったら、実はお節介だというのが一番の特徴だった。つまり、失敗しないように配慮してあげることが大人の責任だと思っているところがあって、子どもに丁寧にかかわるんだけれど、大きく失敗させないようにしてあげることが、大人のつとめだっていうふうに、思い込んでいるところがある。

昔は、近所で自由に遊んでいるときには、親が知らないところで失敗ばっかりしていたから、バランスがとれていたんです。失敗しない世界の影に、たくさんの失敗の世界があった。いま、そんなのないわけです。

だから、発達するということは失敗することというくらいの定義、もしくは、ある種のストレスを与えることが発達の条件になっていく。そういった発達観を共有することが、おそらく必要なんです。上手に失敗させるというか、よし、失敗してるぞ、しめしめ発達しているぞ、と思えるような発達論ですね。さあ、こいつらどうやってそれを克服するのか、見せてもらおうっていうようなね。そうじゃなくて、失敗させないようにするのが上手な保育だと思ってしまっているというところがどこかにあって、それを一回壊していくことも必要だと思うんです。

ただ、最後に子どもたちはそれなりの達成感を感じなきゃいけないから、見通しはもっていなき

ゃダメなんです。そのへんのところの経験がかなりいると思うんだけど、やっぱりどこまで子どもを信頼できるかなのだと思う。きっとやるよ、こいつらは、というような信頼感ですね。

鈴木　自分を表現できる環境を用意して、傍にその表現を受けてくれる人がいてくれれば、ちゃんと三歳になれば三歳の表現をし始めるし、五歳になれば五歳の表現をし始める。だから、あえてこちらから導かなくても、ちゃんと子どもは表現してくれるっていうこと、そういう力があるっていうことは、実際わかりますよね。

汐見　それは、もう子どもに対する深い信頼ですよね。信頼しているから子どもはそれに応えているんだ、という面もあると思うんですよ。子どもって、大人の心もちや期待に非常に敏感な存在でもありますしね。

＊＊＊

最後に、多様性とつき合うための能力を養うことも、保育の役割であることが語られました。それは、保育室のなかに多様性をもち込むことでもあるのですが、そうすると保育室には、ある種の「手のつけられなさ」が生まれる。しかし、そのなかから、自分たちで秩序をつくっていく調整能力こそ（対談のなかの言葉でいえば、「臨機応変力」こそ）、多様性が増していく社会のなかで必要とされるものです。

臨機応変力を身につけるには、試行錯誤を繰り返すしかない。そして、子どもたちの試行錯誤を保障するためには、保育者が子どもたちを信頼するしかない。「お節介」を我慢して、子どもたちが自分たちで片づけるだろう、秩序をつくるだろうと、信頼することが求められます。

この対談では、根源的探究心、物語・ドラマ、ダイナミックと丁寧の両立といったテーマが登場しました。これらが保育のグランドデザインを考える上でのキーワードです。

【対談を終えて1】

環境に保育者の「願い」や「意図」を埋め込む

鈴木まひろ

対談の後半で、「保育の意図性」がテーマになりましたが、対談ではうまく説明ができませんでした。少し補足します。

私たちの園では、保育者の願いを予定調和の指導計画で描いて、そのねらいに向けて子どもを誘導していく「授ける／憶えさせる保育」ではなく、子どもが主人公になって遊びや生活を生きながら、偶発的な出会いから湧き立ってくる興味や関心から始まる学びを、保育者は支え／応援する向き合い方を大切にしてきました。それは、子どもに内包された生きる力／自ら変わろうとする力／自分で自分を育てようとする力（自己教育力）に信頼を寄せ、敬意をはらうということです。このような子どもから始まる子どもから考える子ども観や保育観には、すでに意図が埋め込められています。また、こうした大人と子どもの関係を支えるためには、環境にも意図を埋め込む必要があると考えました。

一つ目は、これが最も大事にしていることですが、「子どもを自然がもつ多様性や広さ・奥深さに委ねる」ということです。脳科学者の小泉英明さんによると、(1)「自然のなかで子どもたちを育む、本物のなかで育てる事の大切さが、脳の神経科学のほうから段々見えてきた」「人間というのも、自然の一部であり、自然の摂理と向き合いながら、何万年もかけて適応する身体の仕組みをつくってきた。私たちの思考や言葉にのぼってくるのは、脳のなかで処理されている情報のほんの『うわずみ』で、人間がつくったものは、その『うわずみ』にしか語りかけない。本物（のもつ力というもの）は、本物なるが故に無意識下にも働きかけてくれる。そこが自然を相手に遊んだり、本物に出会うことの意味」なのだと。レイチェル・カーソンが、『センス・オブ・ワンダー』(2)で「知ることは感じることの半分も重要でないと固く信じている」と言っているように、自然がもつ多様性と奥深さに出会い、自然がもたらしてくれる刺激によって覚醒された身体から湧き出てくる生命の輝きから始まる不思議、もっと知りたい、自分も○○のようになりたいと学び育とうとする意欲と付き合わせてもらいながら、また子どもの育つ力のたくましさやすごさに学ばせてもらうのです。

二つ目の意図は、子どもに「自分を表現していい環境」を用意したいということです。「私はこう思っている」「私はこうしたい」と、子どもが自分の気持ちを素直に表現でき、子ども自らが、育ちたい／変わりたい／学びたい／できるようになりたいと、生きることに前向きでいられることを応援するのです。そこには、子どもの多様な表現（言葉・表情・しぐさ・態度・描画……）で語りかけてくる心の声を、受け止めて手応えとして返してくれる、大人や仲間が傍らにいてくれることが、対として重要です。「子どもが表現することは、受け手がいることによって、もっと活気を与えられる。保育者の役割は、子どもの言葉（表現）の通訳をすることにあり、そのためには、子どもの日常を共に生きることが必要」(3)だということです。

三つ目の意図は、子どもが、「遊びびと」「生活びと」の一人として参加・参画し、「自らが主人公で生きられる生活」を環境文化として用意するということです。それは、子どもにも手の届く（私もやれそう／やってみたい／やれる／手伝える／やれた）「手仕事の生活文化」と、大人が「自ら生きて見せる生活モデル」が子どもの周辺にあることです。決められたことをなぞって終わる消費の生活ではなく、大人と子どもで、遊びも生活も創り出していく創造的な生活の営みです。しくみがシンプルで、子どもも参加ができる共同のコミュニティに混ざって、面白そう／同じようにやれそう／やってみたい／真似て／手伝う。そして一つずつできることが増え、参加の場面も増えて、頼りにされたり任されたりしながら、だんだんと責任を引き受けて、所属観・存在感・貢献感・手応え感をたくさんため込みながら、一人ひとりが輝いて生き、仲間と共に生活のなかで、お互いにとっての望ましさを考え、役割を生き、子ミュニティー（子どもの育ちを心棒にした共同体）の一員として育っていってほしい。そういう願いが三つ目の意図に込められています。

子どもが自らの命を輝かして生きていてくれることが重要です。そして、そのおもしろさやたくましさのエピソードを拾い、意味や解釈を加えて、保護者に物語る（保育者の専門性）ことで、保護者は子どもの育つ力に惹き込まれ、「分かち合い／語り合いの輪」が動き出すのです。そして、この子どもと共に、いまを生きられる関係は、子どもも保護者も保育者も育てていくのです。

（1）ソニー教育財団の幼児教育支援プログラム「科学する心を育てる」に応募した「わこう鉄研究所」の実践が認められ、公開保育をした際の記念講演（二〇一一年）。
（2）レイチェル・カーソン、上遠恵子（訳）『センス・オブ・ワンダー』新潮社、一九九六年。
（3）津守真・津守房江「特別対談　保育者の知恵（日本保育学会第六四回大会）」二〇一一年。

対談2 子どものアートと小さな共同体《コムーネ》

室田一樹 × 汐見稔幸

――「保育のグランドデザインを考える」という対談の二回目です。前回の対談では「根源的探究心」「物語・ドラマ」「ダイナミックと丁寧の両立」といった重要なキーワードが出てきました。今回も、対談を通じて、グランドデザインを描くためのキーワードを発見したいと思っています。まずは室田先生のほうから、ご自身が大切にされているキーワードも含めて、語っていただきたいと思います。

目に見えるものの向こう側

室田　今日は、保育の場のアートについて、汐見先生とお話がしたいなと思っています。これは、「はらぺこあおむし」の絵なんですね（園児の描いた絵を見せながら）。五月に「『はらぺこあおむし』をテーマにした歌をつくれ」って言われて、『はらぺこあおむし』の歌をつくりました。その歌を歌うのに、絵本『はらぺこあおむし』(1)を読んで、じゃあ、絵も描こうということになって……。

「はらぺこあおむし」の絵
（ひらい　まこと：２歳３か月）

アトリエに置かれているブロンズ像が恐くて，なかなか描きだせなかったまことちゃんでしたが，描き始めると，絵本のなかのあおむしをチラチラ見ながら，色をつくってはこまめにかえて，身体を描きました。身体ができると，「つぎはかお！」といわんばかりに，みどり色でグルッと丸を描き，なかにピンク色の目をつけてあげていました。

あるとき、この絵が貼られたのを見て、とってもきれいだなあと思った。説明を聞かないとあおむしってわからないし、説明を聞いてもあおむしに見えないわけですが、でも確かに、こうするとね（絵の上下を逆さにする）、こうじゃないですよね。やっぱり、こう向きのほうが安定して見えるし、きれいですよね。パレットに八色ぐらいの原色が出してあって、子どもは自分で溶いて混ぜて、自分で色をつくって塗ってるわけです。

僕たちの園では、発達のものさしで子どもを見ることはしたくないんです。

一般的な発達観では、最初は車のワイパー状に線を描いて、それが往復運動の絵になる。さらに、グチャグチャ描きになっていくうちに、グルグル描きになって、一重円で止まることができる。そこに目、鼻、口を描いて、手、足がついて頭足人になり、いろんなものが描けるようになっていく。さらに進むと、遠近法を手に入れて、二次元の世界に三次元を表現していく。そういうふうに子どもの描画は発達していくといった発達観のものさしで、この子はいまどこを生きているのかっていうことは、あまり考えていないんです。

だけど、多くの研修会では、発達のものさしの上に乗せて子どもの絵を見ているように思います。しかも、色彩に関しては、ほとんど議論されない。喃語だった赤ちゃんが言葉を話せるようになっていくように、殴り描きが絵になっていく。そんな発達過程のことばかりを問題にしている。だけど、やっぱり発達のものさしに乗っけるのではなくて、「いま、ここ」のこの子が、あおむしをどんなふうに自分のなかに住まわせているのか、それをエクスプレッション（表現・表出）してもらったらこんなふうに出てきたんだっていう、そのことを大切にするだけで保育は十分なんじゃないのかっていうことを、子どもたちが描いた絵を見せてもらってあらためて思っています。

目に見えるものの向こうにある、目に見えない子どもの思いとか気持ちとか、そういったものは、どうなっているんだろうっていうふうに考えていく。

目に見える行動だけで「頑張ったね」って褒めたり、「ダメでしょ」って注意をしたりするときは、どの子の行動も正しいか間違っているか、よいかよくないかで判断してしまう。しかも、一般的な常識のようなものをものさしにして、目に見える行動がいいのか、間違っているのかという判断しかしないっていうね。

そうじゃなくて、同じことをしていても、そうそう、今朝お母さんと別れるときにぐずってたなぁとか、そういえば最近、下の子が生まれたなぁとか、そんなことをいっぱい情報としてもっていて、そして目の前の他の誰でもないこの子が、今、こんなことしちゃったけど、さて私はどうしよ

（1）エリック・カール（作・絵）、もりひさし（訳）『はらぺこあおむし』偕成社、一九七六年。

うかなあ。「ダメでしょ」って言おうかなぁ、まあ、見て見ぬふりをするかなぁ、「先生はしてほしくなかったなぁ」って言おうかなぁって考えていく。そうやって、他の誰でもないこの子のことを、他の誰でもない私が、どうケアしたらいいのかって考えていく。やっとそこで、子どもと保育者の関係が人と人の関係として成立していくんだと思うんです。

「ここではないどこか」を生きる

室田　それが、僕たちの保育園が長い間かかってたどり着いた、保育とは何かという問いに対する一つの結論なんですが、一人ひとりの子どもの気持ちや思いを丁寧に汲みとることを大事にしたい保育の場では、絵を描くとか、歌を歌う、お芝居やオペレッタを演じるといったことがとても大事に思えるんですよね。

矢野智司さん（京都大学教授）がおっしゃる「ここではないどこか」へ行って帰ってくるということ[2]を、私はアートだと思っています。

たとえば、絵本『かいじゅうたちのいるところ』[3]であれば、主人公の少年がかいじゅうの国へ行って、王様にまでなるんだけど、食べちゃいたいぐらいかわいいって言われたら、びっくりして帰って来たっていう、「いまここ」から、「いまここ」じゃない別の世界へ行って、今の自分ではないもう一人の自分をそこで生きて、ふたたび、「いまここ」へ帰って来るっていう。そういうことを矢野さんは大事だと言っている。

二歳児クラスの子どもたちが、絵本『三びきのやぎのがらがらどん』[4]のお芝居をやったときのことなんですが、トロルになった子どもたちは草陰に隠れて、がらがらどんが橋を渡ってくるのを待っています。そのあいだに私に向かって、「あ、園長先生座ってはるで。手、振ったら、振ってくれはった」とか言ってるんです。そして、がらがらどんが来たら、トロルに変身して「食べちゃうぞ」とやる。

そうやって一つのお芝居のなかで、現実世界の自分に戻ったり、物語世界のトロルになったりを何回も繰り返す。これもアートとして考えたら、僕からすれば、アートは保育の場で欠かすことはできないものです。

室田一樹氏

――目に見えない世界を生きるというか、「いまここ」ではないもう一つの世界を生きるというか、そういったことがアートだっていうことですね。

室田　もっと広げて考えれば、砂場で遊んでる子どもが、自分なりに考えたストーリーで遊んでいるとしましょう。たとえば、石ころとか葉っぱを集めてきてままごとが始まって、「僕、お父さ

(2)　矢野智司『意味が躍動する生とは何か――遊ぶ子どもの人間学』世織書房、二〇〇六年。
(3)　モーリス・センダック（作）、じんぐうてるお（訳）『かいじゅうたちのいるところ』冨山房、一九七五年。
(4)　マーシャ・ブラウン（絵）、せたていじ（訳）『三びきのやぎのがらがらどん』福音館書店、一九六五年。

んやる」とか言って自分たちがつくったお話で遊んでいるとき、園児からままごとのお父さんになって、また園児に戻るという意味では、いまのここではない別の世界でもう一人の自分を生きるという意味では、砂場遊びもアートです。

そういうふうに保育をアートという視点で見ていくと、絵とか音楽というある種、狭い意味でのアートも大事だけど、それよりも広い意味で「保育は全部アートだ」と言ってしまってもいいぐらい、保育園はアートに満ち満ちているっていうふうに、考えているんです。

「想像の世界」がもたらす興奮

汐見　素敵な話ですね。うまくかみ合うかどうかわからないですが、僕は今のお話を聞いていて、自分の子どもの頃のことをいくつか思い出しました。

僕が小学校一年生くらいのときのことです。僕には、二つ下の妹と三つ下の弟がいます。ある家の二階を家族で借りて住んでいたのですが、その六畳間に布団全部敷いて、何やったかっていうと、単なるごっこ遊びなんだけど、そのときのごっこ遊びにものすごく興奮したんです。海賊が窓から攻めてくるっていう設定で、とにかく僕は長男だから、いろいろ指示したり命令したりして、ものすごく楽しかった。

あれから六〇年、未だにそのときの興奮の感触が残っているんです。僕は、遊びの原点はごっこ遊びじゃないかなと思っているぐらいです。役になりきって、その危険を自分たちで切り抜けた、海賊から攻められるのを防いだっていうような、そういう単純なストーリーなんだけど、舞台を設定できたこととか、その役をやり切ったこととか、そういったいろんなものが、ものすごい興奮をもたらしてくれる。魂が興奮したというのかな。

劇っていうのは、それと似てるんじゃないかって気がするんです。本当の劇というのは、そのストーリーに本当に入れ込んでしまって、それを演じることによって、自分でない自分を生きているような感じになって、自分の感情が浄化されたりする。そういったものをもたらしてくれるのが劇で、これは、昔からある芸術ですよね。

これは、室田さんのおっしゃるアートなんだと思うんです。

盆踊りもそうだけど、シャーマンの前で踊ったりすることで、ある種の興奮状態になってくると、神と交わった感覚だとか、そういう感覚を得て、ものすごく興奮してくる。

汐見稔幸氏

だから、表現するっていう世界には、得体の知れないようなものがすごくあるっていうような思いをもっていて、今、お話をお聞きしながら、自分のなかにそういう体験が、たった一回だけどあったなあと思い出したんですね。

描きたくなったときに、自分なりのやり方で描く

汐見　それから、もう一つ思い出したのは、幼稚園のときのことです。

僕は一年だけ幼稚園に行ったんですが、幼稚園でやったことは二つくらいしか覚えてなくて。一つは、毎日けんかしてたこと。なぜか知らないけど、けんかをしに行ってたんですよね。もう一つは、絵を描いたことなんです。その絵は、電車の絵なんです。なぜ電車の絵を描いたのかは覚えてないんだけど、一枚に描いたら足りなかったんで、「先生、もう一枚紙ちょうだい」って、つないだんですよ。そこにも描いたんだけど足りないわけ。たぶん、すごい長い電車を見たんだと思う。さらに「もう一枚ちょうだい」といって、また描いたんです。その後、どうしたかっていうと、まだ足りないから今度は裏に描いた。だから、三枚の裏表でずっと一つの電車を描いたんですが、それも、何ていうか勢いでね。描かざるを得なかったっていうか。そのときの僕は、ただ一生に一回だけ、絵を描くのが楽しかったんですよ。あとは描かされたから、描くのが楽しいと思った思い出はほとんどないんですね。

その体験についてては久しく考えてなかったけど、人間が何か描きたくなったときに、自分なりのやり方で描くというのは、すごい喜びなんだっていうことだけは感じていた。しかし、実際の教育の場では、描きたい気持ちがないのに描かされたり、写実的なものばかりが求められたり、逆に印象的なものが求められたり、ともあれ、外からのものさしによって、描くことが評価されてしまうとか、そういうことが入ってくる。そうして、描く喜びがどんどん奪われていく。そうしたものに対する違和感だったり、表現の教育っていうのは本当はあんなものじゃないっていう、そういう思いだけはあるんです。

イマジネーションの世界を大事にすると「まだ描けん」を大事にすることになる

汐見　僕の友人に、仙台で絵画教室を開いている人がいて、二歳～小学二年生の子どもがたくさん通っているんだけど、その子たちの作品が、すごく僕の心を打つんです。

三・一一の前の話なんですが、海に行って夕日を見てきた。夕日が海にズーッと沈むときっていうのは、水面すれすれだったらまだ太陽が見えるんですよね。それがだんだん沈んでいくと、水平線のあたりがバーッとオレンジ色になって、さらに沈んでいくとサーッと暗くなっていく。その後、三〇分くらい経つと、本当に夕べが来るんですよね。それが波の音や広大な海とセットになって、「時間というものが本当にあるんだな」ということを感じさせてくれる。

そうした夕日を、ジーッと一時間ぐらい、子どもがみんな、ずっと見てるわけですよ。それで「もうそろそろ帰ろか?」「先生、もうちょっと見させて」、戻ってきても「今日どうだった?」「おもしろかった」「きれいだった」とかって感じで。

しばらくして「夕日、描けるか」と聞いても、「まだ描けん」っていう。「じゃ、もういっぺん行こうか」と、別の日にまた行く。そして戻ってきて、「そろそろ描けるってやつは描け」。

そうやって夕日を描くんだけど、海にきれいに沈んでいく夕日を描く子は一人もいないんです。ほとんどが抽象画で、なかには全体を紫色で塗りたくった子もいて、「えっ、これが小学二年生の子が描いた作品」っていうような絵を描くんです。

それは、アートを下手に技法として与えないで、自分の思ったように描けばいいという、そういうかたちでやっているからだと思うんだけど、それを見たときにも、子どもって色をたくさん与えておくと、いろんな色を使って描きたがる、二歳、三歳からそうなんだなと感じたんです。子どものイマジネーションの世界というのは、色がついている。心の世界の、色がついてる。

自然のなかには原色みたいなのはほとんどないわけで、原色は花ですよ。それは、虫が見つけてそこへ飛んでくるようにということからきている。あとは、本当にきれいな青空と夕日とか、紅葉のとき、そういうときにすごい美しい原色みたいな力が出てきますよね。普段はそういうものが全然ないなかで原色に近いものが出てきたときに、人間はああきれいって思うわけですね。きれいって思う感覚って何か、それは淡い色の中に、特別なコントラストが浮かび出てくるようなときとか、そういうものに人間の魂は興奮するんですよね。

息子が小さい頃、山に連れて行ったときに、夜に満天の星を初めて見たんです。そのとき、最初に息子がいったのは「怖い」という言葉でした。「ワアーッて降ってくる」、そういうふうに感じるんだなって。

言葉ではどう言っていいかわからないようなもの。「きれい」と言ってもいいけど、「怖い」って言ってもいいようなもの。それは、いまの室田さんの言い方で言うと、星を見ながらそのつくり出す独特の世界に誘い込まれて、いまのこの自分でない自分を生きているという感覚というか、いまここでない世界をもう一人の自分が生きているという感覚というか、そういう世界に入っていたんだと思うんです。それを心の深いところにある自分、僕はそれを魂って言っているんだけど、そういう自分が体験する。それを室田さんはアートの体験と言っているのかなと思って聞いていました。

子どもの表情、一挙手一投足はすべてその子の表現である

室田　先ほどの『はらぺこあおむし』でいえば、「そうか、この子はあおむしのことをこんなふうに見たんだ。この子は、こんなふうにあおむしを自分のなかに住まわせているんだ」と思って、目に見えない、その子の世界を感じる。そこに保育の可能性があるんじゃないかと、この絵を見て思うんです。

汐見　なるほど。僕は教育学の研究者ですが、若い頃に研究していたのは、生活綴方なんです。作文を通して、子どもの自己表現を励ますという教育なんですが、岐阜の恵那にすごく尊敬する先生がいて、その先生の授業から出てくる作品だけは違っていたんです。

綴方のなかにあるのは、たとえば戦前、天皇制教育体制が強くなったときでも、唯一表現の世界だけは、子どもの真実を表す世界としてあるという考え方です。表現だけは、その子の本当のものが出てくると考えて、数ある素材のなかでも生活を書こうということで、生活綴方は生まれたんです。

生活綴方の実践家のなかに小砂丘忠義（一八九七〜一九三七年）という有名な人がいるんですが、彼の言ったことで、なるほどなって思っていることに、正確ではないと思いますが「子どもの表情、姿勢、しぐさだとか一挙手一投足は、すべてその子の表現である。ゆめゆめおろそかに扱ってはならない」ということがあるんです。

人間の表現というのは、書かされたときにだけ現れるんじゃない。その子の立ち居振る舞いとか、「今日、ちょっと元気ないな」というそんなことまでも、それはその子のそのときの表現なんだという考え方なんです。鉛筆をもつ力が弱いということがあったとしても、それはそれで、その子の

表現。

そう考えると、綴方の教師っていうのは、我々が教育というときにもち込む「ものさし」のようなものにとらわれたら教育できないんです。優れた文化を身につけなさい、どのくらい身につけたか評価しますという評価の「ものさし」を外からもち込むのではなく、人間が世界や他者と交渉し、生まれてくるものにこだわる。そこを大事にする。

世界とのかかわりで生まれたイマジネーションとか感動とか、そういうものは放っておいても表現になる。その表現を洗練していくだけの話であってね。それがもっと洗練されたら芸術というのかもしれないけど、べつに芸術家にならなくても、みんな一挙手一投足の表現をしている。その表現をみんなが大事にし合ったら、それだけでいい社会ができるんだというような、そんな論理なんです。綴方というのは。

だから表現というのは、その人間のそのときの作品なんですよね。人生というのが自分という作品をつくることだとしたら、それはそのときそのときのかけがえのない表現を大切にされることから形づくられていくということですよね。

室田　先ほど汐見先生は「一挙手一投足が表現」とおっしゃいましたが、私もそれが表現だと思っています。悲しかったり、うれしかったりしたら涙が出たり、そういう、しぐさとか、目の動きであったり、姿勢であったり、そういうところから始まって、表情なども含めて、僕はそれが表現だと思っているわけです。

そこで、なんで人は表現するんだろうということを考えるんですが、一つには、おそらく他者とつながりたいというか、自分を他者にわかってほしいというか、そういう他者とコミュニケートしたいという根源的な欲求があるんだと思うんです。だから、うれしかったら笑うし、悲しかったら泣く。

私は、いまこう思っているんだっていうことを伝えたい。ただ、当然そういう表現も受け手がいてくれて、それを「そうだね」ってわかってくれる人が要る。一緒に喜んでくれる人が要る。それは、鯨岡峻先生が言われる「間主観的にわかる」ということですよね。(5) 相手の気持ちを自分の気持ちのようにわかるというような。「わかってほしいから表現しているんだね。涙を流しているってことは、悲しんだね」というような対象化したわかり方ではなくて、一緒にこっちまでもつらくなってしまうようなわかり方なんです。そういうものを人間は根源的に求めているんだろうと思うんです。

表現というのは、私はこういうことに感動し、こういうふうにこう思っているんだということを、作品として社会に問うみたいな、そういうことなんでしょうが、でも、その根底には、その社会での評価を得て、自分を確認していくということがあるのかもしれない。つまり、自分というものは、実は自分だけではつくれなくて、なんだかんだ言っても、他者とつながりたいという、そういうコミュニケーションを人は求めている。

表現によっては「芸術作品」になるような表現もあるでしょうが、それも含めて、絶えず他者に

（５）　鯨岡峻『関係発達論の構築――間主観的アプローチによる』ミネルヴァ書房、一九九九年。

よって自分がつくられていく。他者の評価によって自分をやっと評価できる。みんなが「かわいい、かわいい」と言ってくれたから、みんながこんなにかわいいと言うんだったら、僕も僕のことをかわいいと思っていいんだというふうにして自分を好きになっていく。大人のこの年になってもやっぱり、僕の自己肯定感は自分一人ではなかなか得られなくて、汐見先生に「それはそのとおりだと思いますよ」っていうふうにまずは肯定してもらえると、「ああよかった」って思える。

そんなふうにして自分というものが、絶えずまわりによってつくられていくというそのことと、表現ということがとても密接なんだなということを、先生のお話をお聞きしながら考えました。

直線がない、疲れない自然の美の世界

汐見　人間の類的本質というのかなぁ。本質的にコミュニケーション、つまりコミューンになることを求める存在ということですよね。人は他者によってしか自分になれないのだから、その他者のたちあらわれ方にこそ保育の本質があるということですよね。

少し話は変わりますが、暴力を用いないコミュニケーションと安全な居場所づくりを支援するためのNPO（特定非営利活動法人TEENSPOST：東京都町田市）を訪問したときのことです。そのNPOは、各階一部屋しかない細長いマンションの1フロアを使って活動しているんですが、エレベーターを降りて入ったら、廊下から床から全部土壁にしてあるんです。昔の土間みたいな土壁。部屋に入ったら、やっぱりまわりが全部土壁で、上は茶色い麻の織物をヒラヒラッと飾ってある天井で、テーブルも手でつくったようなもので、本棚も手づくりでね。一言でいったら直線がないんで

す。座るところも土をこねたようなもので、そこに座ると二時間ほど会議してもまったく疲れないんです。不思議なことなんですね。

「何でこんなふうにしたんですか」って聞いたら、最初は、マンションの部屋をそのまま使っていたんだけど、その部屋を見た人から「あなた方は暴力をなくそうとしているんですよね。なのに何でこんな部屋で仕事をしてるんですか」と言われたんですって。何のことかよくわからないから、どういうことかって聞き返したら、「真っすぐな壁、真っ平らな天井。こんなもの、自然のなかに一切ないんです。自然のものには微妙な凹凸があり、道も曲線を描いている。木だって微妙に揺れたりしている。我々は長い間自然のなかで暮らしてきたから、そういうものに安心感を覚えるし、そういうところでホッとする。実は、都市というのは自然のなかにないものをたくさんつくり、自然のなかにないものを情報処理させ、そうして興奮させておいて、働かせたり、ものを買わせたりするような空間なんですよ。興奮したくないのに興奮させられている。こういうの、暴力って言うんですよ。都市というのは、ある種の暴力空間ですよ。あなた方、暴力をなくそうとしているのに、何でこんな暴力的な空間で仕事をしてるんですか」と言われ、それでやっと意味がわかって、その人のアイディアで環境を変えたんですって。

室田　保育のことで言えば、子どもの遊びを見ていても、戸外のほうがトラブルになりにくい。統計をとったわけではないんですが、けんかになりにくいっていうことは、おそらく子どもたちのなかに起こっている情緒が、室内と室外で違うのではないのかと思うんです。

落ち着かない環境のなかに置かれてしまったら、もうすでに子どもの情緒は少し安定さを欠いてしまうのでしょうね。そのなかでやるままごとと、戸外でやるままごとでは、もともとの子どもの情緒の安定度合いが違うので、トラブルになりにくかったり、協調していきやすかったり、相手を受け入れやすかったりしていく、そういうことが室内と戸外とでまず大きな違いがあるのではないかなって思うんです。

汐見　たぶん、室田さんの園の外環境の落ち着きというか、神社の境内と自然の豊かさということもあるように思いますが、いまのことは逆にいうと、室内環境は本来どうつくるべきなのかということ一つのヒントでもあると思いますね。アメリカで興味深い実験があって、室内環境のあらゆるものを全部真っ赤にしたんです。そこに被験者の学生が入って、真っ赤な部屋で寝たり、食べたりする生活の様子をテレビカメラでずっと撮るんです。何日かすると、どう見ても精神的におかしい感じになって、そこで実験はストップなんです。

自然にはない、すべてが赤という環境のなかでずっと暮らしていると、どうも人間は発狂するらしい。つまり、人間は絶えずまわりの世界と情報交換をしている。言い換えると、人間というのは、情報処理をしていかないと生きられない動物で、その情報が常に我々を興奮させてしまうような情報だった場合には、ホッとできない。気持ちの上ではそうでもないかもしれないけど、脳はずっと活性化してしまっている。

だから、室内環境といっても、日本の場合は、机を置いてある、イスを置いてあるとか、そういうことを言うんだけど、そうじゃなくて色、肌合いとか、トーン、光、まわりの温度、音とか、そういうものがどれだけ温かいか、柔らかいか、自然と近いのかというふうに発想しないと、その室内環境はちゃんと評価できないような気がするんですよね。

室田　そうですね。イタリアのレッジョ・エミリアに行ったとき、一番感じたのはそれでした。何をしているかっていうことよりも、建物とまわりの環境がとてもうらやましかった。

汐見　そうですよね。ドイツや北欧でも、家は温かい木の文化ですよね。石の文化の国でも、保育園は木の世界なんです。

実生の楠を取り囲んでいる乳児棟

保育者の振る舞いという環境

室田　うちの園の本館は鉄筋二階建てで、そのなかの一室で〇歳児保育をどんなに工夫してもうまくいかなかったんです。それで木造の乳児棟を建てたんです。予定地には楠が生えていたんですが、この木を切りたくなかったので、建物を変形コの字形にしたんです。

汐見　自然の曲線を生かしたわけですね。

室田　そうです。で、完成して三日目に見に行ったら、僕と同い年のベテランの保育士が「園長、本館にいたとき、私ね、直線的にせかせか机を拭いてたんですけど、こっち来たら、曲線を描くように、柔らかくゆっくり拭けるんです」って言うんです。それを聞いたとき、僕は大成功だと思いました。

汐見　それは不思議ですね。
室田　本当に。保育士が何かをわかったというよりも、環境が保育士を柔らかく変えてしまうんです。
汐見　そういうふうに人間を変えてしまうんですね。
室田　そのとき、子どもだけじゃなくて、子どもとかかわる保育者がどういう精神状態で、その空間にいるのかということが大事な問題だって再確認しました。そして、やっぱり乳児棟を建ててよかったと思いました。
汐見　保育者のそういう振る舞い方が、ある意味で一番の環境ですからね。
室田　そうですよね。
汐見　ゆったり動いてくれたら、本当に子どもは包み込まれる。子どもに情報処理できないスピードで動かれたら、子どもは落ち着かなくなってしまいますよね。
室田　この乳児棟は一切仕切りをつくらずに、できるかぎりゆったりした空間になるようにしています。台所もあって、ある種危険ではあるのですが、でも決して仕切られていない。子どもを見ていると、何となくにおいがするからこっちへ食べに来る、食べ終わったら何かあっちが楽しそうなんであっちへ行くっていうふうになってる。
汐見　子どもが選べる多様性があるんですよね。
室田　そういう工夫はしています。
汐見　日本は特に乳児保育室なんかそうだと思うけど、みんなが一緒に暮らしている家庭をモデルにしていかないといけないと思うんだけど、家庭でなくて集団保育室になっちゃうんです。東京のある保育園で全面建て替えになったので、一年間、別のところで保育しなければいけなかった。たまたま区立の職員住宅が空いていたので、そこに全部子どもを移動させたんです。

普通の2DKとか2LDKの住宅で保育しなきゃいけなくなったとき、職員たちは最初、「こんなとこで保育できるの？」とか言ってブーイングだったけど、保育を始めたら、見事に子どもが落ち着いたんです。特に○、一歳児は、噛みつき等がなくなり、子どもの泣き声が減って、何なのこれって職員が驚くぐらい落ち着いた。

ビデオ撮影してよく観察してみたら、活発な活動をしたいっていう子は、みんな明るい居間に来るし、ちょっと休んでいたいって子は、和室へ行ってゴロンとしていたり、みんなでヒソヒソ遊びたいっていう子は、廊下で遊んでたりなんかしてね。自分で選べて、そして気分に応じて居場所が変えられるような空間にしてしまうと、こんなに落ち着くんだっていうことがわかった。

建て替えた園に戻るとき、その乳児担当の保育者は「こっちのほうがいい」って言ったそうです。多様な意味合いの空間があって自由に動くことができるということで、子どもはずいぶん落ち着きますよね。

日々の業務がグランドデザインと保育者を離してしまう

室田　今回、先生にお伺いしたかったことの一つに、グランドデザインと、指導計画、指導案といった日々の業務との乖離の問題があるんです。

一体、誰が指導計画、指導案とかを言いだしたのかなってずっと思ってましてね。以前、保育雑誌に「異年齢保育の月案を一年間、連載してほしい」と言われたことがあったとき、「この雑誌は保育者になって一、二年目の人が買うんです。ここがたくさん買わないことには、本は売れない。読者層は決まっているので、その人たちが求めているものを書いてくれ」と言われたんです。それは、「とりあえず一回読んだら明日使えるもの」というわけです。

養成校でどんなにいいことを学んだとしても、結局、実習先の実習ノートで求められることに応えざるを得ないので、市販のものをとりあえずは利用して、指導案を立てる。実際は、そんなことで日本の保育は決まってきたんじゃないのかっていうふうにちょっと疑っているんです。

せっかくいいグランドデザインをつくれたとしても、実際にそれが保育の現場に行ったとき、また従来型の日案、週案へ戻ってしまうのではないか。保育者になって一、二年目に出会うものがそういうものだから、五年、一〇年経つ間に、結局はそれを上塗りしていくだけのことになってしまう。そういう保育が意外と多いのでは……と思うわけです。ここを何とかしないと、せっかくのグランドデザインが生きてこないという感じがしています。

汐見　そうなんですよね。養成校で教えていることと、就職してから毎月、月案や週案を書いたりすることとのギャップは非常に大きいです。そういったことはあまり養成校では教えないから、現場に行ったら、とにかく見よう見まねでやっちゃう。

室田　ですよね。

汐見　子どもが遊んでいる様子を一日見て、たぶんあの子は、明日こんなことをするんじゃないかと考えて、ちょこっと何かを用意して、次の日、朝からこうさせようなんてことはあまり考えずに、それは子どもが決められるようにしておく。で、子どもが遊び始めたとき、ちょっと何かが足りないなと気づいたら、少し何かを足してやる。そういったものは、もうほとんど臨機応変力なんですよね。保育のおもしろさというのは、臨機応変にやったときの目論見が当たることのおもしろさだとも言える。

保育のグランドデザインとコミュニティのグランドデザイン

汐見　保育のグランドデザインは、コミュニティのグランドデザインと重なるものでなくてはいけないと思うんです。それは、レッジョ・エミリアから私たちが学ぶべきところでもある。レッジョには、レジスタンスの歴史がありますよね。もともとの出発点が、二度と戦争を起こすような国にしたくない、そのために何をしたらいいいか。それは、やっぱり教育だろうというところから出発しています。

レッジョの保育園に行って一番おもしろかったのは、その間取りなんです。真ん中にピアッツァという広場があって、あっちにアトリエがあって、こっちに保育室がある。実は、あれってイタリアの都市と同じ構造なんです。真ん中にピアッツァがあり、みんなが集まる場所があって、あちこちに職人の工房があって、家がある。ああそうか、この人たちが園をつくるときというのは、コムーネ（共同体）なんだなっていうのがとてもよくわかった。

コムーネという共同体を一つのモデルにして、小さなコムーネをつくっているわけです。まず朝、ピアッツァに集まって、「さあ、今日は何する」っていうような話をする。あそこはみんなの議論の場ですよね。そのとき、議論し合える力というのを、実はかなり彼らが重視している。それから、そのまわりのアトリエというのは職人の場所。イタリアの人々は職人文化に誇りをもっています。その職人文化をつないでいってほしいという思いがアトリエづくりにつながっている。そして、生活の家があるわけです。

――街をつくるように保育をつくるわけですね。

汐見　イタリアというところは国が滅びてもコムーネは滅びないっていうぐらいに、それぞれの自治性が高いんです。それを担っていくのは結局、市民ですよね。市民というのは、自分が属しているその共同体がいかにあれば、みんなが幸せになれるかっていうことを考えて、自分の欲望だけじゃなくて、全体の公共の幸せということを考えて行動できるという人間のことをいっているわけです。

そうした伝統が、古代アテネからある意味ずっとある。人間は一人じゃなくて複数で暮らしているがゆえに、一人では幸せになれない。複数が、みんなが幸せにならない限り、自分も幸せになれないって考える。だから、その複数の集合であるコムーネがいかにあれば、みんなを幸せにするコムーネになるのかということを考えることが人間の責務であると。

レッジョの教育は市民教育なんだっていうのが、僕の印象なんです。

その点からすると、日本の教育というのは、たくましい子だとか言うけど、肝心の自分たちがこれから属することになるいろんな共同体のなかで、どう振る舞えばみんなが幸せになっていけるのかっていう、そういう力をどう育てていくのかという原点は、いまはあまりないんですよね。だから国家目標が変わるたびに、教育目標が変わってしまうところがある。産業国家をつくることを国家目標にしたら、それが教育の目的になっていく。すると、今みたいに国家目標が明確でなくなってしまったときには、実は何のために保育しているのか、誰も語れなくなってしまう。

みんなが主人公である共同体へ

――自治的な共同体の存続が明確な目標としてあって、その担い手を育てることが教育の目標としてあるということですよね。日本の共同体や社会もそうなってほしいと思うところはありますか。

汐見　そうなってほしいというよりか、かつてあった習俗としての共同の子育ての豊かさが崩壊した現在、改めて、人間を育てるときに、その人間がどういう社会の担い手になるのかを考えないと、いまは人間として育てられないでしょう。そして、その社会のイメージはかなり具体的に描かないと、抽象的な理念のままでは、保育だけが社会から浮いてしまう。

先ほど国家目標の話をしましたが、日本は右肩上がりのときは調子がよかったんだけど、右肩が下がってきたとき、本当のすがるべきところをもっていないという感じがします。だからグランドデザインを考えるときには、何のために私たちは保育をしているのか、それは一人ひとりの子どもがもちろん幸せになってほしいんだけど、同時に彼らには自分の属する共同体をできるだけいいものにできるような力をもつような、そういう市民として育ってほしい。

保育というのは、人間を育てているわけで、我々はその人間がどういう社会の担い手になってもらいたいと願って育てているんだっていうところまでやらないと、抽象的な理念になってしまう。ＯＥＣＤは幼児教育の目標を〇歳からの市民教育というところに置くと言うんです。みんながお互いに自分たちの国を、みんなができるだけ幸せになれるような国にしていこう、それをお互いにやることによって、それぞれの個性的な国家ができていくと。その論理というのは、他者を侵略するという論理と逆の論理です。大きくするというのではなく、むしろ小さくするという論理っていうのかなあ。そういう話は、保育者だからこそ語れるとも思うんです。幼稚園、保育園に来ると、何ていうか、新しい社会がほの見えてくるっていうか、そんなことを夢見たりするんですけどね。

＊　＊　＊

今回の対談は「アート」をキーワードに始まりました。そこから「想像（イメージ）」が一つひとつの経験に彩りを与えてくれることが語られたり、「想像（イメージ）」があふれだしたものが「表現」であることが語られました。

前回の対談でも登場し、今回の対談でも登場したテーマは、子どもは一人ひとり、自分の「ドラマ」「物語」を生きている、というテーマです。今回の対談で言えば、自分なりの「物語」を生きることを「アート」と呼ぶのであれば、そうした「アート」が保育の場では欠かせないというテーマです。

子どもたちは「物語」を生きることで、自分なりの意味を世界から生み出していきます。保育のなかで、大切にしたい視点です。

【対談を終えて2】

産育習俗から対談をふり返る

室田一樹

「はらぺこあおむし」の絵から始まった汐見氏との対談は、表現論から環境論を経てグランドデザインの議論に帰着しましたから、一応の責を果たしたようではあります。しかしながら、前段で語られた子どものアートと後段での小さな共同体《コムーネ》の関連性には触れないままに終わってしまいました。対談した二人は、子どものアートと小さな共同体《コムーネ》は、ともに保育のグランドデザインに内包されるべきものとおそらくは考えていますから、このまま併置しておくのがいいのかもしれません。ですが、大田堯氏の研究[(1)]にも明らかなように、対談内容を日本の産育習俗に関連づけてみると、欧米の研究や実践に範を求めてきた日本の保育に、これまでとは異なる意味づけが可能になるのではないかと考えました。

「七つまでは神のうち」という子ども観

乳幼児期にある子どものアートは、子どもが自分の気持ちや思いを表現することであり、表

（1）大田堯『教育とは何か』岩波書店、一九九〇年。
大田堯『生きることは学ぶこと——教育はアート（大田堯自撰集成1）』藤原書店、二〇一三年。

現された作品のことではないでしょうか。ひたすら穴を掘る砂場の子どもも、葉っぱや小石を集めてままごとに興じる子どももアートの途中ですし、掘られた穴や並べられたご馳走に子どものつもりや見立てを読みとるなら、それらはまぎれもなく子どものアートと呼ぶべき作品群です。

アートが気持ちや思いの表現なら、子どもの表情や仕草もアートです。子どもが泣いたり、拗ねたり、怒ったり、ときには手が出てしまったりすることも子どもの気持ちや思いの発露だと捉えれば、それさえも子どものアートの萌芽だといえるでしょう。子どもの負の感情さえも子どものアートとして受けとめれば、保育の場は子どものアートに満ち満ちています。子どもは、子どもであるがゆえに我を忘れて没頭することができます。なんの見返りも期待せずに描いたり、つくったり、歌ったり、踊ったりすることができます。現実と非現実をいともたやすく行き来して、空想やお話の世界に遊ぶことができます。

この国には何かに没入する子どもを、「七つまでは神のうち」と言い習わす地方がありました。(2) 数え年七つまでの子どもは、神さまのように人の価値判断を超えた存在、わからないところがたくさんある存在であることを認めて、子どものしたいようにさせてやることの重要性を説くのが「七つまでは神のうち」です。このような子ども観は、現代社会を子どもたちと生きる私たちにも深い示唆を与えているのではないでしょうか。人の一生に子ども時代と呼ぶべき時代、大人の不用意な干渉を受けない時代を認めると、子育てや教育や保育にかかわる大人に新しい視座が与えられるように思われます。

自然とアート：生活文化が醸成した産育習俗

動物は手に入れたエサをそのまま食べますが、人はひと手間かけてより美味しくいただこうとします。それが食文化になりました。住まいや衣服も食と同様に、生活文化になりました。それは外なる自然を内に取り込んで文化として再生することだと私は思っています。扇面や着物、家具や調度に描かれる文様に花鳥風月が多いのも、和歌が人心を自然物に託して表現するのも、自然を取り込んで文化として再生する行為のように私には見えます。その行為と作品がアートです。

文化や芸術が細分化され、高度化し、技術的に深化しようとも、自然に根ざさないものは廃れるのが早いように思えます。ですから、乳幼児期を生きる子どもたちには自然のなかで（できればときに大人の監視の目から逃れて）生きる時間が不可欠です。虫かごに入れられて鳴く鈴虫ではなく草むらから飛び出すバッタに驚いてほしいし、水槽のカメではなく小石をどかすと慌てて逃げ出す沢ガニの虜になってほしいのです。身のまわりのありふれた自然に没入して、人類が自然とひとつながりだった時代の記憶を呼び覚ましておいてほしいのです。身近な自然のなかで生き生きと生きる子どもに眼を細めたからこそ「七つまでは神のうち」と言い習わされたのだと思います。日本の産育習俗は、このような自然に抱かれて暮らす生活文化から醸成されたのではないでしょうか。

明治初期に始まった教育制度の枠組みをひとまずは横に置いて、子どもとともに保育の場を

（2） 大藤ゆき『児やらい——産育の民俗』岩崎美術社、一九六八年ほか。

生きる意味を捉え直すときが来ているように思えてなりません。

ともに暮らす人々の安寧を願う小さな共同体《コムーネ》とは何か

汐見氏は対談のなかで、「一人ひとりの子どもがもちろん幸せになってほしいんだけど、同時に彼らには自分の属する共同体をできるだけいいものにできるような力をもつような、そういう市民として育ってほしい」と述べています。この話を聞きながら私は、日本の「おやこ成り」を話題にしたいと思ったのですが、残念なことに予定されていた時間が過ぎてしまいました。

氏神ごとの集落が集落として機能していたころは、お七夜やお食い初め、初宮詣でや七五三参りなど、子どもの成長の節目を祝い、その後の生育の無事を願う行事には、母親の実家から祝いものが届けられたり、村の人々に餅や食事が配られたりしました。親戚や地域の人たちの力も借りて子どもの成長を見届けようとしたのでしょうが、子どもが将来、共同体の一員となることを予祝するものでもあったのではないでしょうか。子どもは親だけでなく血縁や地縁、地域の神さまにその成長を守られていなければならないのです。子どもはひとり生まれて、ひとり大きくなるのではありません。親の子育ても親の特権にしてしまっては、子育ての負担にやがては耐え切れなくなる親も出てきて当然のことでしょう。「おやこ成り」という習俗もまた、見事な先人の知恵でした。

帯祝いに腹帯をくれる人を帯親といいました。名前をつけてくれれば名づけ親です。赤ちゃんを取り上げてくれれば取上げ親、わざと捨て子して拾ってくれた人は拾い親です。おっぱいがよく出る人の乳房を吸わせて貰えば乳親、やがては親方の世話になる子もいました。このように、一人の子どもの誕生を機に擬制的親子ネットワークが共同体のなかに形成され、互いが互いの義理の親になりあって、子育てを助け合う仕組みを「おやこ成り」といいました。それはまた、七つまでの子どもの祝い事と同じに共同体の紐帯を深める役割も果たしていたことはいうまでもありません。子ども・子育て支援が社会保障制度に位置づけられたことにより、保育という営みによって地域社会に人の繋がりを再生することが求められたのだとすれば、擬制的親子ネットワーク＝「おやこ成り」は、示唆に富んだ産育習俗に他なりません。

集落の人々が、乳幼児期の子どものアートを認め支えれば、子どもたち一人ひとりに自分の未来を拓く想像力が養われます。想像力は自分のためだけのものではありませんでした。想像力豊かな集落の人々は、神社や寺に集まって「寄りあい」を重ねて、集落の未来を話しあいました。「寄りあい」は、皆が得心するまで調整されました。ディベートのようにはしなかったのです。日本にも子どもを育むコムーネは、たしかに在ったのです。

対談3　人類の知恵と保育のグランドデザイン

藤森平司 × 汐見稔幸

――今回も、グランドデザインを考えるということで語っていただくわけですが、今回は「そもそも、どうしてグランドデザインを考える必要があるのか」という辺りから、お話をうかがいたいと思います。まずは藤森先生にお伺いしたいと思います。

「何のために」を問う

藤森　個人的な性格と興味なんでしょうが、「そもそも」を考えるのが好きなんです。たとえば、何かをするとしても、「いったいこれって、そもそも何のためにするんだろう」と考える。保育者と現場で話したときに、「絵を描かせるとしても、何のために描かせるんだろうか、画家にしたいのだろうか？」と考える。「保育中に、歌を歌うとしても、歌わせるのは何のためだろう？　歌手にしたいの？」と考える。

絵の描かせ方が保育の世界で流行のように広がるときはあるんですが、そもそも何のためにそういうことをするのかということを考える必要があるんです。

その「そもそも」をたどっていったときに出てくる、おおもとの「そもそも論」として、グランドデザインがあるのではないかと思っています。

汐見　今、藤森先生が、絵を描くのに「何のためにそういうことをしているか」を問わないのはおかしいんじゃないかって、おっしゃったのを聞いていて、「ニヒリズム」という言葉を思い出しました。ニーチェという哲学者が、「何のために」ということを問わなくなる、つまり「目的」を問わなくなるのがニヒリズム(1)の本質だって言ってたんです。

藤森平司氏

たとえば、資本主義のもとでは、人はお金を稼ごう、もっと儲けよう、もっと売れるものをつくろう、とかしますよね。しかし、「何のため」っていうことを普段は問わないわけです。儲けを上げていくこと自体が目標になっていく。しかし、「何のために儲けるのか」ということはあまり問わない。だから、資本主義というのは最大のニヒリズムだとも言える。

ともかく、「何のため」ということを問わないので、目の前のことを疑わなくなる。そして、猪突猛進するわけです。これは近代社会を覆う雰囲気でもあるんです。目の前のことを疑わずに突っ走ってしまう。だから、保育とか教育に携わる人たちが、「何のために逆立ちさせて歩かせるのか」をまったく問わずに、一生懸命、逆立ちの練習をさせてしまうのも、社会全体の問題でもあるわけです。

――しかし、あらためて「目の前の保育」を振り返って、何でこういうことが必要なんだろうと考えても、おそらく簡単には答えは出てこないですよね。

汐見　それはそうですね。最終的には「何のために我々は生きているんだろう」というところにいってしまうでしょうから。

人間は、自分で選んだことを「何のためにやっているのか」と聞かれたら、「○○のためにやっている」と答えることができるんだけど、生まれたときに「生きること」を選択したわけではないので、「何のために生きているか」を聞かれると、それに答えることは非常に難しい。我々は、「この時代に、ここにいさせてくれ」と願って生まれ出てきたわけじゃなくて、突然出てきて、生きるってことだけは引き受けなさいって言われているわけだから。

そういったことで、「目の前の保育」を、藤森先生の言う

汐見稔幸氏

(1)　ニヒリズムとは、真理や道徳的価値の客観的根拠を認めない立場。虚無主義ともいう（新村出（編）『広辞苑　第五版』岩波書店、一九九八年より）。

レベルで「そもそも」をたどっていくと、非常に難しい問題になってくる。だからといって、そういったことを問わなくなってしまうと、人間にとって、社会にとって、歴史にとって、人類にとって、実は大したことのないようなことにえらくこだわってしまっているんだよ、という滑稽さみたいなものが見えなくなってしまう。

人類の知恵から：子ども同士のかかわり

藤森　私も、「何のために逆立ちをさせて歩かせるのか」を問わなくなるのは、非常に危うい状況だと思っています。汐見先生がおっしゃるように、人類にとって「大したことのないようなこと」を疑わずに、突っ走ってしまう恐れがあるからです。ですから、人類が大事にしてきたことに立ち戻ることが、非常に大事だと思うわけです。

たとえば、個人的には、他のヒト属がたくさんいたのに、どうしてホモ・サピエンスだけが生き延びたのだろうということに不思議を感じています。その不思議を私なりに調べてわかったのが、ホモ・サピエンスが他のヒト属とは違った生存戦略を成功させた生き物だということです。

その生存戦略とは、「人に物を分け与える」という生存戦略です。他のヒト属は、一人ひとりの力を強くさせて、生存しようとした。たとえば、ネアンデルタール人などは、ある程度の高さから飛び降りても大丈夫な骨格と筋肉を発達させた。しかし、ホモ・サピエンスは、一人ひとりの力は弱いけれど、「人に物を分け与えて」生存しようとした。

だから赤ちゃんは、胎内にいる頃から、その生存戦略を学び始めるのではないかと考えています。

保育現場にいると、赤ちゃんの頃から社会をつくっているということをとても感じるんですね。そして、社会があるからこそ、人と感覚を共有する能力を身につけるんだということも感じています。だから、「他の人間がいる」「他の子どもがいる」という環境をつくることが、ホモ・サピエンスが生き残ってきた生存戦略そのものだろうと思うんです。

言い換えれば、ホモ・サピエンスが培ってきた「人に物を分け与える」という能力をしっかりと発達させるための環境の一つが、「他の子どもとの子ども同士の関係」だと、私は思っています。

――赤ちゃんでも社会をつくるというのは、現場ならではの知見ですね。

藤森　私は、赤ちゃんは胎内から、そうした社会性を学び始めるだろうと思っていますが、胎内から、人とかかわるという研究はされていないんですよ。

汐見　そう、そう。

藤森　そして現場にいると、赤ちゃんは社会をつくることを学んでいるだけではなく、社会があるからこそ学んでいるということも非常に感じるんです。

たとえば、幼稚園の子が入園までなかなかオムツが取れないという話を聞きますよね。私は昨年、孫が二人生まれたので、その子たちを見ているとよくわかるんです。何でオムツが取れないかというと、他の子を見る機会がないから、他の子がオムツを取って生活しているのを見ていないからだって。それから最近、幼稚園で言葉を発しない子が増え始めているという話も聞きます。これも、他の子が身近にいないことと深くかかわっていると思います。

ともあれ、子どもが発達するのに必要だったのだけど、そこまで意識されていなかった環境として「他の子がいること」があったということは、言っていいのではないかと思っています。

――それが、ホモ・サピエンスがそもそも生き残ってきた生存戦略でもあったのだと。

多様な人間とのかかわり

藤森　先ほど、ホモ・サピエンスが培ってきた「人に物を分け与える」という能力をしっかりと発達させるための環境の一つが、「他の子どもとの子ども同士の関係」だと言いましたが、もう一つの大事な環境が「多様な人間とのかかわり」だと思います。

これは、研究テーマとしても重要だと思います。どうしても、「子どもと母親とのかかわり」にばかり目がいってしまうので。とはいえ、子ども同士のかかわりって、データを取りづらいので、どうしても親子の研究、なかでも、母子の研究が多くなってしまいますよね。

子どもが他の子どもとかかわりをもつときも、多様な大人とのかかわりをもつときも、リスクは当然、伴うわけです。自発的に外の人間関係に入っていって、そこで打ちのめされて「もう嫌だ」というときに、もう一回頑張っていけるための「安心基地」が愛着関係なのであって、母親でなくても、他の人でも、そういう愛着のある関係は、外に出ていくために大事なんです。人類の歴史のなかでは「外に出ていくため」の愛着関係であったはずなのに、愛着の話が「お母さんは、いつも子どもを抱っこしていましょう」という話になってしまうと、それは違うと感じます。

――その際も、人類の歴史は参考になりますね。

藤森　ええ。少し飛躍するかもしれませんが、人類は定期的に危険な状態を起こすんですね。

先ほどお話ししたように、人類は、とりわけ、ホモ・サピエンスは、一人で過酷な状況を乗り越えるというよりも、協力してそれを乗り越えてきたんです。なのに、一人ひとりの個人が、自分だけ体を鍛えて生き延びようとしたり、人を押しのけてでも生存しようと頑張ったり、そうして過酷な状況を生き延びようという時期が、定期的に起きてくるんです。ジャレド・ダイアモンド氏の『昨日までの世界――文明の源流と人類の未来（上／下）』(2)という本から学んだことですが。

彼の本を読んでいると、年齢を区別せずに子どもを育てていた時代がある一方で、現在の学校制度のように、年齢別で子どもを教えていくことがベストかのように考える時代が定期的にある、ということが書いてあります。

おもしろいのは、出産の話です。伝統社会のなかでも、出産を一人ですることが理想だと考える社会、つまり、「自立」を理想とする社会が出てくる。しかし、人類はもともと出産を一人ではできないような体になっているので、出産を一人でさせる部族は、定期的に女性が亡くなり、女性の人口が減っていく。そこで反省が起こって、「やはり、人の助けは必要なんだ」ということを繰り返す、と。

――今の社会と似ていますね。

藤森　そうですね。今の社会も、「生き抜くために自分自身で力をつけろ」という社会ですね。だけど私は、ホモ・サピエンスはそもそも協力して生きてきたんだと思うんです。だから、「社会

(2)　ジャレド・ダイアモンド、倉骨彰（訳）『昨日までの世界――文明の源流と人類の未来（上／下）』日本経済新聞出版社、二〇一三年。

から学ぶ」「社会とどう協力できるか」という力のほうが、生きる力として大事だと思うんです。でも、そうしたことをできる場所が、今はだんだん少なくなっている。保育園は、そういったことができる残された場所としての値打ちを主張してもいいのだと思います。

そうすると、社会を学ぶということ、多様な人と分かち合って生きていくということがまずあって、そこからたとえば、絵画がどういう意味で必要なのかとか、歌を歌うことがどういう意味で必要なのかということを考えていく。そういうふうに保育を考えてもいいと思うんです。

ともあれ、子どもが発達するのに必要だったのだけど、そこまで意識されていなかった環境として「他の子がいること」や「多様な人間とのかかわり」があったということは言っていいんじゃないかと思っています。そうした環境が、今までは地域と家庭のなかに自然にあったので気づかなかったけど、少子化になり、それが欠け始めてきたので、その弊害がたくさん出てきているのではないか、という気がしています。

重力という適度なストレス

藤森　もう一方で、「人間同士のかかわり」と同じくらい、私たちがあたりまえだと思っていたもので、しかし、人間にとって大事なものが重力です。

人間が宇宙で暮らすことも、徐々に現実味を帯びてきています。そこで最近は、無重力状態での生活が、発達にどれだけ影響するかという研究がされています。今、メダカを使った実験などでわかっているのは、無重力状態だと骨が空洞になってスカスカになるということです(3)。

今まで私たちは、骨を育てるというと、まずカルシウムを摂る、太陽の光を浴びる、運動をさせるといったことを考えてきた。それに加えて、重力のなかで自分の体を支えるということが必要だということがわかってきたんです。そうすると、むやみに抱っこしたりすることは、子どもを「無重力状態」に置いていることになってしまうのではないか、子どもの発達に必要な「重力」から子どもを遠ざけてしまっているのではないかということも思うわけです。

汐見　その「無重力」の研究は、多くの示唆を与えてくれます。たとえば、子どもを育てるときに「子どもを温かく見守る」とか、「支える」ということは一生懸命に議論されてきたのだけど、「子どもにどういうストレスを与えてやるのか」ということはあまり注目されてこなかった。でも、過度なストレスは子どもを壊すかもしれないけど、適度なストレスがないようなところでは、子どもは発達できないのだとも言える。

そういうふうに子どもを見直すと、今やっている保育行為が片一方の論理だけでやっていて、子どもに上手に、いい意味でのストレスを与えていくっていうようなことについてはあまり見てこなかったんじゃないかという自覚ができる。

――たしかに、人類の歴史や最新の研究といった人間に関する知見は、保育を見直す視点を与えてくれますよね。

（３）　ＪＡＸＡのウェブサイト内のプレスリリース（二〇一五年九月二四日付）「無重力による骨量減少メカニズムの一端を解明」（http://www.jaxa.jp/press/2015/09/20150924_osteoclast_j.html）参照。

攻撃性と共感感情

汐見　先ほど藤森先生がおっしゃった、ホモ・サピエンスの生存戦略ですが、僕もとても興味があります。ネアンデルタール人がなぜ絶滅してしまったかということも同じような問題ですけども。最近はイエール大学のポール・ブルームらによって、赤ちゃんにも道徳性は備わっているという研究が有名になっていますが(4)、これなどもホモ・サピエンスのDNAかもしれませんね。共感能力がとても高いホモがホモ・サピエンスですよね。と同時にそのホモ・サピエンスも他の動物を大量に殺し、お互いも殺し合ってきたという面がある。そこで僕は僕で独自に、人間が生き残ったのには、二つの理由があるだろうと考えています。

一つは、ある面では類まれな攻撃性、凶暴性というものがあって、あらゆるものを食す。こんな動物は他にいないほどの攻撃性が一方にある。

他方で、マンモスを襲うときに、とても上手に協働するわけですよね。その協働するということのなかに、今度は協働する感情、共感みたいなものが生まれてきて、それが人間独自の恋愛感情とか同士愛とか、そうした強い共感感情を生み出している。人間ほど強い共感感情をもっている動物はいないとも思うのです。そうした感情をもっているからこそ、社会をつくれるのだと思うんです。その共感関係のような能力を攻撃性のなかに入れ込んでいくと、「そんなことをしたらかわいそう」という感情が生まれてくるわけですよね。

藤森　ええ。

汐見　つまり、攻撃に対して、共感感情が歯止めになっていた。その歯止めが効かないと、平気で戦争してしまうし、いじめにも、やはり歯止めがうまく効かなくなってしまう。

人間の攻撃性には、いつだって歯止めがうまく効かなくなり得るようなものがある。今までは自然の摂理のなかで上手に抑えられていたものが、同年齢だけの集団をつくってみたり、閉鎖的な集団をつくってみたりという、人工的な環境にどんどんなっていくにつれて自然の摂理が働かなくなり、いじめがないのが逆に不思議だっていうような集団をつくってしまう。そういうことだと思うんです。

そうした状況のなかで、協働性、共感性というものがどこまで人間の本質なのかということは、あらためて考えていかなくてはいけないし、そこに希望を見いださないといけない。

藤森　その協働性、共感性という人間の能力と、先ほどの「ストレスを与える」という話は深くつながっているように思います。というのも、子どものストレスになるのは他の子どもとの葛藤だったりするんでしょうが、他の子どもは、わざと、意地悪ではストレスを与えることはできないのだと思うんです。

汐見　うん、うん。

藤森　子ども同士の関係で何がストレスかというと、物を取ってしまったりする場合でしょうが、その場合でも、ストレスを適度に、お互いに与えて……。

汐見　そう、ストレスをお互いに与えているんですよね。

（4）　ポール・ブルーム、竹内円（訳）『ジャスト・ベイビー――赤ちゃんが教えてくれる善悪の起源』ＮＴＴ出版、二〇一五年。

藤森　そう、与えているんですよね。

汐見　しかも、それが遊びになってしまうんですよ。

藤森　そうですよね。そして子どもって、特に赤ちゃんって、不思議なんですが、過度なストレスは避けますよね、ちゃんと。

汐見　はい。

藤森　このぐらいまで、というふうに加減して。だから物を取るのだって、最後まで意地を張らないんですよね。大人だと下手に、ストレスを与えてやろうとコントロールしてしまうんだけど、子ども同士は違うんですよ。だから、徹底して意地悪ではないですよね。

汐見　そうですよね。

藤森　子どもは、そのあたりの人間関係能力をもっているように思います。その証拠に、大人をからかうことをしますよ。それも、適度にからかう。

たとえば、私たちの気を引こうとして物をくれるときもあるんですが、こちらが取ろうとすると、わざとくれないときもある（笑）。そういったことを、子ども同士でお互いにやっていたりもしますよね。

関連諸学の知見と保育学

汐見　先ほど、無重力状態の実験からわかったことや、人類の歴史からわかってきたことを藤森先生がお話しされましたが、誤解を恐れずに言えば、教育学とか保育学というのは、学問として、そういった他の関連諸学の知見から学ばなくてはいけない学問だと思うんです。そういった意味では、自立した学問ではないと思うんです。保育学だけをやっていれば、すべてが見えてくる、という学問ではないんです。

つまり、他のさまざまな学問を借りながら自分たちのやっていくことを説明していくというところがある。そうした基礎学を置かざるを得ないんです。そこから、この基礎学に何を置くのかということがテーマになる。たとえば、ピアジェ（Piaget, J.）のような生物学的な心理学を基礎にして発達を考えて、教育を考える。そこでは心理学を基礎学にするのだけど、ピアジェの心理学などは、半分は生物学なんですよね。

藤森　ええ。

汐見　だから、生物学的な学問がおおもとの基礎学になるわけです。フロイト（Freud, S.）の精神分析学なども近いところがあるのですが、医学とか病理学、精神医学を基礎学にすることだってあり得る。

教育学のなかには、心理学や精神医学とはまったく違う社会学を基礎学にするような教育学だってあるわけです。さらには、人間学や哲学を基礎学にするようなものもあって、私などは、どちらかというと、人間学というのが一番基礎学にいいのではないかと思っているんです。

藤森　はい。

汐見　そういうふうに考えれば、先ほど藤森先生がおっしゃったことは、ある種の人類学ですよね。人類学といっても、人間学といっても、英語では同じ言葉の「アンソロポロジー」なんですが。

ともあれ、現在の状況からすれば、人間学も、たとえば、脳科学とか遺伝学とか、そういったものの成果を全部取り込んだ上で組み直さなきゃいけない。そうしたことが、ようやくできるところまで、少し近づいてきている、というように思います。

そういった関連諸学の知見を貪欲に吸収しながら、今まで自明だと思ってきたものをすべて疑い直すというか、そうやって基礎学をもう一度確認して、保育学をはっきりと、こういった学問を基礎として保育理論をつくりましょう、と。藤森先生の言葉は、そういった呼びかけとしても聞きました。非常に魅力的な呼びかけです。

藤森　ありがとうございます。

汐見　そこで、たぶん、そのレベルでみんなが議論を始めると、脳科学者たちも参加できるようになってくるし、脳科学者に対して、私たちがどんどん情報提供をして、そうして、脳科学と遺伝学と人類学とがセットになったようなものが基礎学になっていく。そういう展望をもっています。

遊びの一つの本質はカオスからコスモスをつくること

藤森　ところで、日本の保育者や保育学者のなかにも、「遊びには目的がないからこそ素晴らしい」という言い方をする人がいます。一見、美しい言葉なんですが、私は、子どもの遊びには目的がないなんて思わない。子どもなりに、遊びには目的があると思うんですね。だから、達成感もあると思うんです。

もう一つ思うのは、遊びと生活の区別は、大人がしている区別にすぎないんじゃないか、ということです。

たとえば、子どもが机をバンバン叩いている。そういった光景を見て、太鼓でも用意しようかとか、段ボールを叩かせようかと考える。よくあるのが、机をバンバン叩くのは遊びではないけど、太鼓を叩くのは遊びだという考え方です。

――机を叩くというのは、遊んでいるということにはならない。

藤森　そうなんです。そう考えると、遊んでいるか、遊んでいないかというのは大人の判断で、子ども、特に赤ちゃんにとっては、どちらも同じ行動をとっているわけです。どちらも、生きていくための活動として赤ちゃんはやっているんじゃないか。だから、叩くという活動こそが「生活」だと思うんです。

汐見　そうですよね。

藤森　で、そうした活動に、目的をもち始めると遊びになるんだろうって想定したんですね。そうやって分けると、私のなかではすごくわかりやすい。だから、赤ちゃんがしている行動って、すべてが生活そのものなんだろうというように感じたのです。

汐見　なるほど。

藤森　太鼓を叩いたときに、大人は「太鼓でちゃんと遊んでいる」とほめるけど、机を叩くと「机は叩いちゃだめよ」と怒る。それはおかしいんですよね。

汐見　遊びも生活だと、私も思っているんです。生活って、英語で言うとライフ（life）ですよね。これを「生命活動」と、訳してもいいわけですよね。

藤森　ええ。

汐見　人間って平等なのかということをずっと考え、悩んでいたときに、命が与えられているという点では平等なんだと考えたことがあるんです。そして、その生命をどう輝かせるかということは、権利としては平等に与えられている。そう考えたんです。

赤ちゃんって、いろいろなものを触ってみたり、引っ張ってみたり、投げてみたり、舐めてみたりする。それって、たとえば目の見えない人が自分のまわりの世界はどうなっているのかということを白杖を使って調べるのと同じで、自分の生きている世界がどういう世界なのかということを、必死になって探索しているんだと思うんです。

藤森　うんうん。

汐見　つまり、その子の命というものが、自分の生きている世界という世界図をつくろうと必死になっている。ですから、先ほど藤森先生がおっしゃった「叩く」という行為も、遊びというよりは、子どもの必死の生命活動なんだと思うんです。

――つまり、英語でいうライフであり、日本語では生活といってもいいものだと。

汐見　そうです。そして、その生命活動によって、子どもは世界図をつくっていくんだ、自分の生まれたこの世界というのが、どんなふうな世界になっているのかということを、すこーしずつつくっていくんだというように、私は思うんです。

自分なりの世界図のことを、ミクロコスモスと呼んでいますが、外のマクロコスモスと、ミクロコスモスがだんだんと相似形になっていくからとてもおもしろい。そういったことを昔の人たちは発見していたんだと思います。それらの言葉を使って言えば、遊びというものの一つの本質は、カオスからコスモスをつくること、そう言えるんじゃないでしょうか。

藤森　うんうん。

汐見　バラバラになっているもの、いわばカオスの状態にあるものを積み上げるとか、バラバラのものを並べてみるとか、それだって「遊び」と私たちが呼んでいるものですが、それらはどれも混沌としているものから一定の秩序をつくることですよね。

そこに示されているように、人間のなかには、カオスからコスモスをつくるというか、混沌から秩序をつくるというか、そういった本能があるんだと思うんですよね。むちゃくちゃになっているものから、何か秩序をつくり出したいという本能ですよね。

――ごっこ遊びなどもそうですね。

汐見　ごっこ遊びも、バラバラの役割から何かルールを決めて役割をやっていますよね。遊びにはカオスからコスモスをつくるという性格が含まれている。

実は、それって学問も同じなんです。混沌とした事象をある切り口で見ることによって秩序立てて説明できるようになる。混沌のままではなく、明瞭に見えるようになる。そのときには、大事な事実を見落としてしまうことも起きてしまうわけだけど、とにかく混沌としたもののなかに少しずつコスモスをつくっていくことが学問だとしたら、遊びと学問は、本質的には、実は同じ働きです。

――陣地を決めて、行っていい場所と行っちゃだめな場所をつくるのだってそうですよね。

汐見　ただ、それが高じて地球を分けちゃって、国家同士が争ってしまうという面もあるんですが、とは言え、コスモスをつくりたいという欲求や、コスモスをつくれることがおもしろくてしょうがないという本能は、相当に根深いのかもしれません。

ルールのつくり方

汐見　男女差ですべてを説明するのは危険なんですが、男性はつくったコスモスに安住しないで、もっと複雑なコスモスをつくろうとか、一回つくったコスモスを一回壊してつくり直すということが好きなんだろうとは言えそうですよね。

藤森　そういったことで感じるのは、秩序をつくるときに、日本のやり方と西洋のやり方は大きく違う、そういうふうに感じるんです。西洋を見ていると、「十戒」のように、契約で、十の戒めのように「汝何々をしてはならない」というのがルールになってくるんですよね。だけど日本はそうではない。

たとえば、保育園であったことですが、二歳児が円形のじゅうたんの上を一人ひとりが好きなように走り始めた。「崖の上のポニョ」の音楽がかかっていて、それで楽しくなっちゃったんだと思うんですが、一人ひとりが思い思いに走る。だからぶつかるんです。混沌としているから、ぶつかるんですよね。

そうしたら、ある子たちが同じ方向に走ろうっていうルールをつくったんです。円形のじゅうたんなので、ちょうど陸上競技のトラックのように、同じ方向に走り始めたんです。そういったルールを何気なくつくるんですね。でも、まだぶつかりそうになる。走るスピードが違うから。

そこで何をしたかというと、まわりで見ていた女の子たちが手拍子を始めたんです。すると、そのリズムに乗って走り始めた。

汐見　すごいですね。

藤森　そしたら、ぶつからなくなった。めちゃくちゃに走り始めたのが、同じ方向に走り始めて、同じリズムで走って、終わる。日本のルールのつくり方って、こうなんじゃないかと思ったのです。どういうことかというと、日本では、ルールはお互いが心地よく、自分のやりたいことをやれるような相手への思いやりであって、西洋のルールは、してはいけないことの積み重なりなんだろうと。

日本の文化は、「禁止事項」の積み重なりをルールにするんじゃなくて、江戸しぐさのように、人への思いやりが約束事になっていって、秩序になっていく、そういう国民性の文化なんだろうと。それはまさに、ホモ・サピエンスの社会のつくり方ですよね。そういった生き延び方を、日本人が絶対に受け継いでいる。だから、そういった子どものあり方を、日本から発信したいなと思うんです。

「してはいけないこと」の積み重ねは、保育園でつくるべきではなくて、こうするとお互いに気持ちいいよっていうことの積み重ねをしていくことが保育園のやるべきことだろうと。そうして、子どもに、思いやりの気持ちよさに気づいてもらうことが私たちの仕事だろうと。

うちの保育園では、子どもたちでルールをつくっていくんです。随分といろんなことを。

汐見　ルールのつくり方って、たしかにたくさんあるんです。そのたくさんあるなかのどのやり方でルールをつくるかは、男性と女性、東洋と西洋、仏教とキリスト教で違うかもしれませんね。

一九八〇年代のアメリカで、ギリガン（Gilligan, C.）という女性が道徳理論を展開したんです。彼女は、コールバーグ（Kohlberg, L.）という男性の理論を批判したのです。(5)

コールバーグは、道徳には六つの発達段階があるという説を出した。これは、コールバーグが実際に行った心理テストですが、ある男がいて、妻が癌《がん》で、もうこのままでは死ぬしかない。医者に行ったら、この薬を飲めば治るかもしれないと言われる。しかしその薬はとっても高価なので、彼は買えない。そこで夫は、薬局に行って、薬を盗んで妻に飲ませようとする。そのエピソードがあって、あなたはこのエピソードをどう判断しますか、という問題を出した。それに対して、いろいろと答えてもらった回答を分類して、その回答をレベル別に分けたんです。

そこで一番道徳的なレベルが高いとされたのが、普遍的な道徳規範で判断をした人です。どのような状況でも公的に「正しい」と言えるような普遍的な道徳規範を立てた上で、それに照らして判断できる人が一番レベルが高い。これがコールバーグの理論です。

それに対して、ギリガンという女性が、「これは勝手な男の論理だ。女の人はそうではなくて、その都度その都度、どうしたらみんなが救われるかとか、どうしたらこの人を助けることができるのかという〝ケアの論理〟を道徳の基準にしているんだ。私は、かつて助けてもらったことがとってもうれしかった。だから、それと同じことを、私が捕まってでもいいから、やってあげたい。この人を助けたいと思ったら、助けるんだ。それが何でレベルが低いんですか」と、ギリガンは言ったわけです。

これは非常に重要な問題なんですが、論争になる前にコールバーグが亡くなったんです。でもこの違いというのは、キリスト教文化と仏教文化の違いにも重なります。

中沢新一さんが仏教について書いた本のなかで述べていることですが[6]、仏教の発想とキリスト教の発想というのは全然違うところがある。キリスト教にはもともとユダヤ教の十戒がある。「汝、何々をしてはならない、日曜日に働いてはならない」といった戒めで、そういう普遍的な原理をまずはつくって、それに従うかどうかで人間を見ていく。そうしてモラルをつくっていく。ところが、仏教にはそれがないいんだ、と。

藤森　ええ。

汐見　お釈迦さまが教団をつくる。そうすると、あやまちをおかしてしまう人が出てくるわけです。だけど、あやまちが起きる度に、毎回お釈迦さまのところに相談に行くんです。で、追放にするとかしないとか、そういったことを、その都度その都度、お釈迦さまが決める。要するに、普遍的な原理というよりは、その具体的な状況を考えて、この場合はダメだとか、今回は許すとかいうものを、毎回、毎回お釈迦さまが決める。つまり、状況に応じて決めていくのが仏教で、普遍的な

(5)　ギリガンの道徳理論については、キャロル・ギリガン、岩男寿美子（監訳）、生田久美子・並木美智子（訳）『もうひとつの声――男女の道徳観のちがいと女性のアイデンティティ』川島書店、一九八六年を参照。また、コールバーグの道徳理論については、ローレンス・コールバーグ、岩佐信道（訳）『道徳性の発達と道徳教育』麗澤大学出版会、一九八七年参照。

(6)　河合隼雄・中沢新一『仏教が好き！』朝日新聞出版、二〇〇八年。

原理をつくるわけじゃない。

藤森　なるほど。

汐見　そういう発想の仕方というのは、長い歴史のなかで連綿とあって、キリスト教文化のほうが普遍的なものに対する憧れが強くて、それが特に男性のほうに伝わってきたというのはあるように思います。

個人的には、ギリガンのケア論のように、どうやったらみんなが幸せになれるのかということを、その都度その都度考えていくしかないんだという、そういう道徳が低いってわけじゃなくて、むしろこちらのほうが僕なんかも大事なんだと思います。だから、男が勝手に普遍的な基準を決めて、それに従わないとあなたは低いなんていうような、そういった考え方はひっくり返さなくてはいけないと思っているんです。

それがたぶん二一世紀の課題だというように思うんですが、藤森先生の話を聞くと、子どもっていうのはもともと、その都度その都度、ルールを決めるという力をもっているんですよね。

藤森　子ども同士のあうんの呼吸のようなもののなかで、ルールが生まれるんですよね。

汐見　だから、そういうものをつくり出せる集団というか、それがやはり、保育の力なんでしょうね。

別の社会のデザインを

——対談の冒頭で、保育のなかで歌を歌うこと、絵を描くことを当然のことと思わずに、どうして「そもそも」歌を歌うんだろう、絵を描くんだろうということを問うことが大事だというお話がありましたよね。自明だと思っていたことを疑って、「そもそも」の意味を考えていくという話です。

当然だと思っていたことを疑うことが必要だと思う一方で、ただ、そういったことは多くの人にとっては難しいことだろうなあとも思うわけです。ですから、当然だと思っていたことを疑うためには、どういった感性、センスというか、着眼が必要なのかなということをぜひうかがっておきたいのですが。

藤森　私がよくする話なんですが、近くばかり見ていると、車に酔うんですよ。それと同じで、目の前のことばかりやっていると、酔ってくるんです。そのときに酔わない方法は、なるべく遠くの景色を見ること。そうすると酔わない。

近い景色ほど、目の前をどんどんどんどん走っていくから酔ってしまう。だから、酔ったときは遠くを見る。そういう意味でも、「そもそも論」の必要を感じるんです。酔いそうになったら、まず遠くを見る。なるべく遠くの景色を見る。そうすると、ほとんど動かないものを見ることになるから、酔わない。

――たぶん、私が感じているのは、自分が酔っていることすら気づかない人たちっていうんでしょうか。乗っていると酔うはずの乗り物に乗っていても、自分が酔っていることに気づかない人たち。そういった人たちが、どうやったら、目の前のことを離れて、「そもそも」を見ようと思えるかということなんです。

汐見　それは、自分が酔っているかどうかということがわかる鏡が必要なんだと思います。私たちが若い頃には、資本主義か社会主義かといった、わかりやすい二項の図式があったわけです。それらが実際は、そう上手くいかなかったということがだんだんわかってきた。そう考えると、いまの資本主義のなかにいる今の若い人たちには、私たちがもっていた鏡のようなものがないとはいえる。つまり、自分たちの状況を、別の角度から映してくれる鏡がね。

だから、ここでいうグランドデザインが必要なんだと思います。そして、そのデザインのなかには、現在の社会の姿とは別の、社会のデザインを描いておく必要があるんです。

——今の社会を映す鏡になるようなデザインですね。

汐見　そのデザインが「なるほど」と思えるものだったら、今、自分たちが暮らしている世界を相対化できるんじゃないかとは思うんですけどね。そして、若い人たちでも「ああ、自分もそういうことを考えなきゃいけないな」というようになっていくんだと思うんです。

だけど今、世界中が混迷しているのはそういった大きな理論がないということです。だから、みんなどうしていいのかわからなくなっている。そして、個人で閉塞してしまっている。

——だけど、汐見先生がおっしゃるようなデザインがあれば、車に酔っていることに気づきやすくなるだろうし、遠くを見ることができるようになるでしょうね。

藤森　そして、車から降りてもいいんだ、と思えるようになるでしょうね。だから、「降りても生きられるよ」と伝えたり、「降りたらこんなにきれいな景色があるよ」ということを伝えたりするのが、私たちの役目なんだと思います。

＊＊＊

今回の対談でも、多くのキーワードが登場しました。そのうちのいくつかを拾っておきます。まずは「そもそも論」というキーワード。加えて、「かかわり」「関係」「攻撃性と共感感情」「適度なストレス」といったキーワード。

「生活」というキーワードも登場しました。「生活」は、自分の生きる世界を探索する「生命活動」のことであり、その点で「生活」と「遊び」の間に明確な区別はないということが語られました。このような「生活」観、「遊び」観は、これまでの対談でも語られた「子どもたちが自分なりの意味を世界から生み出していくことの大切さ」にも通じるものです。

日々の保育を考える上でも、「保育のグランドデザイン」を考える上でも、非常に重要な考え方だと思います。

【対談を終えて3】

保育の質について考える

藤森平司

二〇〇九年、厚生労働省の社会保障審議会の少子化対策特別部会第一次報告のなかに、保育の質ということが盛り込まれています。そこでは、次世代育成支援のための新たな制度体系の設計についての具体的な提言がされていますが、このなかに、我が国の保育の質を支える制度的な枠組みの現状がどうなっているかが分析されています。

しかし、保育内容についての質は、保育所保育指針のなかで語られているものにすぎません。また、保育環境については、児童福祉施設の設備及び運営に関する基準（一九四八年に制定、二〇一一年に児童福祉施設最低基準より題名変更）に、保育室の広さ、保育士の配置基準、保育士の資格、保育時間などに関する基準が定められています。しかし、これは、保育の質の定義ではなく、認可されるための、最低の基準を国が定めたものです。

しかし、本当の意味での「保育の質」は、子どもたちのためにより良質な保育の質を維持、発展させていくためのものでなければなりません。保育の質を構築するためには、もう少し、現場で仕事している私たちプロフェッショナルが、子どもに代わって、子どものために、みんなで知恵を出し合い、発言し、発信したりすることが非常に大事な時代になってきています。

よい保育というのは、親にとって、行政にとって、保育界にとって、そして、子どもにとって、という少なくともこの四つをいつも考えて、その時々の条件のなかで、優先順位として考えていくことが必要です。また、保育といっても、三歳からで、それまでは保護者の役割というように、年齢によって保育にあたる人を分担するのではなく、家庭、社会を含めたなかで園の役割を考えていかなければならないのです。特に最近の研究では、人間は生まれたその日から非常に優秀な情報処理の能力と認識能力、学習能力をもっていることがわかっています。新生児からの能力が高いことがわかっているのです。ですから、保育や養育の環境が子どもに影響を与えるのは、生まれたその日からなのです。ということから、子どもにとっての保育の質は、新生児期・乳児期から考える必要があるのです。

このような状況のなかで、乳幼児施設の多様な運営形態にかかわらず、企業を含め、公私ともその拠り所になる一つの日本におけるスタンダードな乳幼児保育カリキュラムが必要になってきました。それは、我が国における風土のなかで、人類がたどってきた歴史と文化に根差したものであり、現代社会のなかでの子ども環境における課題を踏まえたものでなければなりません。そこで、四つの観点からの考察も必要になります。その一つは、「人類の進化から」の考察です。それは、人類がどのような遺伝子を生存していくためにつないできたかを考える必要があるからです。そして、伝統的社会から学ぶために「民俗学から」の考察も必要になります。長い人類の歴史から子育ての知恵を学ぶことも必要になります。そして、最近研究が進んでいる「脳科学から」の検討が必要になります。そこに「現場からの視点」が必要になってきます。それらを加えて、「保育の質」のスタンダード化をはかり、保育のグランドデザインをもつことが急がれます。

対談4　大人主導と子ども主導のバランス

片山喜章 × 汐見稔幸

――「これからの保育を考える」ということをテーマに対談を行ってきました。今回は日々の保育実践に引きつけることを意識して、対談を進めたいと思います。そのあたりの問題意識も含めて、片山先生の方から語っていただけますか。

現場の実感に沿うようなものを

片山　グランドデザインの必要性は、現場の保育者も実感しているんですが、望ましい保育のイメージが、園によって大きく違う日本の現状のなかで、どう描くかという難しさを感じます。

グランドデザインを描く切り口として、学術的な知見を参照することがあります。これまでの対談でも、脳科学や人類史的な知見が語られましたよね。一方で、私は、違う切り口からのアプローチも必要だと思っているんです。子どもの活動が充実するために、保育者も主体的に頑張って、手応えを感じる「指導性」に関しても、グランドデザインのなかに盛り込んでほしい。でないとグランドデザインが日本の現場の現状において役立たない、絵に描いた餅になってしまうと思うんです。

汐見　ええ、それはよくわかります。

片山　ですから、今日は、自園の保育者たちが、手応えを感じながら実践している活動を紹介し、そこに力点を置いて、私なりにグランドデザインを考えたいと思っています。

しなやかな身体を育てるサーキット運動

片山　まず、私たちの園が取り組んでいる（乳児は毎日）、サーキット運動について紹介させていただきます。

サーキット運動というのは、運動遊具を組み合わせて、障害物走のような感じで、全身を動かす活動です。よじ登ったり、降りたり、橋を渡ったり、移動しながら、身のこなしをよくするためのコースを保育者が意図をもって設定するのです。

サーキットの様子

汐見　なるほど、回遊するんですね。コースは年齢によって違うんですか。

片山　そうです。発達や習熟に合わせて設定するといったほうが良いかもしれませんね。幼児は週に一～二度二〇分以上します。乳児は毎日一五分くらい、同じ時間に、同じ設定、同じコースで行っています。三～四か月に一度ぐらい、子どもの身体機能の高まりに応じて設定を変えるのですが、乳児の場合、コースも遊具設定も変えないほうが、どんどん意欲を増していくんですね。

汐見　音楽は流すんですか？

片山　はい、乳児の場合、ＢＧＭの曲目も曲順も同じです。七曲流れた後、三拍子の「ぞうさん」。「ぞうさん」が流れたら部屋に戻るようにしていると、予測するんですね。「ぞうさん」が流れる前の一瞬の空白時間に、もう部屋に戻ろうと動き出します。サーキットに集中しているはずなのに、ＢＧＭも意識に入っているんですね。パターン化するからいきいきするのだと思います。幼児だったらいつまでもやめたがらない子がいるのに、乳児では喜んで部屋に戻ろうとする子もいるのです。保育者が促さなくても自分たちで入室する姿を私たちは、一種の自立した姿だと思うのですが。

片山喜章氏

――サーキットのなかには、登るところもあれば、降りるところもある。子どもたちは自分たちの能力に応じて、登り方、降り方を変えるわけですか。

片山　そうです。一歳の子でも、自分の能力と相談（？）して、台の上からゆっくり降りる子もいるし、さっと飛び降りる子もいれば、無理と思えばお尻から逆さ降りする子もいるのです。その子なりに、いっぱい考えながら挑戦しているのが見てとれます。毎日、経験するから、一歳児でも自分で自分の能力がわかってくるみたいで、そのうえでチャレンジ精神を発揮しているように感じられます。

汐見稔幸氏（手前），久保健太氏（奥）

――サーキットでの子どもたちの身のこなしは、変わっていくものですか。

片山　もちろん変わります。ぎこちなく平均台を渡っていた子が、上達するのは当然ですが、この頃、他児の影響も大きい、と感じますね。遊具に向き合って体を動かす一方で、他の子の動きをじっと見ていて、それに刺激を得ているな、と思える場面にも出くわします。

この活動は、すべての子どもの身体機能の向上をめざす一斉型保育です。でも、やらされている感を抱く子どもはいないと言ってよいです。サーキット運動という「一斉型手法」が、子どもの運動欲求を、限られた時間、空間のなかで、最大限に充足させる素敵な手法だと思うんです。成果として、怪我は激減しました。一歳児の多くが園庭の築山を一人で登って、転ばずに駆け下りる姿が見られます。園庭や公園で自由に遊ぶ保育は大切です。その際の〝身のこなし〟を良くし、遊びに熱中する度合いが、毎日のサーキット運動で底上げされる、そんなふうに自己評価しているんです。

汐見　毎日、コースを何周ぐらいするんですか？

片山　一〇周以上は回ると思います。

汐見　反時計回りで回っているようですが、自然にそうなったんですか？

片山　陸上競技のトラックが反時計回りなので、同じように……。

汐見　ただね、古代のオリンピックは、最初は時計回りだったらしいんですよ。

片山　一般的に心臓が内側になるように反時計回りとかいいますが、回る向きについては、何も疑わないで習慣としていました。

汐見　子どもをもっと観察する必要があると思いますが、放っておくとみんな反時計回りになるんだったら、生理的な理由があるんでしょう。そうでないなら文化的なものですよね。もし時計回りにしたらどうなるか、ちょっと実験してみてほしいですね。

片山　それはかなり興味深い視点ですね。ぜひ、やってみます。

汐見　ひょっとしたら、とても器用な子に育つかもしれない。反時計回りで回るというのは心臓を庇うわけだから、慣れてくると身体のバランス能力が長けてくる可能性があると思うんです。でも時計回りにすると、最初、生理的に反対ですから戸惑うと思うんですよね。それでもそのうち、時計回りでもしなやかにやれるようになってくるとしたらおもしろい。

片山　なるほど。冒頭に、現場に即したグランドデザインの話をしましたが、こんなふうな切り口で、現在の実践を深める作業は、現場としてはとても興味をもちますね。

汐見　勝手な仮説ですが、バランスの話でいえば、自然にすると反時計回りなら、逆になると、しばらくは戸惑うはずですよね。でもやっているうちにうまく回れるようになるかもしれない。そうして両方がしなやかにできるようになるとすると、将来が楽しみですよね。

ちょうど一歳から三歳ぐらいが、右利き左利きというのがはっきりしてくる時期なんです。その頃に、右利きの子を無理に左利きにしようとしたら吃音障害が起こったりするとよく言われます。ラテラリティという言葉で研究されている分野なのですが、たとえば脳でいえば、情報が右脳と左脳に同時に入ってきて、どちらも同じように処理したら人間は混乱してしまうわけです。なので、どちらかに情報処理のプライオリティー（優先順位）を与えるようになるんです。たとえば目から入る視覚情報でも、右と左では情報を別々に処理しているわけです。右目と左目がちょっとずれて世界を見ているんだけど、私たちは世界を二重に見ることはなく、一重で見ている。それは、片一方を優位にして片一方はサブにしているからと言われているんです。

子どもによって違うのですが、右と左のどちらを優位にするかで最初は揺れているんですが、だいたい三歳ぐらいになると定まってくる。サーキットの話に戻せば、反時計回りで回っているときには右利き・左利きというのがどの程度で、時計回りになるとどう変わるかということをデータに取ると、ひょっとしたらおもしろい学術研究にもなるかもしれません。

――私も、ふだん時計回りは左利きの人間にとっては回りづらいんじゃないかって考えていました。

汐見　古代のギリシャで最初に時計回りをしていた理由が何か。いつの間にか反時計回りになったんだけど、両方で回っていたら、人間の器用さが増すのではないかと思ってしまったわけです。

――陸上競技では、意図的に時計回りの練習もするそうですが、そうするとタイムがかなり落ちるし、オーバーランしちゃう。そこでオーバーランしないように内側を回るように気持ちを向けると、トラックの内側に入ってしまうそうです。野球も利き手ばかりを使っているので、意図的に利き手ではないほうで投げたりするんです。

汐見　スポーツというのは、特定の筋肉を特定の使い方しかしないので、そればかりやっていると、あるところまでしか伸びない選手になってしまうという問題があると思うんです。

片山　なるほど、深い。すごいですね。わくわくするお話です。

汐見　片山先生の園でやっておられることは、非常に重要なデータを提供することになるかもしれませんね。人生の最初の頃に、しかも毎日行っているわけですから。そこで起きていることはデータとしてたくさん取っておくと、いろいろなことがわかってくるかもしれない。

片山　データを取るというようなことは、手間もあって、思いつかなかったですね。

汐見　でも、やり続けているというのは、大したものです。もう習慣になってるんでしょう。

片山　はい、習慣化しています。道具の出し入れが結構大変なので、定着させるには、道具出しと片づけは、業務として役割分担しています。

汐見　コース内にはどんな仕掛けがあるんですか。

片山　幼児の例で言えば、すべり台の滑り面をロープを伝って逆さ登りしたり、階段を降りる所にわざとマットを敷いておく。すると、微妙な降り方をするんですよ。

汐見　お尻でダダダダッとすべる子もいるでしょう。

片山　はい、います。アーチ型の太鼓橋もてっぺん部分にマットを敷くと三歳児も怖がらないで、太鼓橋を登って、てっぺんのマットで安心して向きをかえて、お尻から降ります。他には、イスを二つ置いて、座ったらジャンケンをして、勝ったほうが先に進むという仕掛けも。これは、かかわり合いの一つのコーナーとして、つくったのですが。

汐見　全部、先生方が編み出したのですか？

片山　ほぼ全部、私ですね。子どもの姿を凝視して、子ども心をめいっぱい発揮しながら……。

――子どもたちはどういうふうにサーキットに出ていくのですか？　たとえば、十秒刻みで前の子が行ったら、次の子というように進んでいくんですか？

片山　子ども任せです。混雑して待っていられないから、追い抜く。トラブルになることもあります。動きが難しいところは並列にして混雑を防止したりもします。

――なるほど。時間をかけられるようになっている。先ほどの二人になる仕掛けなどでは、誰とペアを組むかはわからないわけですね。

片山　子どもは前を行く友達の影響を強く受けています。だから順番が変わるほうがよいですね。

微妙な感触を楽しむ

片山　もう一つ、固定遊具環境についてもお話をしたいと思っているのです。園のジャングルジムには、ところどころに板が差し込まれています。すると二歳の子も高いところに上がって、その板の上でくつろいでから、上がったり下りたりします。平均台なんかでも、傾きをつけて、その子なりにバランスを崩しそうな微妙なところで降りられるようにすることもあります。

汐見　それは、とってもいいですね。私が小さい頃、大きな石だらけの河原をみんなでかけっこをしたとき、前を走っている子がある石をよけると、後ろを走る子もその石をよける。そういったことを、昔の子どもたちはできていたわけですよね。たぶん、そんなことをして身体の臨機応変力を鍛えていたんだと思います。しなやかさというとわかりやすいかな。微妙なバランスを咄嗟にとれる力です。私が子どもの頃はそういう遊びばかりしていた。咄嗟に判断しながら前の子について走るから、バランス感覚とか運動神経、瞬発性とかがあるレベルまで自然に育っていたんでしょうね。このような、私たちの世代には何でもなかったような日常的なことが、今はなくなってきている。難しくなっている。

片山　子どもたちは、微妙な感触やバランスを楽しむものですよね。サーキットのなかでも、タイヤの上に乗るよりも、タイヤの山の上にマットを置くので、〝ぐにゃぐにゃ〟を楽しみます。

汐見　そうですよね。子どもにはちょっと危ないかもしれないけど、難しい行動に挑んでそれをできるようになりたいという本能のようなものがあるんだと思います。マットとタイヤを組み合わせると、いろいろなものがつくれそうですね。

片山　そうなんです。たとえば、平均台とペットボトルやカラーコーンを組み合わせるだけでも、いろんな仕掛けがつくれます。平均台の上に並んでいるペットボトルをまたいでいくとか、台の上のコーンを持ち上げて、渡って、通り過ぎたら、そーっと台に戻して置くとか……。

――こういったおもしろそうな仕掛けが随所にあると、何度も何度も同じ場所でやりたいという子が出てこないものですか？

片山　乳児の場合、最初はくり返す子が多いですが、ある程度すると誘導します。子どもはすぐに順応します。そのうち、回遊していることが無意識に理解されるようです。これを子どもの主体性を奪っていると考えるのか、先を見通して導いていると考えるのか、そこが問題ですが。慣れると同じところをくり返すより、回遊するほうが楽しいことを乳児でも体感している、と思うんです。

汐見　循環すること自体がおもしろいということはあるでしょうしね。仙田満さん（東京工業大学名誉教授）も、子どもの遊びの特徴として発見していますね[1]。

片山　循環するおもしろさ、巡るおもしろさは、もっと根源的なところで存在する気がしています。

汐見　聞けば聞くほど、データを取りたくなるなぁ。

片山　データはないんですが、先ほども話したように、怪我はとても少なくなりました。

汐見　たとえば、そのデータでも。

片山　怪我については「発生通知」を出しているのでしっかりしたものがあります。民間移管を受けた園では、当初、病院に行くことが年に数回あったのですが、今は皆無です。きっと、上手に転んで小さな怪我ですんでいるのでしょう……。

教材研究と保育者の指導性

片山　もう一つ、取り上げたいのが水彩画なのです。五歳児でも手指で描くということもやっているんです。紙も特殊な画用紙を濡らしてから描くんです。絵の具も三原色に限っています。指で色の混じりとか、滲みを感じる。色が滲んで変わっていく。青と黄色だったら緑になったりする。そういう経験をじゅうぶんにする。子どもは「色の探索者」「色づくり名人」といった感じです。

汐見　どういう絵の具ですか？

片山　ターナー色彩という会社の絵の具です。普通の絵の具と少し違うんです。色遊び用の絵の具なんで、水で溶かなくてもある程度、混じるというか。

汐見　絵の具って、いろんな種類があるんですよね。

片山　そうなんです。だから、教材の研究が必要ですよね。どういう画用紙や筆を使うかということでも変わってくるので、それなりの画用紙を使っています。

汐見　教材の研究は、大事なテーマですよね。少し高いけど、子どもにとって楽しい教材というのもありますしね。

片山　先日、園児がスイカの絵を描いたんです。種を蒔いて、育てているスイカとは別に、買ってきた物をみんなが触って、持って、語り合って、食べて、絵を描きました。〝うまーく〟子どもを乗せていく保育者のスキルも必要です。子どもの表情を見ながら、創意やユーモアを発揮しながら、子どもをその世界に導く。この〝うまーく〟が非常に難しい。弱くても強くてもいけないのです。園の理念には、こういう「職人芸も大事な指導性である」と明記しています。

汐見　でも、子どもにとっては、興味津々ですよね。

片山　そうなんです。子どもの表情は、きらきらしていました。朝の一〇時から、みんなでワーッと食べたんです。子どもたちは、〝ほんとうにいいの？〟という顔をしていましたけど。

（1）仙田満『子どもとあそび』岩波書店、一九九二年や仙田満『こどものあそび環境』鹿島出版会、二〇〇九年。

汐見　それは楽しいでしょうね。

片山　黄色いスイカも割って、「黄色！」って驚いて食べる。子どもにとっては楽しいんですね。

汐見　そうしてから、スイカの絵を描こうと。

片山　子どもは後でスイカの絵を描くことを知りつつ、導入の時間を楽しんでいる、この辺が微妙なところなんですね。地球儀みたいなオモシロイ絵、ある子は、描き始めたら拡がっていって、紙が足らないから二枚、三枚とつなげていきました。

汐見　それはおもしろいな。僕も子どもの頃そうだったけど、つなげたくなるんだね。

片山　もっとおもしろいのは、隣の子の絵とつなげたくなって、つなげようかという話を二人の間でしていて、最終的に床の上でつながったのです。わくわくした気持ちのつながりですよね。

汐見　そうなると見事な作品ができあがりますよね。

片山　保育者がわくわくする状況を〝うまーく〟つくると、結果（作品）は、いろいろなユニークな絵が仕上がって、なかには何枚かつなげて一つの素敵な作品ができあがることもあります。

汐見　それはすごい。

片山　こんなふうに、わくわくする状況をつくりだす、これが「深みのある導入」なんですね。描きたい気持ちが湧き出るように、保育者は最善の創意を発揮する。描く前の状況づくりが、大事だと思います。自分たちが栽培したスイカを収穫し、食べて、絵を描くというパターンではなくて、先に食べて描く、すると、いま栽培中の自分たちのスイカに対する愛着も深くなるのでした。

保育者による導入

片山　私は「運動」や「描画」に代表される、どの園でも行っている一斉活動をイチから深く見直すことも、改革の切り口だと考えています。「運動」でいえば、乳幼児期において、伝承的な遊びが日常化することを期待する一方で、限られた時間と場所という園生活の制約のなかで、運動量が保障され、調整力全般が養われる人工的な手法を考案すること。サーキット運動は、一つの具体的なデザインだと思います。特に園庭が小さな都市部の園には必要です。普段、経験できないような体の動きをいくつも考えて、それを引き出す環境、つまり遊具設定を子どもの姿を観察し、実践しながら、ああだ、こうだと模索する、そんな保育者の姿も大事だと思っています。

「描画」の場合は「画材選び」や「導入」の深め方によって、子どもたちの思いや意欲が湧き出たり出なかったりします。このような一斉活動を教育として、どう位置づけるか、ずっと考え続けてきました。子どもの主体性を引き出すための保育者の主体性や創意工夫というものが一層、大事だと思っているんですね。引っ張り型、押し付け型の保育が多い現状では、このような保育は、押し付け型と混同されて評価されないことが多いんです。そこが悔しいのです。

「子どもをできる・できないで評価しない」という表現にも違和感があります。子どもは誰でも、できないことができるようになりたいという願いをもっている。たとえば、サーキット運動でも、鉄棒をくり返すうちに逆上がりができるようになりたいと願いが芽生える。そういう願いがあれば、それに応えて、専門性のある補助（教材研究）をして、後押しするのが教育の役目だと思います。

――確かに、「できる」の前に「できない」という段階があることは、非常に大事ですよね。

片山　そうなんです。子ども自身に「願い」が芽生えていないのに「できる」の段階にもっていこうとする保育者の一方的な願い、強引さ、そこが大きな問題になるんですね。

――「できない」という葛藤や葛藤をもたらす失敗を、発達の一段階として尊重しようという話題は、これまでの対談でも何度か出ています。

片山　「心情・態度・意欲」は「できない自分」「できたい自分」の二人の自分の葛藤のなかで、刺激されます。そこを「手法」によって繋げる視点も言及できないかと思っています。スイカが描けない子どもも、導入の問題として手法を探ったり、サーキット運動でも、遊具設定と子どもの姿から、「子ども理解」「その子理解」「手法改善」の議論が具体的にできると思うんですよね。

――確かに、グランドデザインを具体的な場面に引き寄せて描くということは、必要かもしれません。その場合には、単なる手法を伝えることにならないように注意をしなければなりませんが。片山先生が保育者主導の提案型保育に感じておられる意義や問題意識について、もう少し聞かせていただけませんか。

片山　別の園の二歳児は、五月から食事前、狭い部屋で、毎日二～三分、二人組のふれ合い遊びを相手を三回替えてしています。六月頃は、一割くらいの子しか興味を示さず、残りの子は、ボーとしているだけです。誰が見ても「やらせ」です。しかし、九月半ばになると、ほぼ全員が、遊戯室で、とっさに相手を探し、誰とでも二人組になって、ふれ合い活動をして、また違う相手を見つけます。「食事前」「狭い部屋」「毎日三分間」「三回交替」というワンパターンの手法を続けると、誰とでもふれ合うコツを会得します。自分で選ぶという主体性を育むための保育者主導です。溢れた仲間の手を引いて三人組になる姿も見られます。四か月間、同じ内容だったので「やらせ」が「主体的活動」に昇華したのです。一つの手法の評価は、継続性と相まって評価されるべきでしょう。

他方で、日本人の規範意識も関係している気がします。先日、アメリカのオバマ大統領の会見に驚きました。「私はとても有能な語り手だが、今回、議会を説き伏せられるかどうかはわからない」とシリア情勢を前にして発言していました。「私は有能な語り手だ」なんて、私が得意気に公言すれば、反感をかいますよね。謙虚さを他者にも求める日本人の精神は、自分の手法からハミダス謙虚でない子どもを許せない保育者の精神と、ある意味で同根だと感じています。なので、一斉提案型活動において、ハミダス気にならない柔軟性や可塑性が内包された優れた一斉提案型の手法をつくりだすことは、日本の保育者の大きな役割だと思うのですね。「環境を通して、子どもが主体的に……」という表記では実践のイメージが膨らまない。「サーキット運動」も「スイカの描画」も「環境を通して、子どもが主体的に……」の具体の一つだと、私は考えるようにしています。

――確かに、そうした社会規範が事実を事実のままに見るとか、優れたものは優れたものとして認めるといったことを妨げてはいるかもしれませんね。

大人主導と子ども主導のバランス

汐見　とても大事な問題提起、みんなで議論していきたいような論点を、非常にわかりやすく出してくださったような感じがします。まず運動と描画という二つの実践について、保育者主導とおっしゃっていましたね。オーストラリアではプレイデリバラーと呼ばれる人を幼稚園や小学校に置いていています。以前は、お兄ちゃん、お姉ちゃんから遊びをいろいろ教えてもらって、覚えて、さらにまた次の世代に伝えていくということをやっていたけど、今はそういうことがだんだんできなくなっている。そうすると、当然この年頃だったら遊びのなかでやっていたというものがどんどん消えていく。それでは育つものも育たなくなってしまうということで、学校で遊びを指導するということを、正規の授業やアフタースクール（放課後）でやっていて、その指導員をプレイデリバラーというんです。その人たちがどういうことをしているかというと、今日はこんな遊びをするぞーっていって、子どもたちに遊びを示していく。「まずはやってみよう」「よーし、ここまでできたなー」「実は、ここから先がおもしろいんだ」とか言いながら子どもたちを巻き込んで、ある程度遊べるようになったら、サーッと引いていく。

つまり、遊びというのは文化であり、スキルであり、ルールでもあるから、ある程度教えてあげないとできっこないと考える。だけど遊びというのは、一から十まで教えられて、しかも評価までされたら、遊びではなくなる。次はこうしよう、ああしよう、誰々と交替しようなどということを自分で決めてやるから、遊びになる。それを全部大人が準備して、それに従っているだけだったら遊びにはならない。だから、指導するのではなくて先導するとか、モデルを示してあげるといったことを、オーストラリアでは国で雇って行っているわけです。

文化の伝え方は国によってさまざまだと思うんだけど、やっぱりこれはぜひ伝えたいというものを伝えるときの方法として、すでにその文化を実践している集団があってそれを見せてやるとか、そこに巻き込ませて覚えさせるという方法があれば、それでもいいわけです。だけど、それがないなかでどうやって伝えていくかということになったときには、やはりある程度、プロがその文化のおもしろさがわかるように伝えるしか方法がない。

遊びだったら最終的には自分たちでやれるようになっていくけど、遊び以外のさまざまな文化の活動の場合は、たとえば料理をつくるといった活動になると、下手な失敗をやってもいいよという活動ではないんですよね。火の使い方を誤ると火事になる。包丁の使い方を間違えると怪我もする。だけど料理というのは、人間がつくり出した最高の文化の一つだから、ぜひそのおもしろさの基礎みたいなものを子どもに体験させてやりたいと思うことがあってもいいわけです。でも、それをどういうふうに伝えていくかといったときに、たとえば、包丁の使い方から教えるときに「好きなように使っていいよ」なんてやったら大怪我をしてしまうわけです。だからそこは、丁寧に教えていかなきゃいけない。そうしてある段階まで来たら、「味つけは自分でやってごらん」などといって、少しずつ子どもに任せる部分を増やしていくのだけど、全体としてはやっぱり教える人がきっちりいないと伝わらない文化なんです。

汐見　子どもが家事を手伝うことは、いわば家庭での生活への正統的周辺参加ですよね。家庭の──正統的周辺参加[(2)]のような話ですね。

---

(2)　正統的周辺参加とは、新参者がコミュニティに参加することで、古参者から知識や技能を習得していくという学習論。詳しくは、レイヴ、J.・ウェンガー、E.、佐伯胖（訳）『状況に埋め込まれた学習──正統的周辺参加』産業図書、一九九三年を参照。

なかで「ちょっとこれ手伝って」と子どもに出番があり、そうして炒めるところなどを手伝っているうちに、いつの間にか料理ができるようになっていく。それは家庭でのやり方だけど、保育園や幼稚園でも伝えたい文化があったとしたら、そういった形で伝えることはできると思うんです。こうした伝え方はまったく正当な伝え方で、人類が広く採用してきた伝え方なんだけど、「一斉にやってはいけない」「先生主導でやってはいけない」ということが先に来ると、そうした保育ができなくなってしまう。

――確かに、子どもの主体性をあてにしながら、出番は大人が準備していくということはできますよね。

汐見　これは、みなさんで考えていかなくてはいけないのだけど、環境をつくることが保育者の仕事で、あとは子どもに任せるということになると、指導放棄になってしまったり、大人の願いが上手く伝わらなかったり、結果として保育のレベルが少し下がってしまうということもあり得るんだと思うんです。

――そう考えると、大人がやってみせるというのは大事ですね。

汐見　国も、その辺りは方針を修正したんです。一九八九年の幼稚園教育要領の改訂、その後の保育所保育指針改訂で、「遊びを中心とする総合的指導」「保育者中心から子ども中心へ」「環境による教育」などと大幅に変わりましたよね。でも、そのあと現場ではあちこちで混乱が起こり、適当にコーナーをつくって一日好きに遊ばせて終わり、というような保育が増えたんです。要するに放任です。それはおかしい、そんなことをやれと言ったのではなく、子どもを主体にする保育と言ったのだということで、それから一〇年経った一九九八年の改訂で、「教師は多様なかかわりをして」という言葉が入った。ときには教えるということも必要だし、評価する、ほめるとか、いろいろなかかわり方も必要に応じてしながら伝えていかなくてはいけないのに、大人のかかわりを極端に欠いたところが出てきた。ということで、国は自らの方針を修正したんです。ですから、片山先生の実践は、「教えながら伝えていかなきゃいけない」のか「子どもに任せておいたらいい」のかといったことは、活動の中身によって決めていくのであって、初めに型があるわけではないということを示したものだと思うんです。だから、大人が伝えたものでもできるだけ子どもが主体になって、自分たちで試行錯誤するというところを増やしていく、そういったところだけは原則として大事にする。

片山　ほんとうに、そうです。

汐見　子どもだけに任せて放っておくと遊びが発展したり展開しないでつまらなさそうに遊んでいるだけということもあるわけです。ましてや、先ほどのサーキットのようなものは、子どもが自分たちだけでつくれるわけはないんです。だから、大人が環境として準備してあげる。だけど、やり方まで細かく指示したら、子どもはだんだんやらなくなる。そこで、子どもたちに「自分たちで考えてやってごらん」というようなことを伝えていけばいいわけです。

片山　保育者は、豊かな大枠をつくることですね。

汐見　そう、最初は。そして、その枠がちょっとまずいなと思ったら、また修正していく。そうした作業は大人の仕事なんだけど、でもそこで子どものアイディアを入れることはできますよね。

片山　「先生、橋（平均台）の下でワニになってよ～」なんて声もあがってくるんです。

汐見　そう。それで「あー、それはおもしろいな」って。そういった子どもと大人のやり取りがあってもいいわけですよね。

子どもの可能性と本物の文化

汐見　誤解を生まないようにお話ししますが、私は、今の日本の大人たちは、子どものもっている可能性を、見くびりすぎているんじゃないかという思いが特に最近するんです。子どもはどういうときに伸びるかというと、自分より上の世代や大人世代が本気で何かをしているのを見て、「すげーっ」「えーっ」って思ったときに刺激を受けて、自分でも挑んで伸びていく。だから、本物の文化を見せてあげたほうがいいんです。まがいものでも喜ぶんじゃないかとか、刃物も、本物は危ないから練習用をもたせようとか、大人はいろいろ考えますよね。だけど、料理という文化をいざ自分の体でやってみようというとき、包丁なしではできないわけです。だとすると、三歳や四歳の頃から、本当によく切れる包丁をもたせてもいいんだと思います。よく切れない包丁をもたせるから怪我をするということも一方では、あるんです。

「この包丁はちょっと触れただけでも怪我をするから、ゆっくり切るんだよ」と見せてあげると、子どもたちはとても慎重に包丁を扱います。そのそばで大人がトントントンって切っている切り方を見たとき、「えーっ、すげーっ」って感動するわけですよね。あんなことがやれるようになりたいっていう気持ちがワーッと湧いてくる。本物のすごさというものを見せてやれば、子どもたちは必ず「すげーっ、俺たちもやりたい」というふうになるはずなのに、本物に触れたときの憧れを子どもたちに育てるということが、保育や教育のなかで曖昧になっていると思います。

だから私は、保育園というのは「ここには絵のプロもいます、絵本のプロもいます、遊びのプロもいます、体を動かすことのプロもいます」というふうになっていて、そういうプロの集合体になることが大事だと思うんです。そうして文化をプロとして扱う人たちに囲まれて、子どもは好きなところに行って勉強する。

片山先生が、スイカの絵を描いたときの話をしてくれましたよね。描く前にスイカに触らせて、それで手でつかんで食べさせて……と。そうやってスイカのイメージを徐々につくっていくわけですよね。限られた時間のなかでそうしたことを行って、ある程度できたら、「じゃあ描いてみよう」と。これは本当に職人の技です。

そういうふうにしていればイメージが湧いてくる。特に匂いを嗅ぐなんてことをしなければ、イメージなんて本当には湧かないわけです。そうして、その匂いを絵にしてみようという保育などは、本当にプロの仕事だという思いがします。匂いを形で表現してごらんといったことはシュタイナー教育などでもやりますが、非常に大事なことですよね。

大人だったら、「匂いを絵にすることなんかできません」となってしまうんだけど、上手に身体を使えば、可能だと思うんです。実際に子どもは、「この匂いを色にしたらこんな色かな」「この匂いを形にしたらこんな形かな」とか考える。そして、そこに個性が出る。

そうしたことをわかっている保育者が片山先生の園にはいるということですよね。それを指導と呼ぶかどうかは難しいのかもしれませんが、本物の文化、プロの文化をもっている人が、そうした文化との出会いを上手に保障していきながら、子どもたちの表現力を上手に喚起していく。それが保育という営みではないかとも言えます。

――子どもたちの表現力を喚起するというのは、重要ですね。

汐見　一日の保育の流れのなかで、あるいは一週間の保育の流れのなかで、必ずそういう本当の文化をもっているような人たちと出会って、その人がやっていることに感動して、少しでもそういうものをやってみたいと思うような、そういう時間があってもいいと思うんです。幼児期という非常に柔軟な時期に、そうした経験をさせてやる。幼児期だと、まだ手技はそんなに上手ではないので、自分の手ではできないかもしれないけど、心が、ああいったことをやれるようになりたいという気持ちが育っていきます。

片山　一斉型はダメとか、大人主導はダメとか、ステレオタイプの論調が強いなかでは「子どもの興味、関心を汲み取った保育者の願い」をどう形に表せばよいのか難しいですよね。

汐見　先ほどのサーキットには保育者の願いがたくさん込められていますよね。あの保育は、体をしなやかにするための練習ですよね。それが苦痛ではなくて、子どもはおもしろがってやっていて、しかもみんなが毎日やるから、何の気負いもなく当たり前のようにやっていて、習慣みたいになっている。そのうちにどんどんしなやかになっていく。その延長で、保育者が、これができたら次はここまで育ててやりたい、というようなことをさらに一つ二つ考えて、たとえば、竹馬とか一輪車というものを「さあ、今日からは新しいものをやってみようか」というように提示していく。

そういうときには、はじめはどうしても保育者主導型になるんです。

放っておいたら、やる子はやるけど、引っ込み思案の子はやらない。そういった現実の前で、保育者は「私はどの子もできるようにしてあげたい。ただし、その子が嫌がっているときには無理強いはしたくない」と思っている。そこでまずは、やりたいなという気持ちを上手に何とか育てたいと工夫する。そして、場合によっては一斉にやってみる。その後、うまくいかない子に対して個別に丁寧に指導していく。そこでまた工夫をする。ただし、どの子にも「竹馬に乗れるようになりたい？」と聞いてみて、そうだというときだけやる。そのようにしてとにかく、「どの子にもできるようにしてあげたい」「○○ちゃんにもできるようになってもらいたい」という願いをもって、工夫をし続ける。そういう活動は多くはなくていいんだけれど、その際にそういった願いをしっかりもつかどうかが、保育の質を決めると思うんです。

――それは、保育の可能性でもありますね。

汐見　子どもに対する願いをもったときに、この方法がいいのか、あの方法がいいのか、いろいろ探りますよね。そのなかには、一斉も含めて、いろいろな方法があっていいんです。子どもが主人公、子どもの主体性を大事にするということは大原則だけれど、一斉保育はいつでも、どこでもダメということではないのです。問題はその先にどのように子ども主体の活動につなげていくかという確かな見通しをもつことでしょう。そのところどころに一斉の活動も入れていくとうまくいくことはたくさんあります。保育にはいろいろなやり方があって、その点では学校より自由だというのは、保育の可能性でもありますよね。

◈ ◈ ◈

今回の対談では「保育者の意図性」がテーマになりました。前回までの対談では、子どもたち一人ひとりが「自分なり」の仕方で物語を生きたり、イメージを表現したりすることの大切さが中心的なテーマでした。

今回の対談では、そうした子どもたちの姿を生み出すために、保育者がどのような「教材」を準備する必要があるか、どのように活動への「導入」を仕掛けるかということが語られました。大人主導と子ども主導のバランスについては、「大人がやって見せる」「本物の文化」といったキーワードも登場しました。それらのキーワードを手掛かりに、今後も議論が必要なテーマです。

【対談を終えて4】

傾きや偏りを意識しながら

片山喜章

幼稚園教育要領の大改革が行われて間もない一九九〇年、兵庫県芦屋市の公立幼稚園で継続的に「遊び環境づくり」の園内研修をしていました。当時、新教育要領に基づいて、登園後、一〇時四五分くらいまで、毎日、園庭、室内、遊戯室で、子どもたちは自分で選んだ遊びをしていました。

あるとき、広い遊戯室で、五人の五歳児の男の子たちが自分たちでつくったサーキットコースで遊んでいました。散漫な状態だったので、私は「こんなんどう?」と援助のつもりでコース改良を提案しました。興味を示した子どもたちは「もっとこんなふうに!」と要求し、変化するコースに大喜びでした。が、すぐに居なくなりました。不思議に思っていると、なんと園庭や室内で遊んでいる友達を連れてきたのです。次々に子どもは増え、全園児の八〇%を越えてしまい、先生たちも集結し、遊戯室はすべての体育遊具、机、いす、大型積木などを総動員して、小腸みたいなコースになって、大賑わいでした。

①自分でコースをつくるより、アイディアをもった大人が設定したほうが、断然、楽しい。②毎日、自分が選んだ遊びを保障されると、楽しいことがあれば、友達を誘ったり、誘われたりする情報交換関係が豊かになるのでは。③八〇%以上の子どもが、自分がしていた遊びをや

めて、この活動を選んで、長い時間、没頭したということは、幼児にとって、サーキット運動は普遍的な魅力がある、など、振り返りの討議のなかで、分かち合われました。

しかし、保育を大所・高所から語る方々は、この現実（手法）に魅力を示さない。で、魅力的な保育とは所詮、偏りや傾きをもったその人の人間史で成り立っている、そう確信している私にとって今回の対談で汐見先生や久保先生に共感していただけたことは、大きな励みになりました。

保育論議をする際、日本という特殊な国の文化や慣習を意識します。同質を好み、新入社員はみんな上下黒スーツ。がちゃがちゃした人は疎まれ、謙虚で律儀で親切な人は案外多い。一方、上意下達、権威主義の因襲は色濃く、人柄は良くても子どもに指示命令の保育をする先生が多数いるのは事実。そんな現状を憂いて「保育者主導の危険性」や「できる・できないで評価しない」ことが強調されるのでしょう。しかし、この論調は注意喚起であっても、これ自体を保育論のなかで語られると、良し悪し論議に及び、結局、保育の大道を探求する道が閉ざされる気がします。

「子どもの自発性や主体性」「自分自身の気質や支配欲」「子ども理解と創造性」の巴戦。保育は、上記、三つ巴の格闘技であると同時に、個を越えて、保育者集団の協働的創造活動でもあると捉え、園組織の質や志向性、機能性に的をあてた論議も必要だと思います。

また、今回の一連の対談が終了し、新しい問題意識も生まれました。人類の歴史や文化を手がかりに、つまり、人類史の延長線上に〝人間らしさ〟を描いて「これからの教育・保育」を画すのか。それとも、自力で走る五〇倍の速度で飛んで移動し、地球上の誰とでもいつでも話をし、素粒子を語り、音と映像情報を無尽蔵に受発信する間接能力を備えた怪物化した人類、怪物に変貌した人類が自己保全できるよう、怪物同士が共存できるよう、そう願って「これからの教育・保育」を画すのか。一体全体どうでしょう。気候変動、大災害、テロと核の驚異に直面した現代において、私は後者を選びます。もちろん、私自身の偏りや傾きであると自覚しつつ……。

対談5　地域の文化のなかで保育をするということ

當間左知子 × 汐見稔幸

——今回は、沖縄のパンダ保育園（浦添市）にお邪魔しています。保育を取り巻く状況は、それぞれの地域によって違います。ですから「保育のグランドデザイン」と銘打っても、その実践は、それぞれの地域で異なって当然だと思うのです。

今回の対談では、「地域」という言葉をキーワードに対談を行いたいと思います。

毎日の幸せな生活のために保育者の質を

當間　二一世紀の保育のグランドデザインについて考えるとき、自分たちがいるところで見える姿からしか将来は語れないですよね。私たちでいえば、沖縄の保育園です。保育園というところは、日々、皆が幸せな生活を送るところだと思っています。そのために大人が心を砕くところです。沖縄の子どもたちは大切にされているのか、どうしたら一人ひとりが幸せな生活を毎日送れるのかということを考えながら、保育という営みに真剣に向き合うところだと思うのです。私たちの法人の名前、照隅福祉会はそのあたりから考えられました。

當間左知子氏

汐見　どういう意味なんですか。

當間　比叡山延暦寺の伝教大師の言葉に「一燈照隅」という言葉があります。「一隅を照らす、此れすなわち国宝なり」という一節があり、片隅で自分の役割を一生懸命に果たしている人こそ、じつは宝であると説いています。一人ひとりの能力を引き出してあげることが全体の成功につながり、一隅を照らすような、地道な取り組みの積み上げをすることこそ、いずれは社会への大きな影響を及ぼす力となるという意味です。

汐見　天台宗ではないんですよね。

當間　天台宗ではないです。無認可園から認可園になるとき、法人の名前をつけなくてはいけないということで考えていたときにそこから言葉をいただいたんです。

――そうした思いで保育に取り組んでいるときに、感じることはありますか。

當間　沖縄では、四歳までが保育園、五歳になったら幼稚園という考えが未だにあります。そのなかで私の母は、沖縄で第一号の公立保育所、重民町保育所にかかわりました。

汐見　いつ頃ですか。

當間　本土復帰を見越した日本政府の援助で、一九六四年に初めてできたのです。そのときは、四歳になったら卒園証書をもらって、五歳になったら公立の幼稚園に行くという状況だったのです。母は「どうして四歳と五歳の間で切らなくてはいけないのか」という疑問を抱き、〇歳から五歳までの一貫した保育を目指して、パンダ保育園を開園したんです。なので、開園当初から五歳児までの保育というのが大きな特徴です。

とはいうものの、「やっぱり五歳になったら幼稚園に行かなくていいの？」という声はずっと根強くあるんです。沖縄の場合、アメリカの統治下の影響で小学校の校長先生が幼稚園の園長を務める「学校幼稚園」といわれる公立幼稚園がほとんどの公立小学校に併設されています。そういった状況なので、幼稚園に通って、小学校に通う準備をするという感覚もあるのです。

ですから、〇歳から五歳までの保育をやっていていいのか、幼稚園に通って、小学校に通う練習をしなくていいのか、という声がこれまでたくさんありました。そのなかで、五歳児までの保育を言い続けてきました。

汐見稔幸氏

復帰の年に開園して、九年後に認可園になったのですが、当時の浦添市の条例は、四歳児までは保育園、五歳児は幼稚園というものでした。条例を改正し、五歳児が晴れて法の下で措置されるまで五年かかったという経緯があります。

そのなかで、教育は保育のなかにもある、幼稚園とは変わらない、ということを伝えてきました。保育園であっても、母親の就労支援をするとともに、子どもの発達を保障するところであることに変わりはないのですから。

どうしたら毎日、子どもたちが幸せな生活を送れるかということを考えながら、教育的な香りの漂う保育園づくりに努めてきました。そのなかで、特に大事にしたものの一つが遊びです。遊びのなかでしか見られない子どもの姿があるだろうとは思っています。

――そのためには、保育者の質は大事ですよね。

當間　そうですよね。私が園長になったのは一〇年前なのですが、保育の質については、ずいぶん考えてきました。やはり、保育者の質が保育の質だろうとは思います。どういう保育者集団になったらよいのだろうかということは、一〇年間、園長になってずっと意識し続けています。

保護者との関係と地域との関係

當間　保護者の方に対しても、子どもを一緒に育てるということを発信し続けています。車の両輪という言葉をよく使うのですが、たとえば「保育園ではこういうことを考えています。おうちではどうですか」ということを保護者の方とはできるかぎりお話しします。「家庭と保育園の生活の連続性」という言葉も使いながら、また「発達の連続性」という言葉も使いながら、お話ししています。保育所保育指針が改定されたときには、テキストを紹介したり、一緒に勉強していきましょうというお誘いをしたり。

――ずいぶん工夫をされているんですね。

當間　いろいろな保護者の方の姿がありますよね。若いお母さんたちの意識には、私たちの意識とはずいぶん違うものもあります。そういうときにも、こちら側の意見を押しつけるのではなく、最終的に、お母さん方が自分で考えて、自分で結論づけてくれたらいいなと考えています。どうしたらそういう状況にもっていけるかな、という試行錯誤の連続です。

――地域との関係はどうですか。

當間　沖縄独特の文化があると思います。お盆などの行事でも、独特の文化があります。私も若いときは、こういう文化に馴染めない部分もあったのですが、そのなかで、いろいろな人に囲まれて、子どもが豊かに育つこと、皆が子どもを見てくれることの大切さを、この頃になってひしひしと実感しています。

小学校との接続の問題

汐見　先ほどの年齢の問題と、今おっしゃった沖縄独特の文化の問題は強く関係しているんじゃないですか。當間先生のおっしゃるとおり、沖縄では、四歳までは保育園、五歳は幼稚園に行くという風潮が残っていますよね。それで、六歳から小学校に行くとなると、子どもは三つの場所を転々とするわけですよね。

それは制度的には無理があるというか、不自然ですよね。ですから、四歳から五歳になるときに切ってしまうのではなくて、五歳までの育ちを見通しながらカリキュラムを考えて、小学校との連続のあり方を模索していくというほうがいいと思うんです。

四歳と五歳を分けてしまうという発想は、当時のアメリカの発想ですよね。保育制度も幼稚園制度も十分に発達していなかった段階でのアメリカのやり方を、機械的に取り入れたわけですよね。現在では、アメリカでも一年保育の幼稚園はほとんどないわけですし、三歳からのプレスクールが当たり前になっています。モデルであったアメリカでもすでに解体しているものをまだ守ってしまっているために、親も子どもも、子どもを育てるほうもみんなが苦労する。

小学校との接続の問題は全国的に問題になっていますが、沖縄では、それがさらに複雑な問題になっている。場合によっては、保育園や幼稚園が小学校の連続ばかりを考えて、小学校の下請けのようになりかねない。ですから沖縄の人々には、沖縄の状況を、あらためて全国の方に教えてほしいと思っているんです。

――全国で起きている問題の縮図でもあるわけですね。

独自の文化と歴史をもつ場所として

汐見　もう一つは、沖縄の文化の問題ですよね。「沖縄の保育」というものがあるかどうかはわからないのですが、運動会でエイサーを踊るとか、乳児のうちからカチャーシーをやっているとか、そういったことの独自性も含めて、文化の問題をぜひ考えたいと思うんです。文化が子どもを育てるということは間違いないんですから。子どもの生活がまずあるのですが、その生活のなかに刻み込まれている文化が、子どもたちを育てていくわけです。それぞれの地域にはそれぞれの歴史と文化があるわけですから、沖縄には沖縄の歴史と文化に根づいた育ちの仕方がある。

沖縄という場所は、唯一日本のなかで戦場になった場所で、何十万人も殺されてしまったという悲惨さがある。そうであるのに、未だに米軍基地がたくさんあって、その問題が、まだ解消もされていない。その一方で、外の文化をやみくもに取り入れようとするわけではなく、沖縄の独自性を大事にしていこうという気持ちがようやく力になってきているとも感じます。スポーツでも、沖縄出身のゴルファーが非常に多く、タレントも多く輩出している。高校野球も頑張るようになってきた。それが、沖縄独自の文化を大事にしながら、世界に羽ばたく人間を育てたいということであれば、とても大事なことだと思っています。

私が今話したような、カタカナで書く「オキナワ」という特殊性のようなものを背景にもっている地で保育をするということで生まれている課題というのはたくさんあると思うんです。そういった課題やテーマを全国に投げかけたいとは思っているんです。地域独特の課題に取り組んで、悩んでみたんだけれども答えが出てこない問題を、ぜひ教えてもらいたいですね。

當間　全国の先生に向けて、ですか。

汐見　沖縄は、統計的に見れば失業率は高いし、離婚率も高いし、貧困率も高い。実際に、生活の経済的基盤はかなりしんどいわけですよね。でも同時に、「ゆいまーる」(1)的な支え合いはまだ残っているかもしれない。そういった文化的な特徴というものを前提とした、沖縄の保育というものを自覚しておかないと沖縄の保育園自体が中途半端になってしまうように思うんです。自分たちが

（1）ゆいまーるとは、相互扶助を順番に行っていく共同作業の慣わしのこと。

保育のなかで考え続けてきたものは、もう一度、確かめておいたほうがいいと思うんです。私は、日本という国のなかに独自の歴史と文化をもった場所があるということがとてもうれしいわけで、みんなが同じになったら何の意味もないと思っているんです。どこもが独自の歴史と文化に誇りをもってもらいたいと思っているんです。

當間　私は生まれ育ったのがたまたま沖縄だったので、特別とは思っていなかったのですが、本土に行ったときに違いを感じたりして、そこで改めて自分の育った場所の文化を意識しました。沖縄に暮らす人たちには、この文化が普通のことなんですよね。以前、長寿が一位だったのが下落してきて、もともとの沖縄の文化を守っていればよいものを、本土の悪い風習の影響を受けてしまっているのだとニュースが伝えていました。本土化、グローバル化といった言葉で、いろいろと言うのですが、それを取り込みつつ沖縄の文化ということを考えようとすると、汐見先生がおっしゃる中途半端な感じというのは共感しつつも、非常に不安もあって……。

汐見　沖縄の教育や保育というのは、一番悩ましい課題を抱えた問題の一つですし、私たちからしたら、頑張ってほしいところでもあるのですが。

當間　沖縄の話からでいいんですか？

汐見　沖縄の話をしてもらいたいのです。沖縄がもっている地域の問題性は、形こそ違え、どの地域ももっているはずなのですが、一方で、変に日本全体が同じようになっていこうとしていることを問題だとも思っているんです。

――いろいろな地域を同じものとして語るのではなく、似たようなものとして共通性を探るというか。

あらためて沖縄の文化を

當間　「どこでも通用する人間に育てたい」という意識はあって、下手に沖縄にかたまらないでほしいという考えは昔からあると思うんです。一方で、沖縄に独特のものはありますよね。エイサーのように、太鼓の音、鼓動などを幼い頃から聞いている。これは本土にはないと思います。

汐見　聞くと体が動き出すという文化は、アフリカにもありますよね。我々はなかなか真似できないです。幼い頃から、ああいった文化のなかで育っているからだと思うんですが、沖縄にもそういった文化はありますよね。

當間　どこの園にも根づいているものだと思います。沖縄は結婚式もすごいんです。披露宴でも、小さい子が舞台に上がって演じていますし。

汐見　沖縄の人たちから見たら、そういった文化を当たり前のものにしておきたい、なくしたくないという思いがあるのですかね。

當間　あると思います。最近では、島言葉もそうですよね。那覇市をはじめいくつかの市町村でも、必ず挨拶に沖縄の言葉を使うように奨励しています。男性は「ハイサイ」、女性は「ハイタイ」という冒頭の一句は定番になっています。広めようとしていますが、どうなるかはわからないですよね。自然の生活ではないところで入ってきても、外国語教育と同じ感じになってしまうかもしれないし。ただ、「ハイサイ」「ハイタイ」といった言葉は、地域のなかで使う人は増えてきているかもしれません。

汐見　いろいろなものが混じり合っていくときには、平準化が起きてしまうんです。この言葉が一番よく使われるという言葉に同化してしまって、いろんなものが消えていくんですね。意識しないとね。

これは、エントロピー増大の法則という物理法則なのですが、赤い水と透明な水を混ぜたら、うす赤い色になってしまう。自然にしておいたら、無秩序は増大するという法則なんです。だから、いろいろな言葉が交わっていくと必ずそのなかで平準化が起こってしまい、強い言葉に同化してしまって、弱い言葉が消えていってしまうということになる。だから、コミュニケーションシステムが発達したときに、それでも沖縄言葉をあえて残していこうとすると、それだけの強い意志が必要になるんです。

その強い意志のシステムのことを文化と言ってもいいように思います。文化とは、文化へのこだわりであるとでもいうのかな。文化というのは無秩序になろうとするものに対して、抵抗して別の秩序をつくり出そうとするような、そういう運動みたいなものだと言っていいように思います。だから、わざわざ教育をしないといけないわけです。

日本のなかでも、それぞれの地域が、教育と保育と言われるものを、それぞれの伝統や歴史のなかで培ってきたのです。その培われたものの意味をしっかりと感じながら、少しずつ洗練して伝えていくことが必要だと思うんです。しかし、日本の教育においては、まず土地の文化のなかで、これは子どもたちに伝えていかなきゃいけないというものを選びながら、変に同化されないように、抵抗していこうとしてきた歴史はあまりないんです。

人類の「強さ」である多様性を次の世代にも

汐見　あえて言うと、私は、沖縄がそれをやってくれるのではないかという期待があるわけです。日本全国が平準化してきて、似たようなものになってきてしまっている。多様性が失われて、一種類化していくということは、生存の上では弱くなっていくと言われているんです。多様なものがあるほうが強いわけです。人類は、とりわけそうだと思うんです。多様なものがあったほうが自分の特徴もよくわかるのに、同じようなものになると自分のどこに特徴があるのかわからなくなってしまいます。自分と他人は違うから、自分の良いところがわかるんですよね。人類が平準化して多様性をなくしていくのは、私に言わせれば危機です。

あらためて沖縄の歴史を紐解けば、もともとは独立国だったわけです。江戸時代に薩摩の支配を受けてはいましたが、江戸幕府の将軍とは別の王様がいる王国だったわけです。沖縄はあくまで琉球王国であって、薩摩はそれを監視していただけなんです。沖縄が独自性をなくしていくのは、明治期になってからなんです。何度も言うように、沖縄には独自の文化やこだわりがあった。それが産業社会になっておしならべられたとき、一番遅れた場所だということにされてしまった。それがコンプレックスに変わってしまって、そのまま来た。

――押しつけられたコンプレックスだということですよね。

汐見　そういうなかに置かれているのに、恨みだけで終わるのではなくて、自分たちがこだわってきたものを大事にしながら、それを次の世代に伝えていこうという大らかさと逞しさのようなものがある。そこに、私は可能性を感じているんです。

言葉と文化、教育と歴史

汐見　いま、沖縄では方言をもう一度使おうとしています。非常に貴重な取り組みだと思います。スペインではカタルーニャ地方が中央政府とは別の言葉を使おうとしていて、独自の文化もつくっています。言葉が同化することに対して抵抗するというところに文化が生まれる。沖縄にはそういうところがありますよね。たとえば、エイサーなどもそうですし、沖縄の言葉というものを、子どもたちに何らかの形で伝えることはできないかとも思います。

當間　年に一回、園行事として「ふれあいサロン」を行っています。敬老の日がある九月に、地域の高齢者をお招きして、子どもたちと触れ合うのです。そのとき、職員が方言劇で「赤ずきんちゃん」や「おおきなかぶ」などを演じます。「おおきなかぶ」のなかに出てくる「うんとこしょ、どっこいしょ」というセリフは、「よいしー、よいしー」という言葉になるのです。これが大好評で、恒例となっています。また、地域のおじいちゃんは、琉歌（八・八・八・六で詠む）を子どもたちにプレゼントしてくれたりと、これからもこういう触れ合いの場を大事にしていきたいと思っています。

汐見　浦添市の教育委員会に呼ばれて、教員に話すことがあったとき、学力を気にしすぎないでいいのではないかという話をしたんです。沖縄には、タレントやスポーツでも新しい人材を輩出しているという力がある。その根っこになっているものは何かと考えたら、沖縄の教育があるのではないかと思ったんです。そういうことをもっと考えて、中央政府が言ってくることに対してどっしり構えていたほうがいいのではという提案をしたんです。

でも、沖縄には沖縄の教育があるという確信をもつためには、もう一度沖縄の歴史から考えなくてはいけないんです。何を継がなくてはいけないのか、何がいらなくて、何がどれくらい必要なのか、そういった議論を丁寧に行う必要があると思いました。

私は、地域独自のカリキュラムがもっと豊かになったほうがいいと思っているんですが、そうなると、沖縄独自のカリキュラムを考えなければいけない。子どもたちにどういう文化こそ身につけてもらうのかということを改めて議論しなければいけないわけです。

當間　沖縄には、「チム」という言葉があります。「肝」を「チム」というんです。また、「チムグクル（肝心）」という、「人の心に宿る、より深い思い」とか「思いやりの真心」というような意味を表す言葉もあります。心からの行為、心からの思いは伝わりやすい、そういう文化はあるように思います。

血の気が引けて、放心状態になるくらいの出来事があったときには、魂（マブイ）を落としているから、そこに拾いに行きなさいと言われます。保育園でも、子どもがケガをしたとき、その場所におばあちゃんが来て、手で落ちた魂を拾い、再び体に込めるような動作（マブヤーグミ）をしたことがあります。

そういった文化は、保育のなかではとりわけ色濃くて、他府県から来た方でも、感じ取ることができるのではないかと思います。これは、継がなくてはならないことかなと思いました。

子どもを大事にする文化

當間　それから、命名札も、子どもを大事にする文化ではないかなと思います。子どもが誕生すると命名用紙に名前を書いて、家のまわりの人にそれを配るんです。もらった人は、子どもの名前を忘れないように、家の冷蔵庫や壁に貼っているんです。どこの家庭でも見られる光景で、何百という数の命名札があるお宅も存在しますよ。

汐見　やはり、子どもを大事にしようという風潮や文化は、まだ沖縄にはかなり残っているんでしょうね。日本全体では、子どもを連れている母親を見たら応援してあげないといけないという風潮がだんだんなくなってきてしまって、人混みのなかにベビーカーを押していくと迷惑顔をされてしまうことも増えてきましたよね。ビジネスの世界に、子どもを連れていくと弾き出されてしまう、そんな傾向が日本ではとりわけ強いように思います。

韓国に行ったときのことですが、同行者の一人（父親）が子どもを連れてきたので韓国では珍しがられて、食堂に入るとお店の旦那さんがその子の面倒を見てくれる。どこへ行ってもやってくれる。子どもがいたら皆で世話をするものという文化が韓国には残っていて、とても助かったんです。日本の大半のお店では、赤ちゃんが泣いたら店のおばちゃんが出てきて、「私に任せて、早く食べなさい」ということはなかなかやってくれない。でも、沖縄にはかろうじて、まだそんな文化があるように思います。

當間　沖縄では、旧盆は大きな行事なんです。以前は、旧盆は休園にしていたんです。現在は開いていますが。旧盆の時期に「子どもが小さいと家事ができないから、園で見てもらえませんか?」という保護者の声があります。「ご両親がお仕事でないのなら、お子さんと一緒にいることはできませんか?」と対応しているのですが、お母さん方は「一緒にいると嫁としての仕事ができない」と言うのです。でも、あるお母さんが勇気を振り絞って「自分が家事のときには、おばあちゃんと遊んでてね」と言ったんです。そうしたらおばあちゃんたちは喜んであやしたり、遊んだりしているわけですよね。

でも、お母さんたちは、この一言が言えない。沖縄でもそういった風潮は出てきているんです。

――そんななかで、園はどんな発信をしているんですか。

當間　やはり根気強く、「島の財産であるお盆を家族揃って迎えるということを大事にしていただきたいと思います。お仕事がお休みのご家庭は、どうぞ一日お子様と一緒に過ごしていただきたいと思います」と伝えています。沖縄以外からお嫁に来たお母さんたちが一番辛いんだと思います。「子どもを見ていてください」の一言が言えないですからね。

でも、私たちが伝え続ければ、お母さんたちは変わっていきます。卒園の頃に、「旧盆は休園にすべきです。できるかぎり一緒にいてあげたり、他の人の手を借りることは大事です」と手紙をくださった方がいました。本当にうれしかったです。

小さな不道徳を大事にすること

當間　沖縄でも、そういった発信は必要になってきたんですが、やはり、子どもを大事にするという風潮は他県より強いのかもしれません。沖縄だと、子どもを連れているといろんな人に声をかけられるから、他府県から来るとびっくりすると言われますね。私もつい、「可愛いですね」とか、声をかけるんですよ。

汐見　東京では、私たち男性が声をかけると、変な顔をされることもありますね。

當間　生きづらくなってきましたね。話は変わってしまうかもしれませんが、汐見先生が「小さな不道徳をいっぱいすることが大事」と言われていた記事を読んだんです。地域の人間関係のなかで生きることと、不道徳が許容されることの間には関係があるように思います。

汐見　ケガとか失敗をうんとする。いろいろ試してみて、自然のなかで失敗してケガをする。社会のなかでは不道徳をして叱られる。そういうことを繰り返していかないと深い人間になれない。そう思います。

そういった練習をしないで、いきなり社会に放り出される。保育園から小学校に入学するときも、いきなり大きな集団に放り出されてしまって、中間の集団がないんです。子どもが親の仕事を手伝うとか、地域の行事に参加したり、お兄ちゃん、お姉ちゃんと一緒に何かをするということが減っていくと、社会性を身につけるのにとても苦労しますよね。

當間　社会性を体験できる場がないんですよね。保育園はそういった場になっていなければならないのだろうと思うんですが。

――保育園のなかだけではできない小さな不道徳もありそうな感じがします。中間集団のなかでの不道徳というか、小学生ができるような小さな地域社会のなかでの不道徳というものが。たとえば、ボールを投げ誤って人の家のガラスを割ってしまったとき、その家の人の顔がわかるというのも大事な気がするんです。叱られるわけでなくても、知らない人の家のガラスを割ったときとは罪悪感の種類が違うと思います。

當間　謝りに行って、叱られたけど許してもらったという経験は大事ですね。中間集団がなくなってきているのも、子どもたちのそんな経験の機会を奪っていると思います。

當間左知子氏（左），汐見稔幸氏（右奥），久保健太氏（右手前）

汐見　私は小さい頃、いつも神社の境内で遊んでいました。そこにはあまり大きくない賽銭箱があって、それをひっくり返して賽銭を盗んで、そばの駄菓子屋で駄菓子を食べたことがあるんです。すると、そのお金どうしたって聞かれて、ちょっと罪悪感を感じた。だけど、懲りずにまたやりに行った。

でも、なぜだか三回やるとできなくて、もうこれ以上はできないっていう限度があるんです。一回目は、「もう一回くらいいいかな」というのがあるんだけどね。

――不道徳の加減をする機会だったんですね。

當間　昔って、大人は寛大だったんでしょうか。

汐見　いや、「子どもってそういうものだ」という考えが大人の側にあったんじゃないですか。人によって子どもへの寛容度はもちろん違って、寛容度の低い人は「コラーッ」て叱っていたけど、本気で叱るわけではなく、加減がありました。多くの大人は「ガキは叱ってやらなきゃだめなんだ」と思っていた。

それから、わが子を叱らなくてはいけない、でも親が出ていくとやりにくい、そういったときに、家のなかに出入りしている職人さんとか、親以外の大人に叱る役をお願いしたりしていた。職人さんも「わかりました、私がちょっとやりましょう」と、「坊っちゃん、ちょっといいですか」ってね。そういった具合に役割分担があった。

そういう、みんなで育てていくということがだんだん薄れてきてしまったんですね。でも、人間というのは親だけで育てられるわけではないんです。そういった意味では、今、保育園は大事な役割を果たしているのだけど、それだけでも足りない。保育園の先生はある意味で親代わりなんですが、もうちょっと第三者的な他者が自由にかかわっていく。そこがないというのは、しんどいですよね。

変わる地域と変わらない制度

當間　どういう幼児期を過ごせばいいのかということは、しっかり考えたいですよね。やはり、「五歳児問題」というのは結構深刻です。四歳で保育園を卒園して、五歳で幼稚園に入り、午後はブラブラしていた五歳児が昔は結構いたわけです。今でこそ預かり保育という事業になっていますが、昔は放置されていたんです。その頃には、五歳児の育ち方は大事という話もしてはいたのですが、でも今思えば、当時は何とかなっていたんですね。

放っておけたのは、農業や自営業が多かったり、商店がたくさんあったりして、地域が守ってくれていたからなんです。それが地域が変わってしまった途端に、制度だけが変わらず、いわゆる子どもが放置された状態が生まれてしまった。その状態に気づいて制度を切り替えていったのですが、後手後手だったと思います。

——保護者の方の意識は変わってこないのですか？

當間　私たちのように五歳まで継続して保育をしている園では、そのことの意味を感じる保護者は多いのです。ですから、三歳、四歳の時点で保育を切ってしまうことには疑問があります。

これも沖縄独自の文化なのかもしれませんが、アメリカンスクールが近くにある場合、小学校時代はアメリカンスクールに通って、中学校は普通の公立に戻るという家庭もありました。そういう意味では、いろいろな選択肢があるといえるのかもしれませんが、いい面ばかりではなく、沖縄自体が自分たちの進むべき道についてはいろいろ迷っているという面もありそうです。

汐見　外からいろいろなプレッシャーがあり、内側からの主体もなかなか育ちづらくて、歴史的に抱えた問題も解決しきっていないということもあるということでしょうね。

當間　そういったことは最近とても感じます。それでも保育園では日々、子どもたちがしっかり自分を発揮して遊び込める環境をつくっていきたいと思って保育をしています。

でも、そのような思いが大人全体の思いになっているかといえば、五歳児保育のように、子どもを中心に考えないという問題があるような気がします。大人の都合を優先してしまい、子どもの声に耳を傾けないというか。音楽にしても、大人の聴きたい音楽、流行歌だけを聴くのではなく、子どもたちに何を残していけばよいのかということを意識して、流す音楽を考えてもいいのだと思います。

パブから始まる政治を

汐見　いまお伺いしていてイタリアのことを思い浮かべたのですが、イタリア人も沖縄の人のように大らかな性格ですが、一〇万人規模のデモはしょっちゅうやっている。三・一一の後でも、原発を何とかしろという一〇万人くらいのデモが起きているんです。日本が報道しないだけです。イタリアでは、普段はバール（bar）に集まってワーワー騒いで、しょっちゅう議論している。ワインを飲みながら、政治を議論しているんです。それは、いわば市民としての仕事なんです。日本では、そういう文化が弱いのかもしれません。

當間　レッジョ・エミリアでも、夜、ずっと議論していると聞きます。

汐見　しかも、幼稚園のことを議論しているのではなく、共同体などについて議論しているわけです。ある人に「すぐに議論が始まるのはどうしてか？」と質問をしたら、「それは、市民性の成熟度の違いとしか言いようがない」と言われました。子どもの頃から、ずっとそういう議論をしているのですから。

當間　日本は当事者意識が低いのでしょうか？

汐見　もともと歴史がそういう方向に展開していかなかったということがあるんでしょうね。常にお上が何とかしてくれる。「公」というのは「大きなお家」という意味なんです。要するに大金持ち、「偉い」人のことをいうんです。

これは、西洋のパブリックという概念とはまったく違う。パブリックを「公」と翻訳したことが間違いです。パブリックというのはパブリッシュと同じで、パブ、飲み屋に集まって公的なことを議論するという意味なんです。

飲み屋で何をするかというと、政治を議論する。その議論から出てきたことをみんなでパブリッシュする。パブリックからパブリッシュする。パブでの議論を公的な議論にしていく。だから、下から横へとつくられていくのがパブリックなんです。

それは「公」、偉い人という意味とはまったく違います。日本はこれまで長くトップダウンでした。西洋ではボトムアップ的なものをつくってきた。その一番古い歴史は、古代ギリシャですよね。日本にはそういった気風は薄くて、常に偉い人が何とかしてくれる。大阪の堺は自治をつくろうとして、すぐにつぶされました。明治になったら偉い人が武士から武士と天皇に変わっただけで、お上が何とかしてくれるだろうという気風は変わらなかった。戦後初めて民主主義になったけれども、こびりついているお上意識は根強いと思います。

――地方が国からある種の独立性をもつためには、パブで話されたことが政治になっていくということが必要ですよね。

汐見　そうですよね。ですから、イタリアの場合、地方自治には優れた政治家がたくさんいるといいます。国の政治よりも優れているぐらいだというんです。イタリアの人たちはそれでいいと思っている。国がつぶれても、コムーネ（共同体）はつぶれない。もともとイタリアは、大きな国家をつくろうとは思っていなかったんです。国として統一されたのは一八〇〇年代で、それまでは自治都市の集まりでした。その伝統がいまでもあり、住民が納めた税金の多くは自治体で使うんです。レッジョ・エミリアでは、予算の四割が教育予算です。そんなことは普通できません。でも、そうやって各都市が、自分たちの特色を出しているんです。

――それには、規模も大事ですよね。

汐見　ボトムアップというのは下から出てきたものが形をなしていくということですが、それをできる規模であることは必要でしょうね。基本は、小さくしていくことです。イタリアの場合は、コムーネがその単位なんですが、いわば小さな国家で、イタリア中に八一〇〇もあるんです。

イタリアには、国の下に県があり、県の下に市町村があるというヒエラルキーがないんです。州だけあって、あとはそれぞれのコムーネがある。コムーネの連合体はありますが、県に相当する概念がないんです。そして、各コムーネがかなりの自治権をもって自分たちの生活にかかわることを決めていく。

遡ると、その議論がパブでの議論を出発点にしている。そういったところから、自治のための規模のあり方を考えていく必要はあると思います。

＊＊＊

今回の対談では「地域」という言葉がキーワードでした。

それぞれの地域には、地域文化とでも呼ぶべきものが色濃く残っています。今回の対談でわかってきたのは、そうした地域文化は、家族のあり方、人間関係のあり方に、強く表れているという点です。保育という営みが、子どもに向き合うだけではなく、子どもを取り巻く家族や、家族を取り巻く人間関係にも向き合うものだとすると、そこに、それぞれの地域文化が影響してきます。

その際に、園が置かれた地域文化のなかに「ない」ものではなく、そこに「ある」ものに着目して、「ある」ものから保育を営むという発想は、重要な発想だと思います。

【対談を終えて5】

子どもを大事にする文化を守るために

當間左知子

独特の地域文化が、マスメディアの力などによって消えそうになり、日本全国が平準化してきて似たようなものになってしまっている風潮は否めないものがあります。そのようななかにあっても、沖縄は、日本という国のなかで他にはない独自の歴史と文化をもち、その独自性は揺るぎのないものとして在り続けることができるはずとの思いがありました。しかしながら、無意識のなかで、同化・一般化を是とする社会が忍び寄ってきている危機感を抱きます。

地域の独自性を保つため、同化されないような強い意図性が必要とされるいま、子どもたちにどのような文化をどのように残し、伝えていくべきかを、社会全体で考えなければならないときが来ているのです。社会を構成する一人ひとりにその自覚が求められるのではないでしょうか。一人ひとりが成熟度の高い市民性を発揮することが求められているのではないでしょうか。そしてその根底にあるのが「子どもを大事にする文化」だと思うのです。

子どもは環境との関係で成長していきます。個人や家族のような小さな集団単位から、異年齢集団やコミュニティなどの中間集団を通り越して、いきなり大きな集団に送りこまれるのでは、子どもが子ども時代をたっぷりと豊かに経験することが乏しくなります。

日々子どもたちが生活している保育園は、中間集団的機能をもっていると言えましょう。いろいろ試してみて、ケガとか失敗をうんとする、不道徳をして叱られる、そういうことを繰り返して社会性を身につけるための練習をするところでもあると思うのです。保育者は、いまを生きている目の前の子どもに対し、文化の伝え人であり、一番の理解者である身近な大人でもあります。これからの時代、一市民としての権利をもつ子どもの最善の利益について語り合う大人を、地域に増やしていくための仕掛け人が必要になってくるのではないでしょうか。保育園からの発信力は大きいと思います。

対談6　柔らかさを育む柔らかな保育が発信するもの

遠山洋一 × 汐見稔幸

――いままで五回の対談を行ってきましたが、今回で最後の対談です。今日は「教育とは何か」「保育とは何か」ということを考えたいと思っています。そうしたテーマを、この数十年の日本の保育の流れを踏まえて、お話しできたらと思っています。

まずは汐見先生のほうから、そのあたりの問題提起も含めてお話しいただければと思います。

バオバブ保育園の生まれた時代状況

汐見　遠山さんとの出会いはもう三〇年近く前になると思うんですが、七〇年代に保育園を始められて、ちょうど高度経済成長の時代が終わり、日本が、羅針盤がないまま船をどこに向けるのかっていうような模索が始まった時代ですよね。子どもたちがものすごく荒れ始めていて、中学校が校内暴力事件に巻き込まれていく。その後、いじめ、不登校問題が学校では一般化するような時代でした。
当然、その子どもたちを育てた親たちの戸惑いとか、その根っこには社会の混迷とか、いろいろな背景があって、わかりやすくいうと、右肩上がりで追いつけ追い越せでやってきた社会があるところまで到達したときに、今度は目の前に目標がなくなって、じゃあ、私たちはどこに行けばいいんだ、煙モクモク重化学工業じゃないよな、といった時代でした。

おそらく、遠山さん自身は煙モクモク重化学工業のなかで仕事をされていた方なんですよね。そこからある意味、大きな転身をされて、そして子どもを育てる仕事に入ってこられて、そういう時代の大きな流動のなかで子どものためにという、もう一回足元に戻った仕事を引き受けようとされた。

それ以外にも、数えきれないぐらいのいろいろな問題が出てきている。しかもそれが一〇〇年後、二〇〇年後の歴史家が書けば、いままで通用したことが通用しなくなることがどんどん出てくる時代として書けるような時代です。たとえば、インターネットが始まった、子どもの遊びがゲーム化していくとか、点数と偏差値で人生を選べば何とかなっていたという時代が終わり、若者がどう自己実現していくかがとてもわかりにくくなった。環境問題など、解決策が見つからないのに問題だけは大きくなっていくことも増えている。それに対して明確な方向提示を指導者たちができなくて、経済的にも世界で唯一、二〇年間、一切、経済成長しないという社会になっている。

汐見稔幸氏

そういういまの時代、あるいは遠山さんが保育園を引き受けられてきた時代というのは、大きな歴史の流れで見るとどういう時代なのかというのがとても興味があるんですが、その間にともかく必死になって保育園をつくり、運営し、育て、そして広げてきたわけですよね。そこで、今日、僕がぜひお伺いしたいと思ったのは、その過程でどういうことを発見され、何を次の世代に伝えていかなきゃいけないなって、遠山さん自身が思っておられるかということ、それを忌憚なく話していただきたいと思っています。

遠山洋一氏

僕らがちゃんと聞き出して、引き継がなきゃいけない責任があるんだというふうに感じています。お気軽にお話しいただければと思っていますので、よろしくお願いします。

遠山　そういう大きな流れのなかでのお話ができるかどうか疑問ですが……。七〇年代に私がまったくの素人から保育園を、いまから考えるとかなり無茶だったんですけれども、開きましたが、その時代は、先ほどおっしゃった状況と並行して、社会的にはいわゆる学園闘争が終息した時期なんですよ。

学園闘争が残したものはかなり大きな影響を与えていたわけで、それを経験した人たちも保育園づくりにかなり参加してきました。私自身は、もう一つ前の世代なんですけれど。

で、彼らは、学園闘争のなかで果たせなかった思いを保育園という生活の場で実現したいという気持ちが強くあったと思います。ですから、その影響はとてもありました。

汐見　なるほど。

遠山　当時、保育界は、おそらく興隆期といってよく、伝統的な保育の流れに加えて、教科研（教育科学研究会）とか日生連（日本生活教育連盟）とか、そういった学校教育の分野での民間研究活動が下にも降りてきて、その影響を受けながらいろんな形での運動があった。それと、もっと前からの「伝え合い保育」の保問研（保育問題研究会）、そういう流れが一つあったわけです。私はそれぞれの良さを感じながらも、もう少し何か違ったものがあり得るんじゃないかということがありました。でも、それは一緒に始めた連中のなかで、そう上手くはまとまらなくて。

汐見　そうでしょうね。

遠山　ええ。もう最初の年は、運営問題もからんで大揺れに揺れて、最後は強硬派は飛び出す形になって。でも、私は保育園を始めた責任者ですから投げ出すわけにはいかない。ともかくそこから始めようというところで、数年間は大変でしたね。給食、調理を交代でやろうということも、いまはもう部分的にしか残っていませんが、その流れのなかから出てきた発想なんですよ。つまり専門分化をできるだけ否定したい、保育園の生活のなかでもっとトータルなものを取り戻したいっていうそういう発想があって。そうして、管理体制を拒否する。

汐見　はい、当時の雰囲気ですね。わかります。

遠山　園長はしかたがないけれど、あとはみんな対等で。だから主任も置かなかった。ですから、私は園長一人で何から何までやらなきゃならなかったから大変でしたよ。

主体性へのこだわり

汐見　いや、それは大変でしたね。いま考えれば、ちょうど民間教育団体、教科研だとか日生連とか、それから全生研（全国生活指導研究協議会）の全盛のときですよね。僕は八〇年代に入ってから保育の世界に足を突っ込んだんですけども、最初、馴染みづらかった言葉の一つが「集団づくり」という言葉だったんですよね。

当時ある分科会で、たとえばけんかをしたとき、けんかした相手にも給食を配る子こそがいい子だと言うのです。そのとき、僕は嫌だっていう気持ちってやっぱり大事じゃないかって思ったんです。だけど、けんかしている相手にも配れるような、そういう集団にしなきゃいけないと言う。「配りたくない」って言いながら、あとで「配んなかったの、まずかったかな」と悩みながら人間って成長することだってあるんじゃないかと、僕は思ったんです。でも、それよりまず集団の形が大事だという主張がされていたという印象があります。

いま考えたら、社会のなかでの私の主体性の問題、社会のなかで自分の気持ちをどこまで自分自身が納得するように表現できるんだろうかという問題に、僕は僕なりにこだわっていたのかもしれない。

学園闘争などをやっていた世代は「主体性」や「アイデンティティ」なんていう言葉を使ったけど、本当は何の意味かよくわからないのに使っていたという可能性があるんですよね。「管理反対」

という言葉もとかく使っていた。でも、そんなことをいっていたら、どんな組織も成り立たない。だけど、気持ちとしては、管理社会のなかで私の主体性はどこに行っちゃうんだっていうような不安があったんだと思うんです。

そういう血気さをもつ若者たちがたくさんいるなかで、保育園という一つの組織を維持しながら、自分でも自分のことをわかってない若者たちが保育をやるのをうまくまとめていくというような仕事を遠山さんはされていたんでしょうね。本当に、いま、聞いただけでも大変なことだったんだなっていう気はします。実際にそういう感覚って、若い保育者のなかに、ありました？

遠山　そうでしょうね。だから子どもの主体性よりもまず保育者の主体性ですよね。保育者の主体性を強烈に主張するわけです。それはそれで大事なことなんだけれども、でも〝それだけでいいの？〟ということを私は園長として投げ返したくて、それでいろんな研究会にお邪魔しました。

民間教育運動の流れを汲むものが多く、たとえば、数学教育の遠山啓さんが中心になって創刊された『ひと』という雑誌がありましたが、そのグループが開いた「ひと塾」とか、寺内定夫さんの呼びかけで始まった「子どもの遊びと手の労働研究会」とか、久保田浩さんが中心だった「子どもと未来を語る会」とか、「乳幼児の生活と教育研究会」とか。でも、どれもどっぷり浸かることはなくて、まあ言ったらつまみ食い的な勉強の仕方でしたが、そこで得られたものを保育の実践的なテーマや教材に活かしていこうとしていました。

汐見　遠山さんがある研究会に顔を出されて、そこで僕は出会ったんです。で、そのあと園に見に来てほしいと言われて、見に行ったんです。

子どもの内面に目を向ける

汐見　遠山先生が模索をしながら、ある程度バオバブの形がつくれるかなっていうふうになっていったのはいつ頃なんですか？

遠山　八〇年代ですね。でも八〇年代は一応、安定したけれども、逆に当初の覇気というか活気も薄れてきていて、一応、安定してるからまわりからはある程度は評価されていて、そこに安住している面があって、これじゃいかんなと思って。私が九〇年代に入ってあらためて「子どもの主体性」っていうことを提起したんですよね。

それまでも、言葉としては「一人ひとりの子どもを大切に」、そして「子どもが生活の主人公になれるように」ということを掲げていたんだけれども、果たして本当にそうなっているかどうかっていうことを問題提起したのが九〇年代の初めですね。

奇しくも、二五年ぶりと言われた一九九〇年の保育所保育指針の改訂とほぼ同じ時期になってるんですが、そこから影響を受けてというよりも、内部を見つめていて、いけないと思って、私としては結構、難しい理屈を展開しました。

要約すると、科学や情報は子どもを理解するための知識を整理して提供してくれるけれども、その反面、知らず知らずのうちに子どもを「モノ（対象）」として見る見方に引きずり込んでいく危険性をもっている。職業的な専門家は、子どもを客観的に見られる立場にあるだけに一層そうなりやすい。でも、そういう見方に立っていて子どもの主体性を育てることができるだろうか？　子どもの主体性を育てようとするなら、子どもを「ひと（主体）」として見る見方に立たなければいけないと思う。子どもが主体だということは、まわりから一方的に規定したり、自由に操作することができない何かをもつということなのだから。まずそういう見方、子どもの見方の切り替え、それは子どもへのかかわり方の切り替えにつながるはずだが、そこから出発しなきゃいけないだろうっていう、そんな理屈を展開しました。

そういう保育をやっていくためには、具体的にはどういうことが必要なのかということを出してみようと始めたんですね。そのときに、その議論の助言者として汐見先生に二、三年にわたって何回か来ていただいて。それも抽象的な議論をしていても始まらないから、現場の記録をもとに議論してみようというところでしたんです。いまもよく覚えているのは、二歳児で文筆業か何かをやっている家庭のお子さんで、朝起きるのが遅く、登園が遅いんですよね。

汐見　ミニカーの子？

遠山　そう、ミニカーの。

汐見　いまでもよく覚えてる。

遠山　男の子なんだけど、登園してくるとずっと床に寝そべって、ミニカーを押したり引いたりして、いつまでもそれが続いている。もう何か月も。それで担任は、これじゃあ遊びに発展性がないからミニカーを片づけたという報告があった。それで、その報告を取り上げて、いまその子にとってそれがやりたい遊びなんだから、それを大切にすべきだという人たちと、いや、保育者としての指導性もあるんじゃないのという意見をいう人たちとの間で議論をしたわけですね。

そのときに汐見先生が助言されたのは、その子どもが登園してきて、もう他の子はどんどん遊び始めている、でも、自分はまだそのなかに入りきれない、そういう自分がいる居場所としてずっとミニカーと遊んでいるんじゃないか、そういうふうに考えたらどうかというふうにおっしゃった。

そうか、観念的に子どもの主体性か保育者の指導性かという議論をしていたんじゃダメで、もっと一人ひとりの子どもの、その子の生活に沿って、その子の身になって考えてみる、それが大事なんだなっていうことを、その助言を聞いて感じたんですよ。


汐見　すごいね。いやいや、二十何年前の話、よく覚えていますね。でも、僕も覚えています。自分がそういう立場だったら、もし子どもだったらどうだろうと思って、答えたんです。

どうしてミニカーで遊んでいるかといったら、毎日保育園に行っても、みんながもう外で元気に遊んでいる。保育園に行くときって体も心も保育園モードに切り替えて行かなきゃいけないし、その日の一番おもしろそうな遊びを朝、見つけて、「○○ちゃんやろう」とかってうまく適応していかなきゃいけない。でも、ワンテンポずれて入ってきたらそうはいかない。だから、しょうがないからミニカーで遊んでいたら誰か声かけてくれないかなとか、そういうふうにしながら少しずつ心も体も保育園モードに自分なりに切り替えようとしているんじゃないかってね。

だからそういうときは「○○ちゃん、これして遊ぶ？」とか、何か声をかけてやったら、僕のこと認めてくれたんだなっていうふうになるんだから、あんまりすぐにそれを止めさせたり、大人が指導したりする以外にやり方はいっぱいあるんじゃないかっていうような、そんな発言をした覚えがあるんですよね。当たっていたかどうかはわからないですけど。

遠山　当たっていたと思いますね。ですから、そのときは、主体性とか何とかいうよりも、そういう考え方が、スッと私たちのなかに浸透してきた。

子どもの行動だけで判断するのでなく、子どもの気持ちの内側、子どもの内面に目を向け、そこからスタートしていこうという態度は、いまも生きていると思いますね。

汐見　なるほどね。やっぱりそれは保育指針が変わったことがその背景にあるようにも思いますね。子どもの主体性がなくなってきているということで、保育指針が子どもの主体性を提起した。僕もいま、遠山さんの話を聞いて、歴史の流れのなかにきれいに乗っていたんだなって、初めて知りましたけどね。

遠山　ただ、その後、では、子どもの遊びを子ども主体でどう発展させていくかといったところまではなかなかいけなかったということは、大きな問題としてありますね。ただ、保育園として大事にしたいことの柱はいくつかあり、保育のテーマとしては人と人とのかかわり、特に子ども同士のかかわりに移っていきました。

それともう一つの柱の家庭支援。延長保育から始まって一時保育をやったり、子育て広場を開いたりという、そちらのほうにも関心が向いていって、子どもを主体とした、子ども主体の保育活動をどう展開していくのかっていう、そこのところは十分追求しきれないまま今日に至っているというふうに思っているんです。

汐見　これも論点を提出するつもりで、あえて言うのですが、戦後の教育学や保育学は、子どもの内面や心を見るということや、心を育てるということを深めきれなかったのではないかとも思うんです。

たしかに、心を育てることに熱心に取り組んだ人たちはいます。生活綴方[1]などはその一例ですし、それ以外にも、たとえば、創造美育協会というのがありました。これは北川民次さんなど、戦前から絵の指導をやっていた人たちの流れを汲むんだけど、どちらかというと精神分析学、フロイトなんかの影響を受けている。絵を描くということが、子どもの心の内面にあるようなモヤモヤだとか喜びだとかっていうものに形を与える作業なんだっていうことを言う。だから、いい絵を描くということはいい体験をした、感動したっていうことだと。あるいは苦しいときにもそれを形にすることによって人間はカタルシスというものを少しは体験できるんだと。そうやって、ひたすら心というものをベースにして、だから楽しく遊んだら絶対いい絵が生まれるっていうような、そういう流れがあるんですよね。

そういった心を育てるということに対して、もう一方で、科学的認識の正確さを重視して絵画指導をしたような潮流もありました。つまり、絵を描くという行為については、正確に認識しているかどうかという科学的な認識の極が一方にある。それに対して、芸術的な認識というものがあって、それはまた違うところがつかさどる。そういうふうにして、科学的な認識と芸術的な認識を分けて、基本的には科学的認識というものを確かにするための作業だというような言い方で、絵を描くことを認識論で説明していく。そこから、心というあいまいなもので、絵を描くことを説明していくということに対して批判をしていくわけですよね。

(1)　本書四九頁、「対談1」の注(1)参照。

もちろん正確に、科学的に認識することは大事ですし、戦後の教育学や保育学が科学を重視していたことはとても重要なことだったとは思うんです。そういった意味では「よく見てごらん、そうなってる?」というような科学的認識を重視した指導も大事なのですが、一方で「自分の感じた色で描けばいいよ」とか、「大きいと感じたら、もっと大きく描いたらいいんだよ」という、心のほうをもっと大事にするような指導が深められづらかったというところはあるんです。ちょうど一九六〇年前後に、大田堯先生が作文教育の大会で、小学校低学年の子の「ぼくが、ぼくのおとうちゃんが、ぼくに、ぼくのぐろーぶを、かってくれた」という作文を取り上げて、これを文法的に正しくないからと訂正させようとする指導があるが、それは違うのじゃないかと話されていたことと重なります。心をそのまま表現できることのほうがうんと大事だというのですね。でもその流れが大きく膨らむことはなかったように思う。

しかしいま、子どもの心が見えなくなってきて、もう一回、「心」ということを考え直さなきゃいけないということになっている。それで保育の世界で「心」といっても、あまり違和感はなくなってきた。そう考えると、産業化の時代というのは「科学的」認識が優勢にならざるを得ない時代なのかもしれません。

――ようやく内面とか心に目が向け始められて、科学的認識と心のバランスがはかられてきたわけですね。

市民としての主体を育てる

遠山　絵画指導については何ともいえませんが、量に注目して数学の「水道方式」を組み立てた遠山啓さんとか、板倉聖宣さんたちの仮説実験授業とか、官製の教育に対抗して科学的な授業を組み立てようとした六〇年代の民間教育運動を進めた人たちの働きは、必ずしも産業化の時代ということだけでなく、評価すべきだと思います。

話を戻しますが、いまから思うと、イタリアのレッジョ・エミリアが日本に紹介されたのが……。

汐見　二〇〇〇年を少し過ぎたときですね。

遠山　『子どもたちの一〇〇の言葉』の日本語版（学習研究社）が出たのが二〇〇一年で、その前後に東京のワタリウム美術館で連続講座があって、それを出発点にした若い園長さんがいたことを最近知りましたが、私はまったく無知でした。それをうまくキャッチして、そこに食いついていたら、もう少し違ったバオバブの保育があったかもしれないなと。

汐見　日本全体の保育界がある意味、世界に少し遅れたんですよね。一部の人だけがレッジョを紹介したけど、あれは本当に市民としての主体というのをどう育てていくかということに徹しているような保育ですからね。そのあたりの感覚が違うんですよね。

当時、大学の同僚だった佐藤学さんと秋田喜代美さんがちょっとイタリアに行ってくるというから、そのとき僕もよく知らなくて、〝なんでイタリア?〟なんて思っていたんだけど、彼らが戻ってきて、レッジョのディアーナという、モデル園になっている、一番中心の幼児学校の様子を映像にしたんです。

そのなかで一番感銘を受けたのは、ＰＴＡの集まりなんですよ。ＰＴＡの集まりが、なんと夜の九時頃からあるんです。驚きました。正確な記憶じゃないけど、夫婦でＰＴＡの集まりに来るわけ。それで担任の先生が、「じゃあそろそろ始めましょうか」というような雰囲気のなかで始めるんです。「じゃあ、今日のテーマは何にしましょうか」と言って、〝共同体とその責任〟みたいな、そういうテーマで話しましょうかというように、議論が突然始まるんです。みんな輪になって。僕は、それを見て驚いた。それで木下龍太郎さんという、当時レッジョのことを研究していた先輩に「何であゝいった議論がすぐにできるんですか？」と聞いたら、「それはイタリアの、市民性の成熟というものを考えないと理解はできない。そういうふうに普段から生活するもんだっていうふうに教育されている」というわけです。

つまり、しょっちゅういろんなところで議論している。ＰＴＡ以外の場所でも議論している。今後コミュニティをつくるのは私たちなのであって、私たちが責任を感じてそれをやらない限り、いいコミュニティはつくれない。そのためには常に議論しなきゃいけない、常にもっといいものを求めなきゃいけないというような、それが人間としての責務だ、といった感覚がイタリアの人にはあるというんですよね。そういう市民をどう養成するかということがレッジョの実践の底流にあるように思うんです。

しかし、せっかく佐藤学さんたちが紹介したのに、保育界は市民性というところに対しては、あんまり反応しなかったように思います。レッジョの子どもたちの作品のすばらしさだけが注目された印象がありますね。

遠山　私が「子どもの主体性」ということをずっと言ってきたのは、保育園の生活のなかで本当に一人ひとりの子どもが、自分が主人公として生活していけるようにということを願ってのことだったんですが、意識の深いところでは、主体性をもった市民を育てたい、そういう市民社会をつくりたいという気持ちはあったと思いますね。あの二〇〇〇年当時、全私保連でも、地域とかコミュニティとかいった言葉が一つのキーワードとして登場していましたが、レッジョ・エミリアがそこにつながるということはなかったように思いますね。あまりに違いすぎて、消化しきれなかったということがあるかもしれませんが。

社会を切り拓いていく力

――保育の目標や教育の目標を考えるときに、「民主主義の担い手」を育てるということはあまり出てこないで、「労働の担い手」「産業社会の担い手」を育てることばかりに主眼が置かれていることに強い危機感を感じています。遠山先生が「地域」とか「コミュニティ」「かかわり」といったことをおっしゃる背景には、そういった危機感もあったのですか。

遠山　一人ひとりを生活者として見れば、安定した仕事に就けて、家庭も営めて、地域社会でも気持ちよくやっていける、そういう人に育てたいということは決して否定すべきことではないと思います。でも、そういう人で構成されたこの社会がどこへいってしまうのかという気持ちは反面ありますね。いまの社会は、あまりに問題が多いですから。これからの社会を担っていくというか、切り拓いていくには、プラス何かが必要だと思うんです。

身近な家族とか職場の仲間とか友人とかを超えて、もう少し広い社会に目を向けて考え、行動していける、そういった心と力をもった人たちを育てていく必要があると思うのです。ではそういう心と力とは、となると簡単には言い尽くせない話になりますが、私としては、そのなかで、飛躍するようですが、「自由な精神」がやっぱり大事なんじゃないかと思うんです。政治的な自由だけではなく、社会的な風潮とか、一種の常識とされているものとか、自分のなかにある思い込みとか、そういうものを超えていく自由な精神がないと、これからの社会を切り拓いていく力にはならないのではないかと、未消化ながら最近思うのです。

そんなものをどうしたら育てられるの、ということですが、子どもは不自由な存在ではあるんだけど、でも、それだけに自由さをもっていると思うんですね。あるいはそれは、柔らかに開かれた心と言い換えてもいいんですが、それは本来、子どもがもっているものであって、むしろそれを固めていってしまうのは自由でない大人社会の環境というか雰囲気というか、そういったものではないかと思って。

見直してみると、保育園という場も相当に不自由な場で、それはもちろん、完全に自由な場なんてありえない、組織なんだから決まり事は必要だろうし、共通の目標、共通の方針は必要ですよね。それに沿った、守らなければならないこととかいろいろある。それは当然のこととして認めざるを得ないんだけど、それでもなお、やはりそこにずっと流れている自由な精神というか、それがないと、子どもは自由な精神を獲得するような育ちができないだろうなと思うのです。

自分のことは自分で決める

汐見　遠山さんがいろいろな場で、「やさしさ」とか「しなやかさ」「柔らかさ」とか、そういった言葉で語っておられるものの真ん中に、もう一歩、ご自身の求めているものがあって、それが「自由」なのだろうということを考えながら、聞いていました。

その前に一つ補足しておきますと、先ほど久保さんが、日本の保育では民主主義の担い手を育てるという視点が弱くて、というようなことを言いましたね。でも、たとえば保問研などの「伝え合い保育」などは、議論し合う能力こそが民主主義の基礎力だということで追求されてきたものなんですよね。乾孝さんなどがリードされた。この流れが一般化しなかったのはなぜなのか、総括する必要はあると思います。やはり、先ほどの集団づくりということと結びついて、一人ひとりの主体性ということがはっきりしなかったからかなあ、と思いますが。

話を戻しますが、いま遠山さんがおっしゃった「自由」のことですが、僕も、だんだん年を取ってくるとわかるようなものもあるんです。結局、自由といっても物理法則に勝てるわけじゃないし、いわゆる法則的なものに勝てるわけじゃない。それに、社会生活をしている以上、自分のわがままが全部通るわけじゃない。そのことは当然、そうだけど、ここは物理法則に従ったほうがいいな、ここは社会の決まりに従ったほうがいいな、いや、ここは社会の決まりだけど破ったほうがいいなというようなことは、できるだけ全部、私に決めさせてほしい。つまり、私のやることなすことは基本的に全部、私に決めさせてほしい。私は私の主人公でいさせてほしい。ともかく私が生きているときに何を選択し、何を好きになり、何を嫌いになるという、そういうことは基本的には私に決めさせてほしいという感覚。だから、自由は自然法則を超えられないのだけれど、自然法則に上手に従ったほうがいいんだということも含めて私に決めさせてほしいという感覚は、人間にとって基本的に大事なんだと思います。

――佐伯胖さんがおっしゃっている「自己原因性」(2)のような話ですね。

汐見　文化や社会の決まりというのは、そういった何に従って、何に従わないという決定を、助けるんだけれども、邪魔をするものでもありますよね。

ルソーがデビューしたときの論文は「学問芸術論」というんです。ルソーは特殊な感性をもった人間で、人間をダメにしたのは学問と芸術だという、逆説的な論文を書くわけです。ルソーは、やっぱり自由になりたかったんだと思うんです。あの当時のしきたりのなかで。こうしなさい、こうしたほうがいいよ、というふうな教えをするのは学問であるとか、かくかくの色が美しい色なんだというのを押しつけてくるのは芸術であったりとか。そういうところから私は逃げたいというか、私は本当に私を信じた人間になりたいと思ったら、一回そういったものから離れなきゃいけない。そんなふうにルソーは感じたんじゃないかと思ったわけです。

遠山さんの話を聞いていると、遠山さんもルソーのそういった感覚を感じているんじゃないかというふうに感じますね。私が私としてこの世に生まれてきて、確かに私は私を生きた。そういうように言えるようになるためには、私のことはすべて私が決める。その私と決めている私だって怪しいんです。だけど、やっぱり私が私を決めてやるんだというふうに思いたいという感覚。そういった感覚がないと生きていけないんじゃないかな。というのも、人間は生まれた後に、自分のことは自分で決めることができたとしても、「生まれる」ということだけは選択できない。この時代に生きるとか、この日本で生きるとか、この家族で生きるとか、そういったことは選択できない。なのに、「生まれて、与えられた世界を生きる」ということは背負わされるわけ。だから、生まれたら、あとは本人にできるかぎり選ばせる。それが生んだものの責務じゃないか、と思うんです。

ただし、生まれたばかりのものに対して、最初から自己決定を自己責任でやらせるのではなく、「おまえは、まだ世の中にどんなものがあって、どんなふうなときにどうなるかまだ知らないから、後ろからよくサポートしておくぞ」というふうにして、そして、とにかく自分の意志で生まれたわけじゃないんだけど、「どうだ、生まれてきてよかっただろう?」というふうにこっちが言ったときに「うん」と言ってくれるようにすることが育てるということであってね。その代わりだんだん、「あとはどう生きるか、どう選ぶか、どう選ばないか、それはもうおまえが決めなさい」と。ただ、世の中にこんなおもしろいことがあるよ、こんな大事なことがあるよ、そういうことについてはさまざまにこちらが提案するから、ただ、それをどう選ぶかはあなたが決めなさいっていうふうにする。

それでも子どもは、文化とかイデオロギーとか、周囲の人の影響を受けて、本当に自分で選んだかどうかわからないことはいくらでもある。だから私たちは、いや、自分と相談して選びなさいっていうふうにしてあげるということしかない。教育だとか何かというのは、そういうことでしかない。

（2）　自己原因性とは、「自分が、外界の変化の原因となりたい」「自分の手によって外界に変化をもたらしたい」という人間の要求のこと。詳しくは、佐伯胖『わかるということの意味（新版）』岩波書店、一九九五年を参照。

いんじゃないかと思っているんです。だんだん年を取ってきたら、たった一回しかない人生、そんなにあとは長くないけど、どうやったら生まれてきてよかったと思えるのか、そういったことを考えていたら、さしあたりは、自分のことは自分で選ぶというところなんじゃないかなというところにいきついた。

僕のいまの言葉で言うとそういう言い方になるんですが、そういったいわばルソー的な感覚というものが、遠山さんにもあるのではないかと、お話をうかがっていて、感じた次第です。

「ある」から出発する

遠山　本当に自分では表現できないことを言っていただいたように思いますが、私は新制中学二期生なんですよ。戦後民主主義教育のなかで育った人間で、その時代の影響は相当受けていると思うんですね。そして、私の特殊性かもしれませんが、西洋近代への憧れというか、それが非常に強かった。

汐見　それは、僕らの時代もものすごくありますね。一方で、昔の日本のなかにいい伝統があるということはあまり教育されなかった。

遠山　高校で教わった古文や漢文の授業はおもしろかったですよ。でも、それがその後、自分のなかで日本の歴史の見直しなどに発展することはなかった。

その後、「近代を超える」という言葉が出されて、日本の文化も見直されてきているわけですが……。でも、日本の文化もまたよく勉強していけば、相当豊かな文化ですよね。

汐見　日本人って、子どもを見るときに、いまの子どもはこんなことができなくなってる、背筋力がこれだけ弱くなった、運動量がこれだけ落ちた……、だからこれは何とかしなきゃいけないという、そういう教育論とか保育論というのにはだいぶ慣れ親しんできたわけですよね。

その気持ちは、とてもわかるんですが、たとえば、ちょっと前までの子どもはこういうことができていたけど、いまの子どもたちはこういうことができなくなっているというようなことは、別に子どもの責任でも何でもないわけ。生活のスタイルが変わったからそうなっているだけですよね。

そして、ちょっと前までの子どもたちはできていたということは、この子たちもちょっと頑張ればできるんじゃないかと考える。しかも、できないよりはできるほうがいいだろうということだから、頑張れ、頑張れという形でやってしまう。

生活点検運動などで、朝ご飯食べたら三点、朝、うんちしてきたら三点なんていうことをかつては熱心にやったんだけど、でも冷静に考えれば、いまできなくなっていることを頑張ってやりなさい、ということでしょ。そうすると子どもから見たら、いわば苦手なことを一生懸命しなさいっていうようなことがどんどん増えてくることになりますよね。

自分のなかにもともと芽ばえているものを伸ばしなさいというんだったらやる気は湧くんだけど、自分のなかにあんまりないものをちゃんと身につけなさいといったことがどんどん増えてくると、教育がとても窮屈になってくる。

もう一つは、そうして「ない」ものばかりに目を向けていると、自分のなかにもともといいものがいっぱい「ある」ということが、どうしてもわからなくなってくるんじゃないかと思うんです。

戦後の教育にもそういったところが、全部とはいいませんが、一部あったように思います。もっといえば、明治期からそういった性格はあったように思います。

――明治期にも、欧米に「あって」、日本に「ない」ものが盛んに取り入れられましたね。

汐見　そうです。ただし、取り入れること自体はまったく悪いことではないんです。それによって、日本は多くのことを学びました。「自由」や「平等」や「権利」といった考え方は、非常に大事な考え方だと思います。しかし一方で、「ない」ものばかりを見ていると、コンプレックスが強くなってしまうんです。どうしても、自分たちを否定してしまう。

僕らは戦後に教育を受けましたが、「これは日本人が戦前から、もしくは日本の歴史のなかで大事にしてきたもので、それをぜひあなた方が引き継いで洗練してほしい」というようなものをたくさん教えられたかというと、実はあまり教えられていないんです。単純化して言うと、戦前イコール天皇制で、絶対的な権力を一部の人間がもっていて、言論の自由もなくてというような形で、戦前の社会は否定される。戦後は、戦前を否定するところから出発する。戦前には、本当の民主主義も近代文化もわかっていなかったし、人権意識もなかった。そして、本当の産業社会というものをこれからめざさなきゃいけないと言われる。

そうすると、出発点はすべてゼロかマイナスなんですよ。つまり、別の言い方をすると、「こういうものがなかった」「こういう点で弱かった」という、ある種のコンプレックスから出発するわけですよね。加えて、「ない」ものを見ていると、「ある」ものに目が向きづらくなるんです。

自分たちの心のなかをよく覗いてみたら、あなたにはこんな芽があるよ、こんなにおもしろいところがいっぱいあるよ、というふうにはなりづらい。日本社会に対しても覗いてみたら、こんなにおもしろいものがいっぱいあるよ、それを上手に開かせたらいい文化ができるよ、というようにはならない。「ある」から出発する教育ではなく、「ない」から出発する教育になると、モデルがいつも外側にあり、それを追いかける教育になって、内側のモデルの芽を発酵させる教育にならないように思うんです。すべてとは言わないけど、そういった性格が強かったとは思うんです。

もちろんそれは、ある意味ではしょうがなかったんだとは思うんです。自分たちのなかに豊かなものが「ある」というところから出発するのではなくて、近代ヨーロッパの価値観を追いかけるという感じは。

でもそれが、少々ゆがんだ教育観や発達観をどうしても生み出してしまうんだということにはっきりと気づくということが必要ですよね。その辺りは遠山さんに伺いたいのですが、バオバブのみなさんで議論したときに、僕の言葉でいう「ある」から出発しようといったことは議論にならなかったですか?

遠山　そういう言葉を使っての議論はしませんでしたが、子どもに関しては、私たちは常に「ある」から出発しようとしていたとは思います。でも、それから出発して、そこからどう何が育っていったか、そこは明確でないんですが。でも、気持ちとしては「ある」からスタートしようと。

汐見　なるほど。それは始めからみんなそういう?

遠山　気持ちとしては「ある」からの出発だったと思いますが、考え方として定着したのはやはり主体性の議論が一つの取っ掛かりだったでしょう。でも、それでもやはり、いわゆる問題行動を取り上げてどう手を打ったらいいかという問題は出てくるし、悩みますよね。そのなかで、いまいるその子の「ある」から出発して保育を展開していこうというのは、気持ちとしてはもっていても、実体としてはなかなか発展することはなかなかったかもしれないですね。

だから、先ほどお話ししたレッジョ・エミリアの実践が日本に紹介されたのをうまくキャッチしなかったのは惜しかったなというのは、そういう意味もあるんですよね。

――「ある」から出発するきっかけになったことを、もう少しお伺いしたいのですが。

遠山　きっかけというか、私はそもそも人を育てるということは、ある設計図があってそれをもとに思いどおりにつくり上げていく、そういうものではないという、信念に近いものをもっていましたから。それは、すなわち、「ある」から出発するということですよね。それと併せて、当時有力だったいわゆる科学的な発達論というか、それへの疑問もありました。

汐見　それは、遠山さん自身が感じられたのですか？

遠山　私の理解では、科学的な発達論は、人間の発達には共通の段階があって、その段階を一つひとつ踏んでいけばどんな人でも必ず発達していくものだ、ということを言いますね。重度の障がい児の保育に携わってきた人たちが、そういうものに希望を見出して実践してきたということは、それはそれでわかるのです。でもその一方で、子どもを見るときに、この子はいまこの段階だからこの子の課題はこれだ、といった見方はひどく一面的で窮屈で、大事なものを見失っていく危険性が大きいのではないかと思いました。そういう一つの物差しで見るのでなく、もっと自由に、いまその子が、その子として在る姿から見ていくべきではないか。そうしたら、その子のなかに在るもっと別の何かが見えてくるのではないか、ということですね。そんなことを感じたんですね。

「ない」でもなく「ある」でもなく

――保育の世界で「ない」から「ある」への転換を行うというのは、なかなか難しいとも感じます。優しい保育者になればなるほど、「ない」のほうに目が向いてしまうというか、子どもはか弱くて、大人が育ててあげなくてはいけないという子ども観が強いとも感じるので。

汐見　もっと明確に、「赤ちゃんのなかにも、この子は将来、こういうふうになる芽がいっぱいあるんだよ。それがだんだん見えてくるんだよ」「でも、そのためには本当の文化にぶつからないと、やっぱり見えてこないんだよ」ということを伝えてもいいのかもしれません。そうすれば、どんな文化にぶつかったときにこの子の目が輝くかということをみんなで考え始めるだろうし、そのポイントが一人ひとり微妙に異なることに気づき始めるかもしれないし、だからおもしろいんだ、となるかもしれない。

でも厳しい見方をすると、教育というのは必要悪という面をもっているのかもしれない。私たちは、子どもを生んだ以上、やはり市民になってもらいたいという願いをぶつけて、ある方向にもっていってしまう。それが下手すると「ない」ものを身につけさせていくことになってしまう。それは大きな方向性ですが、その方向に向かってどう形成していくかというときには、その子に「ある」芽を「ある」形にしていくことがそこでも大事なんだというか。

――教育という営みも「ある」と「ない」の間で葛藤したり、内発か外発か、インプットかアウトプットかとか、そういったものの間で葛藤するのが本来の筋かなとは思います。

汐見　真ん中の中間で迷うのが人間の本来の姿ですからね。僕ら研究者がそういうふうには理論化できなかったことではあるけれども、現場で実践している人が、そういう葛藤の感覚をもっているのかもしれないですよね。

遠山　うまく整理できないですが、「市民になってもらいたい」という願いはもっているし、悪いことではないと思います。そのことと、「ない」から「ある」への転換ということとはどう関係してくるのでしょうか。子育てとか教育で、まったくないものから何かがつくり出せるなんて思えませんから、いずれにしても「ある」ものを使いながら目的を達成していくんだと思うのです。そうすると問題は、何を達成しようとするのか、この例で言えば「どんな市民になってもらいたい」のかだと思うのです。

一言で「市民」といっても、そこに込めるものは相当な開きがあるでしょう。だから私は、そこに「一人ひとりが主体性をもった市民」「主体的な市民」という一言を付け加えたいと思うのです。それに成功したら、それを「必要悪」だなんて思いません。いうまでもなく、これはかなり長期にわたっての課題で、そのなかで、では乳幼児期には何が課題なのかはよく議論しないといけないことだと思いますが。

それに関連して最近感じているのは、子どものなかにある同調性です。一歳児などでよく見かけるのは、お互いに通じ合わない言葉を使って、うん、うんと頷き合っている。多分、言葉ではない何かでちゃんと通じ合っているんだと思って、その共感能力に驚き、子どもっていいなあと思うのです。でも、もしかしたら、わからなくてもわかったような顔をしていったほうが生きやすいという処世術のようなものを早くから身につけていっているのかもしれない、というようなことも、ちらっと思ったりもします。そうしたほうが生きやすいという処世術を身につけること自体、そう悪いこととは思いませんが。

三、四歳児くらいになると、誰かがもち込んだテレビのキャラクターのアクションやお笑い芸人のギャグとか、映画のテーマソングや主人公の「ふり」とか仕草とかがあっという間にクラス全体に広がってブームになることがありますね。大体は、おもしろいなぁと思って見ているのですが、もしかして、その底に同調性への要求みたいなものが潜んでいたら怖いなぁと思ったりもするのです。「同調性への要求」が大きくなっていくと、それは「主体的な市民」とは正反対の方向になりますから。

――簡単に整理してはいけないのでしょうが、「ない」から「ある」への転換というより、「ない」と「ある」のバランスや葛藤がテーマなのではと思いました。

汐見　そうですね。主体的な市民性というときの主体性のなかに、豊かな同調性、共感性というものがベースに位置づいているというか、そういう市民性を考えるべきなんでしょうね。同調性は他者と同じことを志向するように働きますが、自分が攻撃しようとしたときに攻撃される側の痛さへの共感性としても働きますから、平和への意志のベースにもなり得ますよね。そうしたことも含めて、遠山さんがおっしゃった「同調性への要求」と「主体的な市民」の問題も、私たちが少しずつちゃんと理論化して、二一世紀型の保育学とか教育学をつくらなくてはいけないということですよね。

多様性を保つために

汐見　遠山さんがあげられたいくつかのキーワードのなかで、「多様性」というのはすごく大きくて、大事だと思います。

遠山　私も大事だと思います。では、なぜ大事なのかですが、どんなにいい保育をしていても、それが一色に塗りつぶされていたのでは、子どもが育つ場として決してよい場ではないと思うんです。かといって、無原則に何でもありの混在した状態がいいかといえば決してそうではないのですが、それでもやはり「多様性」ということにはこだわりたいです。

開園したとき、最初に意識したのは、保育園というところがいい場ではあるけど、普通の生活の場からはかけ離れた特殊な場になっているのではないかという疑問でした。もっと普通の生活の場に近づけたい。保育者でいえば、男も女も、若い人も年配の人もいる。一律に「先生」ではなく、名前で呼び合おう。ユニフォームを着るのではなく、いろんな服装の人がいていい。子どもでいえば、ハンディキャップをもった子もいていい。そんなことを謳っていました。その頃は「多様性」といった言葉は使わなかったけど、いまから思うと、それは「多様性」の大事さということだと思います。

そういう「多様性」と、一方で園としてのアイデンティティとの両立をどう図るかというのは難しい問題ですが、私はどちらかといえば「多様性」のほうを大事にしたいと思っています。具体的には、「この園の考え方に共感して入園を希望した」という方はそれはそれで有り難いのですが、もしもそういう方ばかりだったらある意味で特殊な場になってしまうのです。だからそれと同時に、「たまたま一番近かったから」「一番便利だから」という理由で入園してきてくださる、そういう方がいることで「多様性」が保たれていると思うのです。そういう意味では、いまの保育所制度は有り難いなあと思っています。

でも、そうはいっても、たとえば男性保育者はなかなか増えない。職員集団としての一体性のようなものは現実問題として重要ですから、それと「多様性」との両立はなかなか難しいですね。

――そもそもが多様なのに、多様性を保つのが難しいのは、多様なものは手に負えないという不安があるからですか。

遠山　そういうことでしょうかね。

――多様なものは手に負えなくなるが、たとえば、和光保育園の鈴木眞廣先生の言葉を借りれば、その手に負えないものに任せるという発想もありますよね。不安のほうが先にきて任せられないということがあるんでしょうか。

遠山　実際に保育園を運営してると、困ったなという職員もいるんです。大らかに見れば、そういう職員もいることの良さもあるんですが、なかなかそういうふうに、大らかに見ていられないゆとりのなさというか。管理し過ぎで困ったなということもあるかもしれないけど、うちの園では逆の場合のほうが多いかな。保育士は、同時にいろんなことに目が配れないと困るし、いろいろな保護者とコミュニケーションがとれないと困る。気持ちの安定性というか復元力の強さというものも求められるので、何かあったときにパニックを起こしても困る。

魅力的なものをもっていても、そういう点で困ったなと思う職員はいますね。大きく見ればそういう職員も別な意味で価値はあるのですが、それだけのゆとりがなかなか現場ではもてないので、そういう職員が一人いると、それをカバーするために随分苦労するという声がまわりの職員から出てきてしまうこともありますよね。

多様な保育者のあり方

汐見　保育をしている人の最低限の倫理とか行動スタイルというのは、やはり必要ですね。たとえば、子どもの人権をまったく無視する、罵るとか、傷つけてしまうという人は保育に向いていませんからね。

でも、実はいまの日本の保育園って必ずしも多様性を保障するようにできてないわけです。たとえば、保育士という資格、一つしかない。つまり、多様な人たちがいるということは大事だということを前提としてない。一つの職種なんですね。

本当は、たとえば、私は遊びをずっと勉強してきた「遊び○○保育士」です、私は造形をいろいろやってきた「造形○○保育士」です、私は親対応のことをずっと勉強してきたから「親支援○○保育士」ですとか、いろんな保育士がいていいわけです。そういった多様な人材がいて、子どもたちが「この先生、好き」ということをある程度選べる。あの先生のところで何かしたいというか、そういうふうな多様性がある。保育園のなかに、社会へ出たときに出会う多様性の雛型みたいなのがある。そういうのが、僕はいいような気がするんですね。

遠山　なかなかそれができないのは、一つはクラス担任制、要するに一人の保育者が自分のクラスのすべてを見なきゃならない、そういうことから万能型の保育者を求めるというのがあるんでしょうね。だから、大勢の職員が全体にかかわるという体制であれば、多様な職員がいることはいかされてくるのでしょうが、現実にはなかなかそうできないですね。

汐見　クラス制をなくせばいいのかもしれない。今日は、○○さんの担当は誰々とかね。アメリカでは、毎日、どの先生のところにいきたいか子どもに決めさせて、「今日は私、この一〇人よ」「今日は三人で楽だわ」とか、そういうのもある。

――うっかりすると、日本ではそれが教科になってしまいますね。芸術の好きな先生がいたら、それが教科に、体育が好きな人が体育教師になってしまう。

汐見　そういう日もつくっておけばいいじゃないですか。今日は先生を自由に選んでいい日とか。

白でもなく黒でもない多様性

汐見　少し話を戻しますが、さっきの「ある」と「ない」の話は内発と外発、アウトプットとインプットといったような二分法的な思考から離れようということとつながります。そういったときには、やはり多様性ということが大事になってくるように思います。その多様性というのは白か黒ではない、多様なんだということに価値を置くということですよね。

ある保育者たちの研修に行ったとき、レポートを書いてもらったんです。そのなかに、大きな企業で働いた後、幼稚園か保育園に来たという人がいて、外国でいろいろ働いて日本に戻り働いたりしたときに、一つだけどうもちょっと日本人の発想になじめないということがあったと言うんです。それは、自分たちの考えと違う考えが出てきたら、正しいとか間違っているというふうにすぐにもっていきたがる。自分たちと違う考え方に出会ったとき、正しいも間違いもなくて、そういう考えもあるんだというふうにすることもできるはずなんだけど、そんなのダメだよ、それはいいかもという形ですぐに二分したがる。結局、多様のなかに漂うということの大事さとか、おもしろさというのがなかなかわかってもらえなかった。そういうことが書いてあった。

だから、多様性を大事にするということは、正しい・間違っている、美しい・美しくない、白・黒、といった単純な二分法の世界にすぐに入ろうとしないで、まずは多様さのなかで、さまざまな可能性を考えて漂うっていうような、そういう思考様式につながるんじゃないかと思うんです。

――以前、汐見先生と、道が多様性の場ではなくなったことについて話したとき、道というのはかつては多様性の場で、そこで夕涼みもしていれば、行商もいて、路地裏で井戸端会議をしていたりした。それが歩行空間、走行空間という意味をつけたばっかりに、白と黒がわかれてしまい、歩行や走行にとって邪魔なものは黒として取り除いてしまった。結局は、白と黒の決着をつけないしんどさとどうつき合うかなんじゃないかということを、先生がおっしゃったことを思い出しました。

汐見　最初に、何の場所ですという意味を決めてしまうんだよね。

都市化というのは、多義的な空間を一義化していくことだと、僕は定義しているんです。多義的だから遊びもするし楽しいこともするし、交通ももちろんする。たとえば、道という実に豊かな空間が、自動車の走行空間に変わっていってしまう。道が特化されて便利にはなるんだけれど、多義性を失っていく。それと同じことがいまの生活文化全体に起きている。昔であれば、すべてのものの意味がだいたいしか決まっていないわけです。もちろん、ある程度は決まっていますが、大事なところは各人が決める。それは面倒くさいことでもあったんです。だから、人間が自分で意味を創造していくということをできるだけ減らしていくことによって、その面倒くささというものを省こうとするのが近代科学文明なのかもしれない。

たとえば、森は放っておいたら多様な木が生えるけれども、農業で同じものを一面に植えていくのはその意味では、最大の自然破壊なんです。なぜかというと、土から同じ栄養分をずっと取り続けてしまうから土がどんどん痩せていく。そうすると、次に何かを植えてもなかなか育たない。そこで人工肥料や農薬を大量にまいてしまう。いろいろなものがいろいろな養分をとり、一方で、別の養分を残していく。そういう形で自然は本来お互いに共生、もちつもたれつのようなものをしているわけです。同じ植物だけでは、それはできっこないわけです。それは、お互いに生き残るための戦略としての多様性なんですよね。だから、農業でも不耕起農法とかいろいろあって、ある程度の雑草は抜くけど、あとはいろいろな雑草のなかに野菜を植えていくというやり方とかもある。

多様性というのが、生き残るための生物学的な戦術と考えると、上手に生き残っていくためには、やはり多様な人間が共存しているほうが、実は自然なんだとも言える。生まれたばかりの赤ちゃんから、働き盛りの人、明日もう亡くなるかもしれないというお年寄りも、一緒にこうして多様な人が暮らしているところがコミュニティで、そう考えたら保育園とか学校という同じ年齢の人間しかいない空間は、異様な空間かもしれない。だから、おじいちゃんもおばあちゃんも、若いお兄ちゃんも不登校の子もいっぱいいるような場所が保育園なんだとやっていくほうがいいんじゃないかなと思うんですけどね。

保育園を多様性の場に

遠山　子どもにとっては多様な環境が好ましいことはよくわかっているけど、なかなかそれができないのが現実で、どうしたらできるのかなと思うんです。

汐見　保育園は子どもが育つ場というふうにしないで、おじいちゃん、おばあちゃんもそこで元気になる場というふうに定義を変えていけばどうですか？　元気がほしいという人がたまる地域の場、一人でやるのはつまらないからみんなでやりたいという人がたまる場、そう定義していかないと、これから高齢化社会で子どもが半分になってしまうので保育園は残れないと思っているんです。でも、それは地域に必要なのだから、そこで多様な人のために税金を出してもらうというようにすればいいんだと思うんですけど。

僕は、近代の学校というものも、もうあんまり長くなくて、もう何十年間しかもたないと思っています。たとえば、いまの時代はどこだって簡単に情報が手に入るので、情報を新たに手に入れるとか、新しい情報をつくるとかというようなことは学校に行かなくてもできるようになってしまう。すると、学校というものは、みんなで楽しくスポーツをやったり音楽会をやる場、一人でやるよりみんなでやったほうが絶対に楽しいというようなことをやる場、みんなで情報をもち合ってディスカッションしようといったことをやる場、次第にそういうふうになってくる。そうなると、同じ学年同士、同じ年齢だけで集まるというのはつまらなくなってくる。かなり年齢幅が違う人間が一緒に何かやるというようなことになっていく。午前中は市民になるための共通の何かがあったとしても、午後は自分が学びたいものを学べるような場として、さまざまな人が教えにきてくれるというようになってくる。そう考えると、いまの学校は解体され、大きく変容していく感じがするんですよね。

グランドデザインの問題は、そういう時代に保育園をどう構想したらいいのかという問題ですよね。

遠山　汐見先生がおっしゃったように考えられるといいのですが、なかなかそう考えられないでしょうね。保育者も、園長も。

汐見　でも、たとえば、江東園（東京・江戸川区）は、一階の入り口が保育園で、その隣がお年寄りのリハビリテーションセンター、二階が養護老人ホーム、三階が特別養護老人ホームなんです。保育園の子どもたちはどこで保育されるかというと、そのすべての場で保育されるわけです。子どもがどこかに行って見かけないと、「特養の○○さんのところへ行ってるわよ」と言う。そこでその人に電話したら「来てるわよ」、「じゃあ、お願いします」とか、職員の人たちが全員で、保育をしているわけです。そのなかに、子どもが「○○おばあちゃん大好き」と言って、いつも出入りするような関係ができてくるんだそうです。

そこで育った子どもたちの育ちが、他の園での育ちとどう違うかということで、高校生ぐらいになった子どもたちに来てもらって調べたんだそうです。何が違っていたかというと一番多かったのは、たとえば、「電車のなかでお年寄りが乗ってくると、パッとに立ち上がります」「僕らにとっては、お年寄りはとてもありがたい存在だということが染みついている」、そういったことをみんなが共通に言っている。

また、うーたん保育園（神奈川・茅ヶ崎市）は、園の隣がドア越しで自由に行き来できる障がいのある子どものデイケアセンターなんです。だから常に出入りしていて、障がいのある子の部屋で保育園の子どもが遊んでいるんですよ。それは多様性ですよね。そういうのは少しずつ始まっています。

——遠山先生が、先ほど、職員の方が多様性という考え方に立てないとおっしゃった理由は？保育園である一つの保育理念が定まってしまうと、次第に保育内容が窮屈になってしまう、そういう弊害があるということでしょうか。

遠山　そういうこともあるかもしれませんが、私が言ったのは必ずしもそういう意味ではありません。職員も考え方としては多様性を大事に思っています。でも先ほど言ったように、共同で実務をこなしていく上で、同僚に求める実務能力が意外と厳しい、というか厳しくならざるを得ない現実にあるということで、そこを緩めるような工夫が必要だと思っているのが、うちの園の現状です。

それと、汐見先生が出されたような発想は、いわば保育園という枠を超えるような発想ですから、職員からはなかなかそこまで自由な発想って出にくいのではないでしょうか。よほど変わった発想のできる職員だったらそういう問題提起もできるかもしれないけど、それは園長の役割なのかもしれないなと思うのですが。でも、園長は専ら園の日常運営に気を遣わざるを得ない立場になってしまっています。そうでない、おもしろい個性をもって、かなり手腕ももったカリスマ園長が時々突破口を開けるのだけど、というのがおおよその現状ではないでしょうか。

私なんかはそんな力がないからとてもできなくて、ただ、バオバブがある種の多様性を残してきているのは、園長がバオバブはこうなんだ、これでいこうというのを強引に打ち出せなかったし、打ち出さなかった、その結果でしょうか。

——打ち出すと多様性がなくなってしまう？

汐見　やっぱりみんな、園長に遠慮しちゃうし、本音をだんだん言わなくなり、園長向けの顔で生活するようになるからね。以前、和光保育園に行ったときに、いろんなおじさんが出入りしているのがよかった。特に大工さんなんかのことを、子どもはものすごくよく見てるんだよね。保育士さんって、慣れてくると大体やることがわかってくるけど、それとまったく違う。やっぱり子どもって、多様な人と出会いたいんだろうね。

遠山　そうですね。そう意味では、やはり保育士というのはコアとして必要なんだけれども、コアとしてそういう保育士がいながら、他の職員、保護者や地域の人とか、いろんな人が出入りできて触れ合えるような体制をつくっておくのが多様性を確保する一つの道かもしれないですね。

共感できる柔らかさ

汐見　最後に、「柔らかさ」という言葉について、もうちょっとお話しくださいませんか？

遠山　私が好きで勝手に引用している言葉なのですが、秋田喜代美先生が、学校という場について書かれた文章で、子どもと教師の「育む─育つ」のかかわりを「それはやわらかな手仕事である」と書いているのです。(3) そうあってほしいなと思うし、まして保育はって思うんですよね。秋田先生は、その文章の前段で「子どもたちは、元気でたくましく、未来に向かって伸びていく存在であると同時に、社会の中で小さく脆い存在、社会のひずみや影を映し背負うものでもある」と書き、「もっとも傷つきやすいもの、危ういもの」と書いていますから、そういう人たちと接する仕事に求められる「柔らかさ」という意味が、そこには込められていると思うのです。

汐見　柔らかな手仕事ね。柔らかいっていう言葉。これから保育とか保育園のあり方を考えたときに柔らかさとか柔らかいっていうのがどういう意味でキーワードになり得るのかなというのは、もう少し思いをお伺いしたいな、と思ったんですけどね。

遠山　まず、保育はシステムや仕組みで動かすものではない。一つひとつ相手の手ざわりや手応えを感じながら進めていくという意味で「手仕事」という考え方がいいなと思ったのです。そして、一つひとつに丁寧さとぬくもりが感じられるような「柔らかさ」がほしい、そういう意味です。もっと広げて言えば、「柔らかさ」がほしいのは子どもとのかかわりだけではなく、保護者とのかかわりもそうだし、同僚同士のかかわりも、計画のあり方も、会議のもち方も、園運営の面でも、園長の頭も、できれば行政もです。でも実際には、なかなか柔らかくはなれないですよ。なれないなというのが実感としてあって、だからもっと柔らかくなりたいなって思うんですよね。

──保育も含めて、人とかかわる仕事をしていると、原理原則ではうまくいかないから、いつも微調整というか、加減しながらやっているというところがありますよね。

汐見　白か黒かというのも硬いしね。多様性というのが柔らかさだし、だからその柔らかさって、いろいろ膨らみますね、キーワードとしてはね。

遠山　もっと柔らかな社会になったらいいなと思いますよね。ますますそうじゃなくなっていきそうな気がするんです。

汐見　そうですね。人間というのはある種の凶暴性、攻撃性をもっていて、仲間を平気で殺し合ってきた動物なんです。そういう、相手をやっつけたい、攻撃したい、とっちめたい、勝ちたい、というような論理が強くなってくるのが硬さですよね。

一方で、人間はどうやって戦争を防いできたかというと、たぐいまれな共感性というのがある。さっきの同調性のベースですね。「そんなことしたらかわいそう」と思ったり、昔のことを聞いて泣けるような共感能力があって、それが豊かに働くことにより、攻撃性が攻撃性のまま出てこないような形に防いでいる。

ただし、攻撃性というのは必要で、それがある種のエネルギーになっていく。もっとすごいものをつくってみたい、もっとスポーツで強くなりたいとかというのは、ある種の攻撃性を文化的な形にしたものです。だから攻撃性も必要なんだけど、その攻撃性のなかに細やかに共感性を織り込んでいかなければならない。もちろん、共感性だけが一人歩きして同調性と近づくと、それもやはり問題というのは、先ほど遠山さんが話された通りです。

（3）秋田喜代美『子どもをはぐくむ授業づくり』岩波書店、二〇〇〇年、一八六頁。

それはともかく、人のある種の弱さ、辛さとか、そういうものに上手に共感し合えるような、自分のなかにある弱さをちゃんと出せるとか、自分を繕わないっていうか、そういったものが柔らかさのなかに入ってくるのかなと思いました。

子どもの柔らかさ

遠山　この一〇年間あまり、日常的には三歳未満児と接してきました。この子たちは、実にいろいろなものに関心を示します。友達にも開かれている。自分の弱さもさらけ出しているし、そこから立ち直る柔軟性もある。本来、実に柔らかな存在なんだなということを感じてきました。だから、この子たちを受けとめる側は、もっともっと柔らかさを身につけなければいかんなと思ったのです。保育の仕事は、こう決まっているからこうするといったものではなくて、その子その子、その場その場に合わせた柔らかな手仕事でありたいと、そんなふうに思ったのです。最近出した二冊の本(4)はずっと三歳未満児に焦点を当てて、保育者が書いたものをたぐりながら、もうほとんど八割がた、保育者の言葉といったものになってしまっているんですが、そういう事例が凝縮されています。

汐見　保育者の方が書いたエピソードが、すごく多いですよね。

遠山　それを、もちろん私というフィルターを通してまとめたものですが、それをずっと追ってみると、子どもの優しさ、弱さに裏打ちされた優しさなのかもしれない。共感性の深さとか、ずいぶん見てきたから、ぜひそれを三歳以上児でもうまく育てていきたいなと思っているんです。それは、この二か月間ぐらいの感触ではできそうな感じはしますね。

汐見　たぶん、発達的には攻撃性が伸びる時期なんですよね、三歳、五歳って活発になって運動したくなったり。特に男の子はそうですよね。

遠山　バオバブちいさな家は、園舎の新築移転と同時に三歳以上児もいる保育園になって、特に四歳児は下から上がってきたのではない、いろいろな保育園や保育施設から来た子どもたちで、いきなり攻撃的な言葉や行動が飛び交って、保育者も最初はどうしたらいいか、頭を抱え込んでいました。でも、一皮むけば可愛い子たちなんですよね。

汐見　そうね、こういう子ってやっぱり、何ていうかな、共感し合うというか、自分の優しさを発見する喜びとか一緒に悲しむという、そういうことの体験を重ねればワーッて変わりますよね。

遠山　たぶん、変わっていくと思います。

汐見　遺伝子のなかに、そういう共感することの喜びを感じる何かがあるんでしょうね。何かに感動するとか、あるいは自分は共感してもらえて喜ぶとか。悲しいときに一緒に悲しんでもらえるということは一番うれしいことだしね。そういう共感のスイッチがどんどん入ってくると柔らかくなっていくんだ、というふうに思いますよね。

遠山　保育者は、ありがたいことに非常に共感能力は高いですね。とても感心します。だから安心していられるというか……。

（4）　遠山洋一『開かれた心を育む――小さな保育園の小さな物語』筒井書房、二〇〇九年。
遠山洋一『心を感じる、自然を感じる――小さな保育園の小さな物語』筒井書房、二〇一二年。

汐見　もともと高い人たちだけれども、やっぱり喜びの仕事をしているから、だんだん洗練されていくんじゃないですか？　大きな企業に入っても「バカ野郎」呼ばわりばかりされていたらそうならないよね。いま、本当に柔らかくならなきゃいけないのは日本の企業かもしれない。ひどい企業が増えているなかでね。

その柔らかさとか多様性とかが実現しつつある場である保育園が、たとえば、小学校のモデルになっていく、あるいは地域社会づくりの一つのモデルになっていく。やがてその論理に触れたお父さん、お母さん方がその論理をたとえば、親の会とか自分たちの職場にもち込んでいくことによって企業社会が少し形を変えていくとか。そんなことまでも展望するぐらいの野心をもって、保育園の論理というのを洗練しながら社会に広げていくっていうかな、そういう時代を迎えたいですね。

＊＊＊

最後の対談は、前回までの対談にもまして濃密な対談になりました。これまでの対談で「一人ひとり」「自分なりの」というキーワードは登場していましたが、それらのキーワードを引き継いで「自由」「民主主義」「柔らかさ」「多様性」というキーワードも登場しました。

そして、保育園が「柔らかさ」「多様性」を社会に向けて発信する場としての役割をもつということが語られました。これこそが、保育園のグランドデザインとも言えるものです。そのとき、保育園は「民主主義」を実践し、発信する場として、大きな役割をもつのだと思います。そうした保育園における「保育」や「教育」のあり方について、今後も、みなさんと議論を深めたいと思います。

【対談を終えて6】

保育士の配置基準と保育のあり方

遠山洋一

私が保育園の仕事にかかわるようになった一九七〇年代から約四〇年間の時代について、最初に投げかけられながら、十分にお答えできなかったのを残念に思う気持ちがあります。

この間、保育を巡る状況も大きく変わりましたが、保育を支える環境条件はどうでしょうか。保育を支える環境条件として最大のものは、保育士の質と配置基準でしょう。前者は簡単には論じられないので、後者について記します。

最低基準（保育士配置）の変遷をたどってみますと、三歳未満児は一九六二年度から何年かかけて一〇対一から六対一まで改善され、一九六七年以降は、〇歳児を除き六対一のまま現在に至っています。〇歳児は、一九八九年度から三対一が一般的な基準となりました。

一方、三歳以上児は、ずーっと三〇対一の配置基準できました。三歳児のみ一九六九年度以後二〇対一となり現在に至っています（二〇一五年からの新たな制度の施行に伴って三歳児一五対一への改善加算が実施されましたが、最低基準は変っていません）。

特に問題としたいのは四歳以上児の配置基準です。三〇対一という条件は、一九四八年に制定されて以来七〇年近くにわたって変わることなく続いてきたのです。諸外国の基準から見たら驚くような低い基準です。国家として経済的には大きな発展を遂げたにもかかわらずです。

この間、多少なりとも保育運動にかかわってきたものとしては悔しい限りです。

なぜ私が三〇対一の配置基準を問題とするかといえば、その基準が自ずとクラス集団の規模を決めるものとなっているからです。

この三〇対一という保育士の配置基準が、幼稚園の基準をもとにしていることはおそらく間違いないでしょう。幼稚園の基準は「一学級の幼児数は三五人以下とする」という規定と「各学級ごとに教諭を一人置かなければならない」という規定から成っています。言うまでもなくこの基準は小学校の基準をもとにしています。

幼稚園の基準についての是非はひとまず置くとしても、今では一一時間を標準の保育時間とする保育所での生活において、四歳以上児の三〇人に一人の保育士という配置基準は、一人ひとりの子どもに即した生活の質を保障するものとは到底考えられません。

そういう条件の下で保育士たちは、子どもたちがクラス集団のなかで安定して生活していけるようにするにはクラス集団をどのように整えていったらよいかを模索し苦労してきたのです。

視点を変えて「教育」の視点から見てもそうです。学ぶ者一人ひとりの主体に基盤を置くのではなく、「集団」を前提として教師が生徒に教え込んでいくことを基本としてきた学校教育のあり方が、実は保育所での保育のあり方をも規定してきたと思うのです。

一人ひとりの子どもの「個」を尊重し「個」の充実を第一に考えるのでなく、暗黙のうちに「集団」を前提に考えてしまう歴史的風土を感じてしまいます。けれども、これからの時代、果たしてそれでよいのか？　そのことを、改めて考えるべき時代だと思います。

対談を読んで見えてきたこと—その1—

島本一男

地域で育てる

今回の対談を読んで最初に思ったのは、當間先生と汐見先生との対談から、保育というのはその土地の文化や歴史ともつながっている、実に自由度の高い魅力的な人間教育であり、社会変革にもつながる仕事だという確認ができたことでした。

當間先生が考える保育のグランドデザインは、「自分たちがいるところで見える姿からしか将来は語れない」という言葉に、その地域で生きる覚悟と愛着を感じました。保育所は地域の子どもたちを集めるという事実だけ考えると、保護者や地域から子どもとかかわる時間を奪うという状況をつくっていることになります。そのことを十分意識して、今まで以上に地域と一緒に子どもたちを育てるという発想が必要になると思います。當間先生はそのことを「保育園というところは、日々、皆が幸せな生活を送るところだと思っています。そのために大人が心を砕くところです」と言っていましたが、まさしく大人の人間関係が非常に重要だということを感じていらっしゃるのだろうと思いました。自分の生まれ育った場所に愛着をもつということができないとしたら、ますます都市部に人口が集中するといった現象が強くなっていくはずです。そのことは単なる人口問題だけでなく、その地域にある大切な文化が消滅するということにもつながります。さらには人間の生き方に対する多様性まで失うことにつながっていきます。これでは持続可能な生き方はできません。

保育園で行っている行事についても、その地域と一緒になって進めていくことができれば、保護者もまた地域とつながることができるという発想をもった支援が必要なのです。幸い、園には多くの伝統的な行事が残っているはずですから、そのことを大切にしていけば、きっと何か地域の役に立つはずです。子どもたちが育つ場所を當間さんのように考えていくことで、地に足のついたグランドデザインが生まれてくるのではないでしょうか。

先にも言いましたが、子どもを預かるということはある意味保護者や地域から子どもとかかわる時間を奪うことでもあります。それだけに私たちは子どもたちが地域の人間関係のなかで育つということを意識して、保護者や地域と共に子どもたちを育てるコミュニティをつくる役割があるはずです。

個々の表現をアートと捉える平和教育

室田先生の子どもの表出するものをすべてアートとして受け止めるという大胆な発想も、子どもたち一人ひとりの声を聴くという点では非常に重要な視点だと思いました。アートとして捉えると基本的にはどのような表現でもいいわけです。子どもの近くにいる人たちがそのことを意識して受け入れることができれば、子どもたちはどんどん表現するようになるでしょうし、自分の思いが伝わったという喜びを感じることができたら、当然のように子どもは自分の表現力をどんどん伸ばすはずです。このことは子どもの権利そのものでもあるということを考えると、決して大胆とは言えない、当たり前のことなのかもしれません。しかし、保育という集団生活の場では人間関係のバランスをとろうとするので、子どもたちが表現をする前にコントロールしようとすることがとても多いと思います。そのことを変えるには、まず子どもの声を聴くという真摯な姿勢が必要であり、その表現をどのように伸ばしていくかを考える保育には、保育者自身に見えないものを見る力が求められますし、さらに非常に高い理念の共有が必要だと思います。汐見先生が「表現というのは、その人間のそのときの作品なんですよね。すべて作品なので、それを手掛かりに、我々はその子に何がしてあげられるのかを考えるだけであって、その表現そのものは、本当にかけがえのないものとして私たちは受けとめるしかない」とおっしゃっていましたが、そのこと自体でも保育の世界ではあまり実践されていません。たとえば入園時の絵と一年近くたってから描いた絵を並列で展示し、どのくらい発達したかというような展示をしている園を見ますが、それは子どものそのときの心を理解し、それをわかりやすく表現しようとするレベルまでは到達していないのだと思ってしまいます。また、見えないものを見る力や想像力の話が出ていましたが、これもコミュニケーション力につながっていく大切な力になると思います。

レッジョ・エミリア市の幼児教育が世界中から注目されていますが、そのスタートは戦後に再びこのような悲劇を繰り返さないためには次の世代の子どもたちに視点を当てた教育が大事だと考え、子どもの表現をアートのように、とてもわかりやすく社会に発信しています。一人ひとりの子どもの表現、言葉の多元性や多様性を引き出し、その表現を大切にするということは社会を明るくするだけでなく、平和な社会をつくるということにもつながっています。

語り合うこと

今回の対談は、それを受けていただいた先生方にとっても、ものすごく有意義な時間だったと思います。それは、汐見先生との対談によって、それぞれの先生方が自分の保育に対する思いを語るうちに、自分のめざす保育の方向性がよりはっきりと見えてきたのではないかと思ったからです。それは【対談を終えて】の原稿を読むと、よくわかるはずです。

私は日本のグランドデザインはこうだという答えは最初から大きなくくりのなかでしか示せないのではないかと考えていました。その理由は、保育は単なる方法論や保育環境を考えても答えは出てこないという体験です。そこには人間が協力しながらどんな社会をつくるのかということを語らないと、保育のめざすところが見えてこないということを思ったからです。その意味では今回の対談を通してとても大切なことを一つ発見することができました。それは自分の保育を他者にわかるように説明し、その実践についてお互いに語り合うことが非常に重要であり、特に園長先生のようにトップに立つ人には、そんな語り合う仲間の存在と、議論し合いながら見識を広げる経験の積み重ねが必要だということです。

対談を読まれた方はどのように感じたでしょうか。そこには求めているグランドデザインが見えたでしょうか。それとも個性あふれる先生方が、それぞれ勝手に自分の保育を語っているように思われたでしょうか。私は別のことを感じました。この対談はその人の人生観、保育観であり、倫理観や哲学にもつながっている、とっても奥深い内容であり、そのことに対する興味と、そのような考えの背景をもっと知りたいという思いでした。子どものことを真剣に語り合っていけば、それぞれに個性豊かな保育が実践されていきます。そのときのキーワードとして、「子どもの最善の利益」をみんなが意識していけば、私たち自身が共通の思いで、実践を通したグランドデザインを創造し、そこから素敵な保育が次々と生まれていくのではないでしょうか。そして、実践を通して子どもたちの有能さを社会に対してもっと示すことが、子どもの声が聴ける立場にいる私たちの役割であり、子どもが未来の大切な宝物だということがもっと理解されれば、子どもに対する支援も当たり前のこととして広がっていくのではないでしょうか。

このような対談を読みながら、私は加藤繁美先生がおっしゃっていた保育者と子どもたちとの対話関係を基礎に、「対話的人格」の形成をめざした対話的保育カリキュラムのことを思い出しました（加藤、二〇〇七／二〇〇八）。それは「乳幼児の『有能さ』と『可能性』を大切にしない社会の支配的価値観を大きく変えていくことが大きな課題になる今、共同性の根っこにある『共感性』が未形成で共同的活動どころではない年長児の姿や人間的・反人間的な社会の現実に対して、乳幼児の人間的成長の姿を示しながら、人間らしくあることを社会全体に問い直したいと考えている。対話的保育カリキュラムが社会を変えると考えている。そのためにもエネルギーになる子どもと保育のことを話し合う時間がない保育者の労働実態を変える必要がある」という発想です。私たちは感情労働者ですから、一人ひとりの心が健康的であることが求められます。そのためにも子どもや保護者のことを語り合う時間を保育のなかに保障して初めて、保育という営みが可能となることを訴えていくこともグランドデザインには欠かせない運動だと考えています。

研究への視点

子どもをより深く知るという意味では、藤森先生が考えている別のアプローチも非常に大切な視点だと思いました。汐見先生がそのことを受け、「人間学も、たとえば、脳科学とか遺伝学とか、そういったものの成果を全部取り込んだ上で組み直さなきゃいけない。そうしたことが、ようやくできるところまで、少し近づいてきている」と言っていました。こちらもグランドデザインを考えるときには外せない視点です。もし、保育学が脳科学や遺伝学、人類学などとセットになって研究が進めば、そのことが基礎学になっていくという汐見先生の展望も心強い言葉であり、ぜひ進めていく必要があると感じました。

一方、エビデンスの重要性は誰しも否定をしないと思いますが、そのことに対しては、研究者任せにするのではなく、ここでも実践に基づいて研究が行われるよう、一緒に考えていく必要があると感じることが多々あります。なぜならその研究の成果を待っていたら、今の目の前にいる乳幼児の保育には間に合わないからです。そのことのジレンマは保育現場にいる人たちなら誰しも感じていることだと思うのです。そのためにも子どもや保護者、地域の声をストレートに聞くことのできる立場にいる私たちは、その情報を的確に発信し、子どもにとってよりよい行動が直ぐに起こせるような、実践研究を活かした仕組みを構築する必要があります。これもまたグランドデザインには欠かせない視点だと思います。

その点では片山先生が保育者側の意図的なサーキットや描画活動を通して子どもたちが意欲的に取り組むという保育内容を語っていたことも非常に重要な発信だと考えました。グランドデザインは単に保育条件や方法論を標準化しようとした話ではないはずです。片山先生は長期にわたる実践のなかからさまざまな手ごたえを感じてこられたのだろうと思いますし、説得力がありました。私たちはどんな環境でどのような保育をどのくらいするのか。そこに子どもの主体性や保護者の学びはどう扱われているのかなど、保育の意図性についても、単なる指導計画作成の話ではなく、もっともっと語り合い、その意味づけを研究していくことが求められます。さらには、そのことを研究の基礎データとして提供できる状況をつくっていくことも、今後のグランドデザインをつくっていくプロセスには欠かせないものだと思います。

先に環境や制度だけ考えても、それは使いづらいものになってしまいます。それぞれの人たちが〝これが保育だ〟という考えをもち、そのことをベースに議論することが、よりよい保育に近づくために必要なアプローチでもあり、グランドデザインに向かう重要な問いかけのような気がしています。

いま、必要なのは一人ひとりが自分のグランドデザインを出し、地域の仲間と熱く語り、違うことの発見から、それぞれが自分の園で実践を実り豊かなものにする、オープンで主体的な取り組みです。その意味ではこの対談には魅力的な実践がたくさん紹介されているので、事例として自分なりに消化し、活用してほしいと思いました。

根源的探究心のエビデンス

鈴木先生が三〇年前に感じていた子どもたちの自

己表現、探究心などに対する危惧は今もなくなったわけではなく、ずっと続いている保育課題だと思うのですが、私は二人の対談からグランドデザインのヒントがここにあると思いました。それは鈴木先生がそのときに感じたことを、保育のなかにずっともち続けてきたという事実です。それはおそらく和光保育園が描いてきた子どもたちや保護者、地域の姿と一致してきたのではないでしょうか。これが、未来に対する私たちの責任です。それにはこれからの子どもたちにとってどんな力が必要になるかを考える必要があります。

和光保育園の実践が紹介されると、そのたびに、これは和光だからできる保育だという声を聞きます。しかし、このような豊かな保育環境を利用する保育は初めからあったわけではなく、子どもたちの自ら育つ力を信じてその先の世界を意識しながら、子どもに対する責任をしっかり果たしてきた結果なのだろうと思います。ですから、私たちはその実践を通して、自分たちの保育を振り返りながら、普遍化していく能力が求められているのだと思います。自分で答えを出さない人たちはそこから学ぶことはできません。それは子どもたちが自己決定をし、失敗を繰り返しながら真実を見つめようとする生き方と同じです。和光の環境はその園の保育理念がつくってきたものなのだということを今回の対談から改めて再確認することができました。そして子どもたちへの願いが保育の意図性ともつながっているということをもです。

汐見先生は、「鈴木さんは、人間には根源的探究心があるということを見つけただけじゃなくて、根源的探究心にスイッチを入れる方法も見つけたということですよね。言い換えると、人間というのは、環境によって大きく変わる存在だということが、深いレベルでわかってしまったんじゃないかな。それは、環境というものがもっている怖さが発見されたとも言えるんだけど」という言葉で表現しています。スイッチを入れる方法とはスキルではなく、もっと根源的なもので、それこそみんなが求めているグランドデザインのスイッチなんだろうと思います。

さらに、汐見先生は探究心の源を食欲とつなげ、その獲得のため世界に対して能動的にかかわってい く本能があり、そのためにみんなで支え合うとか、喜びの共感とかいったものも、人間は他の動物に比べてはるかに強いものがあり、そこに言葉も生まれてくるという話や多様性に対するポジティブな態度を養うことの重要性を指摘していました。これは鈴木先生が大切にしてきた根源的探究心や、子どもたちの主体的活動から生まれた物語を大切にするために考えた〝つづきの看板〟などに対するエビデンスへの誘いだと感じました。鈴木先生はよく保育の可視化が求められているということを言っていますが、私たちは保育がいかに教育的であるか、就学前の生涯教育としてどのような意図性に基づいた保育なのかということを教育論的に語ることを求められていると思いました。

コミューンの形成

遠山先生が【対談を終えて】のなかで、「『教育』の視点から見ても（…中略…）学ぶ者一人ひとりの主体に基盤を置くのではなく、『集団』を前提として教師が生徒に教え込んでいくことを基本としてきた学校教育のあり方が、実は保育所での保育のあり方をも規定してきたと思うのです。一人ひとりの子どもの『個』を尊重し『個』の充実を第一に考えるのでなく、暗黙のうちに『集団』を前提に考えてしまう歴史的風土を感じてしまいます」ということをおっしゃっていましたが、まさしく今までの保育内容を考えると、このことは紛れもない事実だと思います。それは各園の行事や保育内容、教育方法を見ても、小学校の教育方法がそのまま上から降りてきているという印象はぬぐえません。そのことに対して乳幼児期の教育から学校教育を変えていく発想が今こそ必要なのだと気づかされます。

日本人のなかに集団を重んじる文化があることは確かですが、世界中からの情報や競争社会のなかでは、みんな一緒に仲良くという価値観がクローズしていたのでは、鎖国的社会をつくらなければ、安全や平和は守られないはずです。日本の集団教育の良さも考えながら、果たして一人ひとりが世界に出ても、うまくコミュニケーションをとって、人々から愛される生き方ができるようなシチズンシップの育成が求められると思うのです。

集団教育のなかで子どもたちの何を育てるのかというビジョンがないかぎり、グランドデザインは生まれてこないでしょう。

保育の課題は何か

話が大きくなりすぎましたので、保育の話に戻します。今回の対談をさらっと読むと、みなさんの切り口が違うので、それぞれに自分の信じる保育実践を語っているだけのような気がするかもしれません。しかし、このなかに共通して見えるものがあります。それは子どもたちと真摯に向き合うことが体のなかに染み込んでいる人たちの実践であり、常に子どもの権利を尊重することともつながっているという点に共通のものを感じるのです。一人ひとりが自立した一人前の人間として育つために、それぞれの存在を尊厳として受けとめ、親子であっても一人の人間として向き合っていける関係を育てていくことの重要性を訴えていました。

保育者として育つプロセスも同じです。子どもが子どもとして輝いて生きることを支えながら、一人の市民（自立した個人、社会に貢献し責任を引き受けられる人）として育つことを支える幼児教育や学校教育、社会の教育力をつくり出したいという願いがグランドデザインであり、みんながそのような意識をもって保育し、社会を変える運動を起こすエネルギーが欠かせません。

そのため、園のグランドデザインを考えるときには保護者の参画も欠かせないと思います。保護者は子どもにとって、最初の人間のモデルであり、先生であり、社会の窓口でもあります。新しい認定こども園の教育・保育要領のなかには、保護者の第一義的責任という言葉で示されていますが、そこへの負担が多くなるのではなく、社会全体で子どもを育てるシステムを考え、そのなかに保護者の親としての育ちがスムーズにできる支援を考えていくことが必要です。

私は保育を考えるとき、いつも保護者と一緒に子どもの育ちを喜べる保育をずっと模索してきました。それができれば、自分の子どもへの愛着をベースに他者の子どもも一緒にかわいがる保護者になるはずですし、子どもの育つ地域づくりに対しても、ものすごい貢献をすると考えるからです。仕事で忙しいというなかでも、地域での居場所がつくれるような力をもった保護者の育成が保育園には求められています。そのことは地域の人間関係や、子どもの幸せとも密接につながっています。

今回の対談から、それぞれの先生方が保育に対する強いこだわりをもっていて、先駆的でとても魅力的な保育への取り組みをされていることが伝わってきました。そこから見えてきたものを、なにか普遍的なものでくくれないか一生懸命考えてきましたが、かなり難しいものがあります。それは、保育者や園の意図性が保育のなかでどのように考えられていて、そこに必要な環境をどのように構成しているのかというプロセスは、今回の対談のみからではよく見えないということがあります。しかも、このような保育がスタンダードかと言いますと、最初に述べたように先駆的な事例であり、今の日本で普通に展開されている保育とは言えないと思うのです。しかし、乳幼児期の子どもの育ちを充実したものにしようと考えたときには、子どもの権利条約に沿ったこれらの取り組みのなかで育つ子どもたちの力は、確実に必要となるはずです。

保育者がつくるグランドデザイン

汐見先生は二一世紀、日本の保育をめぐる課題として「幼稚園や保育園でどういう保育をしよう」という保育の課題は何かと考えたときに、三つの発想の方法があるということを以前述べていました（汐見、二〇〇九)。

その一つ目は子どもの発達の姿から、二つ目は将来の社会の姿から、そして三つ目はそもそも人間はこうあるべきだという普遍的と思われる価値からという三つの発想です。先生はどれも大事な発想としながらも、三つ目から考えることをすすめていました。

このことは大田堯先生がその著書『教育とは何か』(大田、一九九〇)のなかでこれからの子育て、教育は、この地球共同体に生きるものの共同の利益を最優先させるものであることが求められているという大きな課題ともつながっています。

グランドデザインを考えるときに、これらのことを具体的に語り、示すことができるのは私たち実践者ではないかと思うのです。最初に言いましたように、グランドデザインは上からおりてくるものではなく、一人ひとりが崇高な使命感をもって子どもの声を社会に届け、子どもの最善の利益となるような保育を示すことだと改めて考えました。保育という営みは毎日繰り返される実践教育の場です。目の前の子どもに対して保育者たちは即座に臨機応変に対応をします。しかもその対応が的確なものであることを求められます。そのためには、自分の仕事を振り返ったり、研修をしたり、共有し合ったり、ときには研究しながら、自分の専門性を上げることがなにより大切になってきます。このときの行動の判断基準が何であるかということを自覚し、より広い視野で柔らかな対応をすることが求められます。その判断はときには的を外れることがあるかもしれませんが、子どもへの愛情をベースにした対応であれば、失敗しても修復できるはずです。これが、現場の保育者たちでなければできない実践を通しての知見に基づいた行動なのです。これはどんな研究者でもできない実践教育なのです。

いま、目の前にいる子どもたちに待ったなしでやるべき支援についてのエビデンスを先に述べることはできませんが、保育者が感性で毎日続ける保育の教育効果について目を向けるべきです。そのことを科学的に説明できるように、逆にこちらから研究者たちに求めていくことで、子どもたちにとって本当に必要で、しかも現場に役立つグランドデザインが生まれるのではないでしょうか。これからは、そんな保育者（実践研究者）たちが自分の言葉で子どものいまを語り始めたときにこそ、社会を変える大きな力になると思うのです。

保育者たちの声を基に、どんな社会をつくるか、どんな教育をするかということを、持続可能という視点で広く深く語りながら、そのことが反映されるグランドデザインを描く仕組みをつくっていく必要性を強く感じています。

参考文献

大田堯『教育とは何か』岩波書店、一九九〇年。

加藤繁美『対話的保育カリキュラム〈上〉』ひとなる書房、二〇〇七年。

加藤繁美『対話的保育カリキュラム〈下〉』ひとなる書房、二〇〇八年。

グリフィン、P．ほか（編）、三宅なほみ（監訳）、益川弘如・望月俊男（訳）『21世紀型スキル――学びと評価の新たなかたち』北大路書房、二〇一四年。

汐見稔幸「二一世紀日本の保育をめぐる課題」『和光大学現代人間学部紀要』第二号、二〇〇九年、一九九―二〇二頁。

全国私立保育園連盟保育国際交流運営委員会（編）『地球にやさしい保育のすすめ――ＥＳＤ的発想が保育を変える』全国私立保育園連盟、二〇一四年。

対談を読んで見えてきたこと―その2―

福田泰雅

グランドデザインについて語られている今回の対談を読むと、人が有する根源的な力に無理やりふたをして、社会に順応することを求める現代の教育観への必死の抵抗と訴えが共通して見えてきます。

現在、政治的あるいは経済的には、高度経済成長時代の社会をモデルとして再生しようとする懐古主義が顔をみせますが、果たしてそれらの時代はそんなに良かったのでしょうか？　どの時代にも光と影があり、人間として大切な価値観は揺らいでいるものです。それらを反省もなく取り戻そうとすることは、変化に対する柔軟性の欠如であり、思考停止状態であり、人間性に対する造反ではないでしょうか。仮に一九八〇年代後半と比較してもさまざまな状況は大きく変化しており、世界との関係でより複雑に、そして以前より早く大きく変化する社会においては、現実的にも昔へ戻ることは不可能です。むしろ新たな時代をつくり出す方向、グランドデザインが描き出す社会へと進めるほうが理に適っています。

ここでは対談のなかで語られている言葉を手掛かりに、違った角度から述べてみたいと思います。

人は一人ひとり生きる主体であること

保育に携わる保育者の誰もが「一人ひとりの子どもを生きる主体である」ことを知りながら保育していることと思います。もちろんそれほどまでに大きな責任を任されていながら、満足な処遇もないのではできることにも限界があることは重々承知の上で、しかしそれでもなお「子ども」を目の前にしたとき、（少なくとも個人的には）保育者としての権利を有する私の処遇と量りにかけることはできません。目の前のこの子を何とかしたい、世界を広げようとしているこの子に、私はどのように共にいることができるのか、さまざまな葛藤をもちながらも、やはり世界に一人しかいない「この子」と生きることが保育では大切なのではないでしょうか。

ところが現代の保育は、一人ひとりではなく集団に目が奪われているように感じます。もちろん先進国とは言えない配置基準が原因で、一人ひとりの子どもに対応できないと言われるのかもしれませんし、気になる子だけに焦点を当てて対応しようとするのは、個を主体として育てるための保育者側の苦肉の策なのかもしれません。しかし誰もが主体である必要があるのに、そこは忘れ去られているのかもしれません。

それとももう一つ、対談のなかにあるように、子どもに「ない」ものを中心に保育することも原因でしょう。つまり、結果から前倒しし、子どもに必要なものを抽出し、足りないものを子どもに取りつけていく保育観です。

「ない」から「ある」に基づく保育

イデオロギーで保育していた時期も発達段階から見比べて不足を補う保育も、結局のところ無駄を省いた効率性の高いものこそが素晴らしく、結果から物事を見る価値観から離れていません。素晴らしい結果を描き出し、そのために何をするかという考え方は、経済原理では大切なものです。経済界のこととしてとどまるならばそれを否定する必要はないのかもしれません。しかし、それが家庭にもち込まれ、学校教育にもち込まれ、さらに保育にまで影響を与えるとするならば、おそらく人類という単位で見たとき大きなダメージを受けるのではないかと危惧します。旧来の価値観を全面的に否定する勢力が表れていることを見ると、世界的に大きな転換点を迎えているのではないかと思います。

その結果主義から脱却するためには、「ない」から「ある」に基づく保育へと転換が必要です。一九九〇年の保育所保育指針の改訂は、環境による保育が謳われていましたが、今にして思えば、それは子ども一人ひとりの「ある」から保育を始めるということだったように思います。ない部分を穴埋めして平板にする保育観ではなく、飛び出した山をもっと高くすればすそ野が広がり、穴も埋まるという考え方をすればよいのだと思います。対談で語られているように「ない」ものを見ていると、「ある」ものに目が向きづらくなります。まさにいま保育が置かれている状況を表した言葉だと思います。

飛び出した山は一人ひとり違うものです。「こんなこともできない」ではなく、「こんな優れたところがある」として、良い面を捉える保育者のセンスも問われるのかもしれません。大切なことは一人ひとりの多様性に気づくことです。

多様であること

多様であることについても対談のなかで語られています。多様性が人や物のさまざまな面や姿として存在していること自体は、誰でも理解しているはずなのに、身につけたいことが共通していると、その個別の差異よりも共通性に目が奪われてしまい、同じ方法で同じ結果を身につけさせるものとして考えられてしまいます。その同じことをするという考えが平等の概念と一緒になり、人によって違う方法や異なる時期が必要であったとしても、同一方法、同一時間、同一結果になることを求めてしまうのでしょう。

いままでの価値観では、考え方の違いを「なぜ、そんなふうに考えるのだ」として排除しようとしますが、「へ～、そんなふうに考えていたんだ。おもしろいね」と、違うということをおもしろがるのとではまったく異なります。

なぜ違うということをおもしろがってはいけないのでしょうか？　和を重んじ、全員一致を基本とする社会がそのようにさせたのでしょうか？

しかし、人はみな違うのです。それぞれ異なる学び方をしているのです。それを大前提としながら保育を見つめ直すと、保育のあり方はもっとバラエティに富んだものとなるはずです。それが豊かさではないでしょうか。「みんなちがって、みんないい」という金子みすゞの「わたしと　小鳥と　すずと」という詩（金子、一九八四）にある言葉は、かなわぬがゆえに美しく奉られるのではなく、保育として現実のものとして実践できるのです。

多様であることは多様であることが重要であると同時に、閉じたものとしてではなく、多様な主体同士がかかわり合うことが重要なのでしょう。多様であるだけではそれが違いとしてそのままになります。多様であることの意義は、絡むこと、つながること、広がること、深まること、混ざることなどによって生まれるのではないでしょうか？　それが新たな価値を生み出し、違いを良い物として実感できることになるのだと思います。

それが心の開放性を必要とする理由となります。そしてそれは表現することや表現を受けとめる力と密接に関係しています。

表現する生活

表現することによって、自分の心もちを自分の外へ出し、互いに学び合い、自分を高め、意欲がわき、世界を広げ、私という存在が大切なものとして実感されるのでしょう。

佐伯胖さんは内にあるものを外に出す表現行為そのものが救いと言っています。また、美しいものに触発されて、自分の内にある美が呼び覚まされるということも大いにあります。さらに生活環境のなかで、感覚を通じて得られた経験が表現されたものでもあり、表現する能力が向上することによって、他者とイメージを共有することが可能にもなります。つまり表現は人と人をつなぐものとして関係性に影響を与えます。

イメージを共有できなければ、言葉による語らいも不調となることだってあります。ひょっとすると一、二歳頃の並行遊びとは、その後に役割分担して遊ぶだけでなく大人も含めた生活のなかでの意思疎通に必要となる「イメージの共有」のために存在しているのかもしれません。

もちろんそれらは文化が異なると同じものを語っても意味が異なっていたり、共有できないことがしばしば起こったりすることにも通じているように思います。それほどまでにイメージの共有は、学び合うことや自分の存在そのものに影響を与えます。

また人は誰でも、何らかの方法（身体、音、物、言語）で表現することによって、その過程において物事を意識したり、思考の整理をしたりもします。まさに表現しながら学んできたのです。このあたりは「遊びじゃなくて学習だから、子どもにふさわしくない」というような、「遊びか、学びか」という二元論によって、今まで裁かれてきたところでしょう。このような考え方は、子どもの主体的生活においては、どちらかではなくどちらも大切なものであることを考えれば無用な大人の論理ではないでしょうか。

特に言葉による対話は説明的で多くの情報を伝える手段ですが、その他の表現による対話は、もっと全体的で感覚的です。学校教育では言葉に着目することを熱心に進めていますが、それだけに乳幼児期は言葉に先行した表現全体を大切にする必要があるように思います。

実は日常生活において、子どもたちだけでなく大人もたくさんの表現をしているのですが、その表現していることを察知しづらい人が増えているのは、「表現しながら生き、かかわり合いながら学ぶ」ことが求められない社会「無関心社会」が浸透していることが原因だと思います。

多様であることが表現によって育まれると同時に、つながりなど関係性によって学び合い創造されることは、批判的精神の涵養にも関係します。この批判的精神が働かない社会は思考停止に陥りやすく、従順ではあっても物事を革新する力には乏しいものとなります。

これら表現し受けとめる生活の要となるのが感覚であり、その感覚を基本とした物や人との「対話」だと思います。

対話から始まる社会

物に触れてその感覚を自己の内部に取り込み、それについて自分自身と対話する、あるいはそれらをもとに、他者と対話することによって学んでいきます。

保育においては、保育者自身のこれらの対話はもちろんのこと、最も不足しているのが子どもとの対話だと思います。対話とは、当然ながら指示命令とは異なります。筆者は以前デンマークにおいて、四〇分以上一人の子どもと語り合う保育者の姿を見たことがあります。日本で見たことのない光景のため、その様子を鮮明に記憶しています。この語り合うことのなかに保育として大切なことがたくさん込められていることを感じました。

確かにじっくりと時間を忘れて一人の子と語り合うと、その子のことを理解することにつながると感じます。それらが日本において行われないのは、一人ですべての子どもに、同じように接するということと平等に接することを同義としているためではないかと思います。つまり、保育する側として大切なことを均等に実践することに関心がいき過ぎて、一人ひとりの子どもが今大切だと思っていることに対応できていないのではないかということです。

子どもと対話し、子ども同士が対話し、そこから自分たちの生活が生まれていくことなしに将来自分たちで世界を切り拓いていくことなどできないでしょう。まさに今の社会の再生産しかできはしないのだと思います。複製技術時代の芸術作品においてはアウラ（オーラ）がないとベンヤミンは述べましたが（ベンヤミン、一九九九）、日々を自らの手で創造する生活が、個と社会を活き活きとさせるのだと思います。

まとめとして

グランドデザインとは、新たな価値観によって立つのであり、従来の価値のなかで生きる人を育てるのではなく、新たな価値観も含めて新たな時代を創造する人を育む必要があるのでしょう。

それは保育から始まるのであり、そこには保育が目指さなければならないことが多くあり、まず保育の実践者が目覚めなければならないということです。さらに責務として引き受ける必要があるということなのでしょう。なぜならば、今保育している子どもたちが二十数年もすれば、新たに子どもを育て始めたり、社会のなかで責任を持ちながら当事者として社会を構成したりしているからです。私たちが今の社会に対して振り返りながら保育することによって、その価値観そのものが将来に反映されてしまうからです。保育者として、そこに責任を感じながら、しかし子どもと一緒に送る生活を味わいつつ保育を実践することが求められているように思います。

参考文献

金子みすゞ『わたしと小鳥とすずと――金子みすゞ童謡集』JULA出版局、一九八四年。
ヴァルター・ベンヤミン、佐々木基一（編集・解説）『複製技術時代の芸術』晶文社、一九九九年。

第Ⅱ部
保育のグランドデザインを描くために

1 「共に創る保育」の実現をめざして

遠山洋一

「保育」という言葉は、明治の初めに幼稚園ができたときから「幼児教育」とほとんど区別なく使われてきた言葉であると同時に、二〇一二年改正（二〇一五年四月施行）以前の児童福祉法第三九条の「保育に欠ける」（現在は「保育を必要とする」）という文言が示すように、家庭における養育も含む言葉でもありました。

「保育所保育指針」の「第一章　総則」の「2　保育所の役割」において「保育所は、その目的を達成するために、（…中略…）、養護及び教育を一体的に行うことを特性としている」と規定されています。一九六五年に制定されて以降、若干の表現の変化はあるものの基本的には一貫して「養護及び教育を一体的に行う」のが「保育」だとされてきました。

新しく制定された「幼保連携型認定こども園教育・保育要領」は「乳幼児期における教育及び保育は」で始まります。ここで使われている「教育」は狭義の教育（教育基本法第六条に定められた教育、いわゆる「学校教育」）を意味しており、一方、「保育」のなかには広義の教育が含まれていることも明らかなのですが、「要領」を読んだだけではその違いはわからず、社会的にはある種の混乱が起きています。

「保育」に含まれる「養護」は大事です。英語でいう「ケア」に相当する言葉と考えてよいでしょうが、単に生活の世話をするという意味だけでなく、相手のことを心にかけるという意味で重要です。それは教育の基礎にあるべきものです。

ですから「保育」という言葉にこだわるのも一つの行き方ですが、ここではむしろ、小学校以降のことも視野に入れて「教育」という言葉から出発し、乳幼児期の課題を考えてみたいと思います。教育基本法から見ていきます。

教育基本法第一条から考える

（教育の目的）
第一条　教育は、人格の完成を目指し、平和で民主的な国家及び社会の形成者として必要な資質を備えた心身ともに健康な国民の育成を期して行われなければならない。

教育基本法は一九四七年に施行され、二〇〇六年に全面改正されています。この第一条については、「形成者として」に続く「真理と正義を愛し、個人の価値をたっとび、勤労と責任を重んじ、自主的精神に充ちた」という文言が「必要な資質を備えた」という文言に置き換えられ、「民主的な」が加えられたことが改正の内容です（削られた部分は新設された第二条（教育の目標）に含められました）。

私が注目するのは、「国家及び社会の形成者」という言葉です。「成員」ではなく「形成者」です。つまり、「平和で民主的な国家及び社会」は不断に形成していくものだということ、形成していく「主体」は国民だということ、その主体となるに相応しい資質を備えた国民を育成することが教育に期待されているのです。

この教育基本法第一条には、第二次大戦後再出発するに当たって新しい国づくりにかけた強い思いが表現されていますが、約七〇年を経た今、ここに据えられている「平和で民主的な国家及び社会」という理念を改めて解きほぐし検討することは必要なことでしょう。

まず「平和」について考えます。「平和」が絶対的な価値かといえば、必ずしもそうではない、「正義」が実現されていない状態での「平和」は奴隷の平和だと感じる人は少なくありません。

しかし、ここで二つのことを考える必要があるでしょう。一つは、かつての戦争と違って、現代の戦争は無差別な大量殺戮を意味し、もしも核兵器が使われれば人類の破滅につながりかねないということです。もう一つは、すべての戦争は「正義」の名の下に行われたということです。そう考えると、私たちは「平和」を絶対的な価値に高めなければならない、そしてさまざまな「正義」を相対化して考えていくようにしなければならないと思うのです。

次に「民主主義」について考えます。「民主主義」もまた、自明の価値かといえば、そうとも言えないでしょう。独裁政権を倒し民主主義を実現しようとする他国からの介入が、それまで保たれていた秩序を崩し泥沼化状態をもたらしてしまった例を私たちは見てきています。一方、「決められない政治」にうんざりし、歯切れの良い言葉でリードしてくれるリーダーに期待する傾向も見て取れます。

そもそも「民主主義って何？」という問いかけが改めて出されているのではないでしょうか。「民主主義って多数決主義？」単純にそう考えるとしたら、少数派の思いや利害はまったく無視されることになるでしょう。さまざまに絡み合う人々の利害や思いを丹念に調整し、多くの人の思いがかなうような道を探り出していくこと、それを特定の権力者やエリートの力によってではなく、主権者である国民の幅広く辛抱強い「熟議」によって実現していくこと、それが今必要な「民主主義」なのだと思うのです。

「共に生きる」という課題

以上の短い考察で見えてくるこれからの時代の課題となる基本的な理念は「共に生きる」ではないかと私は思います。それぞれに多様な利害、境遇、価値観、文化、歴史等々を背負った一人ひとりの存在を認め、尊重し、気持ちの上でつながり合って共に生きていく方法を探り出し生み出していくこと、それこそが平和の基礎であり民主主義の基礎でもあると思うからです。

ここで注意しなければならないのは、「共に生きる」が、間違うと、周囲に気遣い、空気を読み、無自覚のままに同調しつながり合って仲良く生きていくような生き方と混同されてしまうことです。しかし「同調」の特徴は、ある集団内に閉ざされていることで、その外側に対してはしばしば排他的であり、そのことだけをとっても真の「共に生きる」ではないのです。けれども「同調」を求める圧力は、個人の内からも外からも非常に強い。それらをはねのけながら「共に生きる」を現実化していくことは容易ではありません。

何よりもまず、自分とは違う他者の存在を、どんなに異なっていても尊重する、その存在を否定しないという信念が求められるでしょう。その上で、他者の側に立って考えることができる頭の柔らかさと、他者の置かれた状況を理解しようとし、また理解できる知性とが求められるでしょう。

こう書いてくると、とても難しい課題のように見えますが、私の経験では、乳幼児期から見ていくと、決して不可能なことのようには思えません。それは、人にはもともとそのように育つ可能性が備わっており、人生の最初の段階でその可能性をうまく引き出していくことが第一歩だと思うからです。

教育基本法第一一条（幼児期の教育）は「幼児期の教育は、生涯にわたる人格形成の基礎を培う重要なもの」と言っていますが、前記のことを受けて私が考える「生涯にわたる人格形成の基礎を培う」乳幼児期の教育の基本的な課題を、もう少し具体的に箇条書きで上げてみましょう。

一　自分が一人の人間としての尊厳をもって周囲から受け止められる体験を通して、自分が存在価値をもった人間であると思えると同時に、ひともまた一人の人間としての尊厳をもつものとして向き合っていくべき存在だということを自然に受け止められる心が育っていく。

二　子どもは本来人に対して開かれているという特性を生かし、人との間に感情や思いの交流を重ね、ときにはぶつかり合いも経験するなかで、自分の感情を抑えたり、自分の思いを変えたりといった体験も重ねることで、共に生きる感覚と技を身につけていく。

三　子どもが本来もっている外界に対する好奇心、探究心を引き出すよう、多様な環境を用意し、子どもの自発的主体的なかかわりを促すことにより、自然、社会、文化など外界に開かれた体験を通して、これらに対して主体的創造的に立ち向かっていける、柔軟で自由で創造的な心が育っていく。

以上の課題は、家庭における養育・教育においても基本的に求められるものですが、保育所等の社会的保育の場に焦点を絞って、具体的な保育のあり方を以下に描いてみたいと思います。

保育の場に求められる基本

保育の場は、毎日の生活の場です。生活の場で基本的に大切なのは「安心」です。それなしに子どもの心が開かれることはなく、学びもないでしょう。子どもが安心して生活できるためには保育の場が安定した落ち着いた場であることが必要です。

「安心」にとって「安定」と並んで必要なのは「くつろぎ」です。心からくつろげるためには、場のぬくもり、温かさが必要です。そこにはさまざまな「ゆらぎ」を包み込める「包容性」が大切で、そこに出入りする人たちの生き方や関係性が大きくものをいってきます。

生活の場であるということは、そこにさまざまな矛盾も内包しているということです。親と一緒にいたいけど別れなければならない。もう少し遊びたいけどもう昼食の時間だ。あの遊具で遊びたいけどあの子が遊んでいる等々。子どもはさまざまな葛藤を味わいながら毎日を暮らしています。

しかし子どもたちは、それらの葛藤のなかで苦しんでもいるが学んでもいます。それらの矛盾や葛藤のなかから子どもたちがどのようにして何を学ぶのか、そのような見方、考え方をしなければならないのだと思うのです。

矛盾や葛藤のなかから学んでいくには、ということを考えるとき、大事に思えるのは子どもの悩みや葛藤を保育者がわかろうとし、共に悩み考えようとする姿勢です。大げさなようですが、いわば共に生きようとする姿勢です。ときには子どもが気持ちを切り替えられるような手助けも必要でしょうが、ワンパターンの生活指導からは、なかなか学びは生まれないと思います。

共に育つ保育

保育の場が家庭と違う大きな点は、複数の子どもたちが生活を共にしているという点です。そこに子ども同士のかかわり合いが生まれ、「学び合い」「育ち合い」というべきものが生まれてくることは保育の現場ではよく経験されていることです。

一つだけ例をあげておきましょう。〇歳児クラスの一〇月の日誌に記されたエピソードです。

たべることが大好きなKちゃん（一七か月）。自分だけでなく他の人にも食べてもらいたいようで、先日、Fちゃん（一三か月）に、おままごとのスプーンで、一生懸命食べさせようとしていた。でもFちゃんは気づかず、しらんぷり。何度やってもダメで、「もう」という感じでFちゃんの頭をスプーンで叩いてしまったKちゃん。でも今日は……。

なんと、Fちゃんが一生懸命Kちゃんに食べさせていた！　Kちゃんのそのときのうれしそうな顔は印象的だ。何度も何度も食べさせるFちゃんとおいしそうに食べるKちゃん。見ていてこちらまでうれしくなってしまった。

おままごとだけど、「おいしいよ、一緒に食べようよ。どうぞどうぞ食べてみて」という二人の気持ちが重なったんだな〜と思う。一生懸命伝えることの大切さ、伝えるということは言葉だけじゃないんだな〜ということを感じた。（記・M保育士）

一三か月と一七か月の乳児が、本物の食べ物でない「うそっこ」のイメージの世界を描くことができ、共有することができ、遊びが成立するということは、社会的に通用している一般の常識からすると驚くべきことではないでしょうか。

乳児や幼児が、大人の表情や言葉や仕草を真似ることはよく知られています。他の子の行動も真似ます。この事例がおもしろいのは、KちゃんがFちゃんにしようとした行動に対して、そのときはFちゃんは反応せず、そのためにFちゃんはKちゃんから叩かれてしまったにもかかわらず、Fちゃんの内には不快ではない記憶として溜め込まれていて、数日後に逆にFちゃんがKちゃんに対してする行動として現れた、という点です。

蛇足ですが、KちゃんにもFちゃんにも、大人からスプーンで食べさせてもらった共通のうれしい体験があり、その大人の行動を真似したいという気持ちが共通のベースとしてあることは言うまでもありません。

この記録でもう一つおもしろいのは、このエピソードから保育者が、「一生懸命伝えることの大切さ」と「伝えるということは言葉だけじゃない」ということを感じたと記していることです。この保育者は、このシーンを単なるままごと＝まねごととして見たのではなく、「おいしいよ、一緒に食べようよ。どうぞどうぞ食べてみて」という気持ちを友達に伝える行動として見たのです。その気持ちを友達に伝える行動はすぐには叶わなかったけれども、でも通じた。そのことから保育者は「一生懸命伝えることの大切さ」を学んだのです。

こういう事例に接したとき、これを単に「行動の模倣」として見るのではなく、もっと大切なこととして、友達に「気持ちを伝える」ということ、「気持ちが伝わる」ということ、そのことでの「学び」を見るべきでしょう。乳幼児期から、複数の子どもがおり、理解者としての保育者がいる場だからこそ可能となるこのような学びを重ねていくことが、「生涯にわたる人格形成の基礎を培う」乳幼児期の教育の大事な一歩なのだと思います。

保育者同士の「共に」の関係を築く

保育者同士がどんな関係にあるか、一人ひとりのもち味を生かせるような温かな関係にあるか、「共に」の関係を築けているかどうかは、保育の場の質を決定づけると言ってもよいような大きな要素です。何よりも子どもたちは、そこから人間同士の関係のあり方を感じ学びとっていくのです。とはいえ、人間の集団ですから、望ましい「同僚性」をどう築くかは、簡単にはいかない難しさがあります。

複数の保育者が協働する場合、保育者同士の連携がカギを握ります。日常の保育のなかでは短い言葉やアイコンタクトで思いを伝え合っていかなければならないので、「見て学ぶ」ということが大きいですが、同時に、あとで振り返って語り合うということを積み重ねていくことが大事だと思います。

子どもが一人ひとり違うように、保育者も一人ひとり違います。連携を大事にしつつ、どのようにして保育者も一人ひとりがもつ多様性を生かしていけるか、多様性を生かせる柔らかさをどのようにしてもてるかが、保育の質を決める大きな要素となると思います。

保護者との「共に」の関係を築く

世の中全体に市場化が進み、どんなサービスでも商品として手に入る時代になりました。保育の世界でも、その傾向を進めるような力が働いています。そこでは、保護者は保育というサービス商品を買う消費者になり、保育者と保護者の関係は保育サービスの提供者と消費者という関係になるのです。

現実問題としてそのような側面があることを否定しようとは思いませんが、保育者と保護者の関係がそのような関係に終始してしまうことは絶対に良いとは思いません。

「保護者と保育者は、子どもの育ちを支える車の両輪だ」とずっと言われてきましたし、これからもますますそのことは大事です。保護者と保育者が子どもの育ちを支える車の両輪となるための条件は何でしょうか。

古くから努力されてきた連絡ノートや口頭での伝え合い、園だより・クラスだよりに加えて最近、先進的な園で試みられているのは「保育ドキュメンテーション」です。一日の保育を写真入りで記述し壁新聞にする、ファイルにして閲覧可能にする、そのことによって、一日の保育を振り返り、次の展開をどう予想するかといった営みが、保護者にも保育者にも子どもにも開かれた場で行われていくことは、「共に」の関係を築く上で非常に有効だと思います。

そういう努力と同時に、いろいろな形で保育に参加する機会や、共に汗を流す場や、おしゃべりの場をつくることによって、保護者との「共に」の関係を築いていきたいと思います。

共に創る保育

保育というものは、安定性が重要ですし、ある意味で取り返しのつかないものですから、もともと保守的なものだと思います。

と同時に、これからの時代を担っていく人たちが、どこまで主体的に困難な課題にチャレンジしていけるかを思うと、「創造性」ということは欠かすことができません。

保育の場は、それぞれの歴史とそのなかで積み重ねられてきた文化を背負っています。それはそれで貴重な財産ですが、しかしいつの時代も、その時代を生きその場にかかわっている人たちの手によって日々新たに更新され創り出されていくべきものだ、という視点が不可欠であると私は思います。

子どもたちの創造性は、創造的な場のなかで育まれます。それには、保育者たちの「共に創ろう」という心意気、さらには、保育者だけでなく保護者も含めた「共に創ろう」という関係性が大事です。できることなら地域の人たちも含めて、互いを理解しようと努めながら足下を見つつ何かを創り出そうとして協働する、そういう場が、やがて平和で民主的な社会を形成する担い手となる子どもたちを育てていくのではないでしょうか。

さらに言えば、「共に創る」の「共に」は誰よりもまず「子どもと」であるべきです。「子どもと共に創る」保育！　それは多くの保育者が夢見、チャレンジしている課題であると同時に、日常の足下にたくさんヒントが転がっている課題でもあるでしょう。

2　新たな幼児教育観への転換は「子どもに意見を聴く」ことから

鈴木まひろ

「未来」に希望をもつということ

人気の高かったＮＨＫの朝のドラマ「花子とアン」の最終回は、「曲がり角の向こうには必ず良いことが待っている」というメッセージで終わりましたが、未来への展望が難しい時代です。

少子高齢化が日本の社会にとってますます深刻になり、社会保障の仕組みがどう確立／確保されるのかが、暮らしへの安心として、多くの人たちの関心ごとになっています。Big First Strong への固執から抜け出して、Slow（無理せずじっくりと）Small（人間と人間の顔が見え、かかわり合える距離感の営みを大切にして）Simple（専門家任せにせず、子どもや素人でも手が届いて参加のできる生活文化に価値を置いて、市民が主人公になって創りだすコミュニティ）を生み出す時代がもう来ているように思うのです。実は「地方創生」の鍵もまさにここだと思うのですが、国は地方の特産品の開発で、いかに儲けるか（地方ごとの競争）というマネー資本主義の経済の発想でしか、経済を見ていないように思うのです。「まち」「ひと」「しごと」をキーワードにして、舞台を地方に移しても、価値の転換ができなければ、おそらく残念ながら、変わることはできないでしょう。

もう一つの不安は、もう現実に起こっていることとして、子どもから大人へと育っていく、その「育ちのおかしさ」が、今の日本社会の歪として、危機的な状況にあるということです。

これはほんの一つの例に過ぎませんが、ニュース報道で、国立京都大学の学生食堂にできた〝ぼっち席〟のことを知りました。隣に座った人から話しかけられるのが怖いと、食堂に行けなくなった学生が増えた。そこで学校は隣との間に仕切りをつくって、〝ひとりぼっち席〟なるものをつくったというのです。頭脳は明晰でもコミュニケーションがとれなくなっているようなのです。

いじめや自殺、不登校、ひきこもり、孤独感、衝動的無差別殺人、子どもから脱皮できない大人など、象徴的に起こっているこれらの出来事のなかに、きっと誰もが抱えもっている、現代社会の憂鬱や人間としての育ちづらさが隠されているように思うのです。

「幸福」の条件

梅若ソラヤさんという若い女性監督がつくったドキュメンタリー「私は幸せ（I am happy）」という一五分の映画があります。ブラジルの首都リオデジャネイロの下町の、その日の暮らしも大変な人たちが住むファベラ(1)に単身で入り込み、暮らしを共にしながら命がけの取材をして生まれた映画です。「あなたは幸せですか？」とインタビューすると、路上生活をしている人からも、「私は幸せ」という答えが返ってくるのです。なぜなのでしょうか。

ソラヤさんが取材して学ばれた幸福の条件は、次のこと（★印）でした。▽はそれと対比して日本の現状を、私が批判を恐れずに書いてみたものです。

★私を受け止めてくれる、認めてくれる人が身近にいる
▽合理化／効率化／都会の匿名性がスマートでかっこいいとあこがれて、関係を切ってきた私たちです。自由になって、周囲に気兼ねしなくなって、孤独になりました。
★安心・安全が実感できる
▽リオのカーニバルは、生活困窮者もお金をためて、年に一度の大祭に参加することで支えられていると聞いたことがあります。共同体としての結びつきが、仲間がいて、支え合い生きていることが、安心・安全の実感につながっているということなのでしょう。
★家族や友達に囲まれているという実感がある
▽家族一人ひとりの生活リズムも価値観もばらばらで、向き合うことがおろそかになり、家族の団らんがなくなりました。臨床心理学者の河合隼雄さんが「子育ての未来　家族の未来」をテーマに、全国私立保育園連盟全国研究大会千葉大会（二〇〇〇年）で語ってくれた話は次のことです。

「個人」の確立に長い歴史をもっている欧米の人たち（みんなではないのですが）のなかで私たちの見本になるのは、〈家族を大事にしているけれど、みんな一人ひとり独立していて、それぞれが好きなようにやっている。だからこそ、家族は一緒になっていないと寂しすぎる、孤独すぎるということを知っている人たち〉だというのです。親子の間とか、隣家としつこく電話でしゃべる。家族で散歩もよくする。娘も息子も父も母もみんな自立しているから、平気でつき合える。

（1）ファベラ（Favela）とは、ブラジルの大都市や中規模都市の郊外に存在するスラムや貧民街を指す言葉。

日本人の場合は親子で散歩なんかしたら、親に説教される。親が子どもにかぶさってくる。だから「やめといてくれ」と離れていく。自立した人はつき合っていく、自立していない人は孤立していく。日本の家族はみな離れて、自立しているようで、孤立しているのです。

★好きなものがあり、それもやっている最中

▽お金を出せば何でも手に入る。便利さのなかで楽を覚え、もっと楽をと探しています。自分でつくるよりも、買えばいいと考える。でも、何もしていないのは不安で落ち着かないから、スマホのメールやネット検索、ゲームで暇つぶしに明け暮れる。ドイツの児童文学者／哲学者のミヒャエル・エンデが、『モモ』(2)という作品のなかで、「時間泥棒」への警報を発してくれているのに……、時間がモノが、ただただ消費されていく。保育もサービスとしてモノ化され、売って、消費するだけになってはいないでしょうか。

★目的に向かっている、あるいは目的達成の瞬間

▽日本という国自体に、目的がない、目標がない。未来への展望が描き出せないから、惰性でつなぎ、守ることに懸命になっています。マネー経済も、環境問題も、もう限界にきているのに、それに代わる価値や発想が生まれてこないのです。目標が見えないから頑張るのはムダ、変えられるはずがないと、はじめからあきらめてしまっている無力感があります。

★誰かの役に立っている実感がある

▽みんな自分のことで精一杯。グローバル化が進んで、顔が見えない。見えないから、実感や手応えが返ってこない。でも、阪神・淡路大震災でも東日本大震災でも、ボランティアの力が動き出

して、専門家任せではない素人（市民）の出番が生まれ始めています。

★強い感動の予感がある、あるいは経験がある

▽「世間が危ない！」と、部屋に閉じこもらざるを得なくなってきています。遊びも、木登りが安全管理された遊具に代わり、砂遊びがブロックに代わり、身体に埋め込まれた感覚を、呼び覚ます、研ぎ澄ます経験（身体性）がやせています。

都会も郡部も変わりません。経済は発展したけれど、幸福感が置き去りにされてしまった社会に私たちも生きています。私たちは日々の保育で、ソラヤさんがあげてくれた幸福感を、どれくらい実現できているでしょうか。

「子どもの声を聴く」大人の役割

全国私立保育園連盟「子ども・子育て総合研究機構」ではこれまで、園内研修用ツール「わくワークシート」の作成に取り組んできました。テーマとして取り上げた「こどもとであう」「こどもとみる」「こどもとともにいきる」は、これまでの保育者側の視点から見ることの多かった幼児教育を、子どもの側に視点を移し、子どもの育つ力に信頼を寄せた子ども観／幼児教育観への転換の重要性を提案してきました。

（2）ミヒャエル・エンデ、大島かおり（訳）『モモ』岩波書店、一九七六年。

ここに紹介するのは、若者の自立支援と社会参画を進めるイギリスの取り組みを紹介した『ヒア・バイ・ライト（子どもの意見を聴く）の理念と手法』[3]の本のなかの、宮本みち子さん（放送大学・家族社会学）と汐見稔幸さんの対談（同書、一四一頁～）です。私はここで語られている子ども観や育ちの問題が、すべての育ちの課題の根っことしてあり、ここで提起された課題を、幼児教育に限らず関係当事者が、自らの課題として意識共有して、一つひとつ解決していくことが、「幼児教育、学校教育、あるいは家族の未来に、可能性を開いたグランドデザイン」だと、四〇年取り組んできた自らの実践からも確信をもつのです。一人の百歩より百人の一歩が、子どもや若者の育ちを支え、「まがりかどの向こうに希望が見えてくる」ことにつながっていくと信じています。対談の一部を紹介します。（　）書きは私の蛇足です。

宮本　日本では、子どもに発言の場を与えるべきだ、という合意形成をめざすという段階。〝若者の意思決定への参画〟が国の議論としてもほとんど出てこない。自立支援が議論に上ってきたのは前進だけれど、参画以前の問題として、人間関係が希薄で、自分の言おうとしていることをきちんと聞いてもらった経験をもたずに、大きくなった人たちが相当いる。大学でも、多い大学では二～三割がメンタルな問題をもち、リストカットを経験し、対人不安や恐怖を抱えているといわれている。どうも人と人との間で、コミュニケーションを体験したことがない。人間の怖さや嫌さだけはたっぷり味わってきた若者が少なくないことが、とても気になります。

汐見　八〇年代以降、〝Japan As Number One〟と言われ、経済はそうだったかもしれないが、教育の世界では、激しいいじめと不登校が続きました。どうしたら自分はいじめにあわないか、自己防衛ばっかり考えていた。教師の前でかっこいいことを言ったら、クラスメイトから何をされるかわからない。本当はいじめも公的な問題なのだが、できるだけ目立たないようにして、いかに他人に本音をしゃべらないようにしてすりぬけるかという私的な問題にした。だから学校体験としては、あまりよくない思い出しか残っていない人が多い。公的なことを議論できない雰囲気にしてしまった。（…中略…）

宮本　日本でバスやスーパーマーケットで聞こえてくる親子の会話からは、〈市民を育てる感覚〉は感じとれません。まず母親が子どもに聴くことをしない。〝あなたはこうしなさい〟とか言わない。〝座りなさい〟〝立ちなさい〟〝息しなさい〟……（幼児教育の現場ではどうですか？）。父と子どもの関係なんて、二人だけにすると、無限に沈黙が続いたりする。家庭は母親中心で、大体の場合、父親が不在。家にいるときだって、コミュニケーションが成り立たないので、子どもが訓練されようがない。（…中略…）昔なら、子どもは放り出しておいても学べていたが、今は学ぶところなんかない。そうすると保護者の力がなければ社会性も言語力も子どもにつかないし、他人ともなじめない。子どもの文化レベルが、保護者の状態によって決まってしまう（保護者自身がここで危機だと語られるような育ち方をしてきてしまっている）。昔のように保護者に力がなくても子どもが育つ時代ではない。本当に怖い。親とのきちんとしたコミュニケーションのなかで、自分

(3)　子ども&まちネット（企画・編集）、奥田睦子（編著・監修）、吉岡美夏・小島紫（訳）『ヒア・バイ・ライト（子どもの意見を聴く）の理念と手法』萌文社、二〇〇九年。

が発した言葉に親が応えてくれるといった繰り返しで、自信や自尊心も芽生える。それを経験しなければ、対人不安が強く、自尊心が低いというのが当たり前になる。

司会　でも、父親世代も自分の父親と必ずしもしゃべった経験をもっていないのでは？

宮本　経験はないかもしれないが、環境が違っていた。まわりに他の大人がいたし、子どもたちの集団もあった。そういう意味では父親が背中をみせるだけでも、今ほど弊害がなかったかもしれない。今は本当に小さい集団。それ以外の社会的なおじさん・おばさんがいるわけでない。あれで大人になって、まともなことを言えというのが無理です。

「子どもの声を聴く」ことの難しさ

「子どもの権利」が日本でも国際条約として批准もされ、言葉としては当たり前に語るようになっています。平成の初めから、幼稚園教育要領も保育所保育指針も、子どもが主人公として生きることを支え、応援するための環境（人・もの・コト）を整えて取り組む幼児教育を打ち出しているのに、現実は（私の偏見かもしれませんが）、多くの現場がそうなれていないのはなぜなのでしょうか。

二〇一四年一〇月一八日の毎日新聞の「余禄」で紹介されたこんな文書があります。

日本と米国の野球界で活躍した松井秀喜さんならではの発言だった。先日ニューヨークで野球教室を開いた際、日本人の子どもの質問に答えながら「自分で考えないと野球はうまくならない」と話した。中学、高校の部活動では「選手の自主性を尊重している」と言いながら実際には指導者が何から何まで仕切っている場合が少なくない。選手に考える余地を与えず、自分の意のままに動かせる「コマ」と言ってはばからない指導者さえいる。

私たち自身が受けてきた教育。そこで経験した「教育は教え導くこと」というイメージが、私たちの呪縛になって、あらゆるところに広がっていることがわかります。早く学校の授業スタイルになじめるようにすれば、課題は解決していくのですか？　そんな小さな問題ではないのです。子どもが市民の一人として育つというのは、どういうことなのか（子ども観・若者観）をみんなで考え、その育ちを支えていく教育（幼児教育・学校教育・地域社会教育）とは何かを、考え直す必要があるのです。もちろん私たちが、すべてを支えることなど叶いません。むしろ卒園した後に出会う社会環境や文化、時代の価値観の影響をもろに受けるでしょう。なので、家庭も、学校も、地域社会も、国も一緒になって考えていかなければならない問題です。

学びを捉え直す

アメリカの発達心理学者バーバラ・ロゴフ（Rogoff, B.）は、学校がない国の子どもたちが、どう学び育っているのかを調査研究している人です。ロゴフは、『文化的営みとしての発達』(4)のなかで、子どもは親から受け継いだＤＮＡに基づくプログラムだけで育つのではなく、時代や社会や共に生

（4）バーバラ・ロゴフ、當眞千賀子（訳）『文化的営みとしての発達――個人、世代、コミュニティ』新曜社、二〇〇六年。

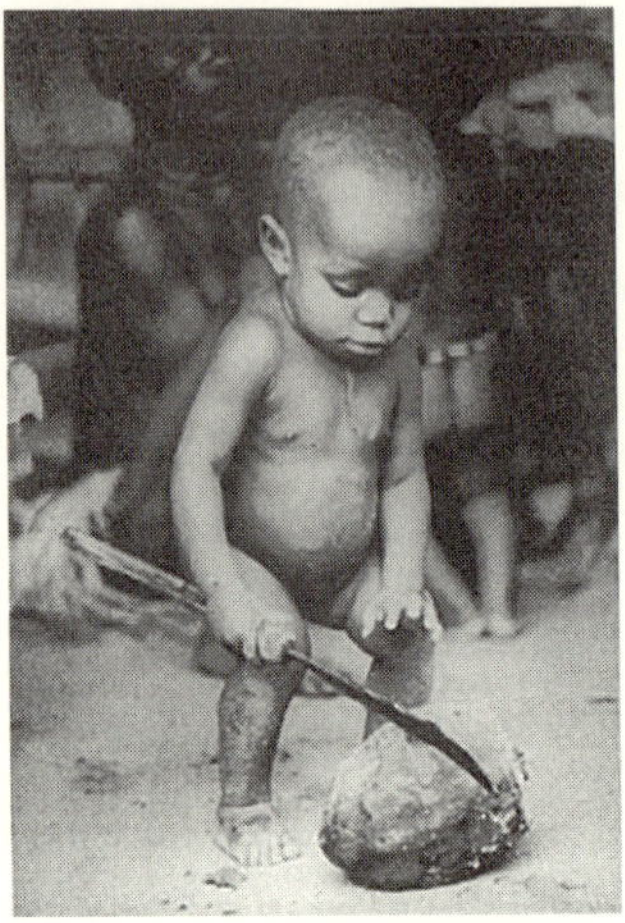

出所：ロゴフ（2006）より。

きる人の影響を受けながら、私も周囲に影響を及ぼしながら、お互いのかかわり合いのなかで形づくられて「今の私」があるという、「関係の発達観」で見ていくと、学びの姿をよく理解できるとしています。

　上の写真は、コンゴ共和国のイトゥリの森で撮られた一枚の写真です。親族が注意深く見守るなかで、生後一一か月のやっと歩き始めたくらいの赤ちゃんが、鉈《なた》を使って上手に果物を割ろうとしているのです。コンゴでは、この年齢の子は鉈や火を扱えるそうです。

　コミュニティのなかで、子どもは、大人の生活や文化様式に交ぜてもらう。最初はまだ生産的な仕事はしていないけれど、そこで一緒にいることや、見ていることが学びになっている状態の参加（見習い）から、次第に見よう見まねでやってみたり（弟子入り）する。少しできることを手伝ったり（端くれ、序の口参加）、そして次第にできることや任されることが増えて（序二段）くる。参加の機会も増え（半人前）、やがてそこの生活様式や文化に身体も思想もなじんで、いつしか一人前に育ったことをコミュニティが認め（成人式）、コミュニティの一員（市民の一人）になっていくという、学び方、育ち方なのです。ロゴフを案内役にして、〝学び・育つとはどういうことか〟と私なりに整理してみたのが、次の図です。

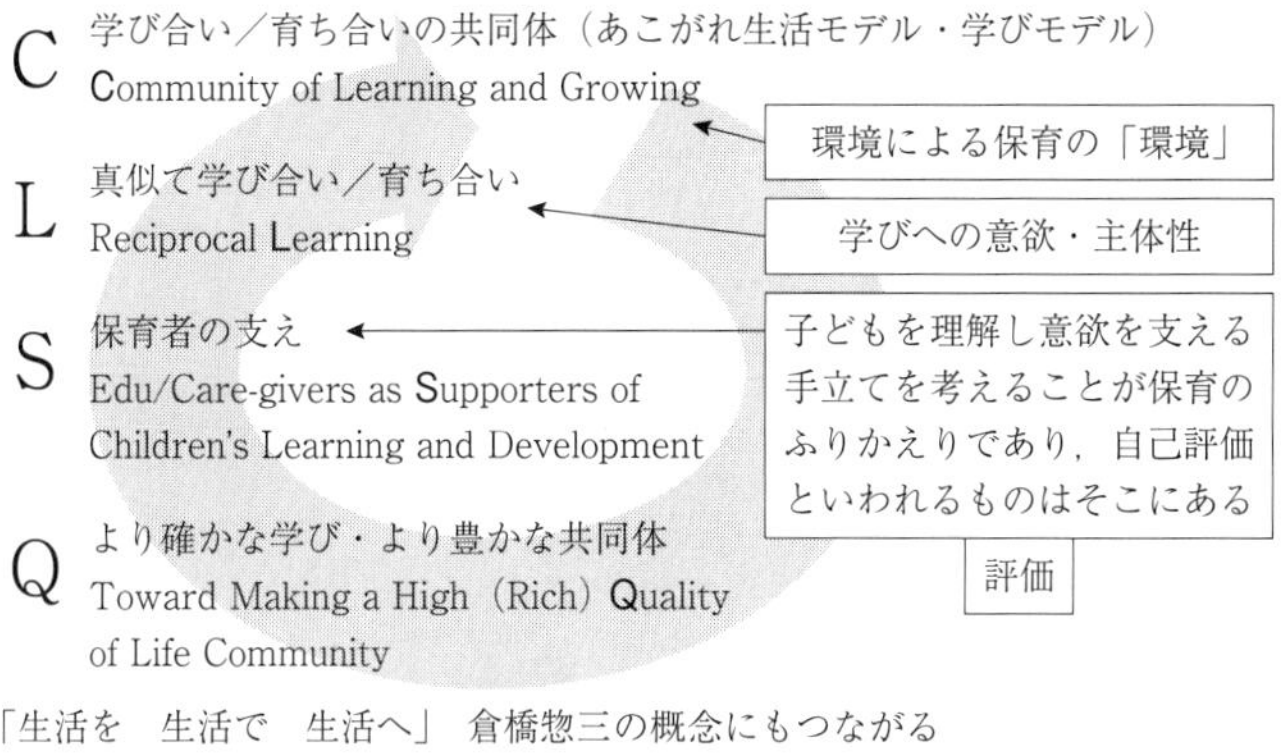

学びの循環（PDCA ⇒ CLSQ）

学び合い／育ち合いの共同体とは、コミュニティを構成する大人や子どもが、実際にそこでどう向き合い、どう生活をつくりだしているのかも含んだ生きた生活モデル／生き方のあこがれモデルの集合体＝コミュニティであり、指針や要領がいう「環境による保育」の環境にあたるものだと思います。

そして、一緒にいて同じようにしてみたいと周辺で真似てみる、できることで少しずつ参加をしていく。保育者は子どものその学びや成長への意欲に気づいて、どう支えたらその子が主人公として生きられるかの手立てを考える。子どもたちは（大人たちも）生活者の一人として参加する機会を増やしながら学びを身につけ、コミュニティの一員として育っていく。結果、コミュニティの質も高まり、生活の質も高まり、コミュニティも成長し、新たな憧れモデル、生活モデルになっていく学びと成長の循環です。この循環は倉橋物三の「生活を 生活で 生活へ」[5]という言葉と響きあうものであり、ＥＳＤ（持続可能な＝生命が循環する＝社会の実現）の精神とも重なるものです。

子どもの育ちを支える「親」が、親として育つことの重要性

いま、保育を大変にしていることの一つに、親になっても育てられる者のままで、まるで子どもが二人入園してきたかのような状況が増えてきたことがあります。それは、宮本さんや汐見さんが対談で語られた、いまの社会や家族の関係が背景にあるからなのだと思うのです。

育てられたように、今度は自分も育てるといわれますが、虐待や体罰も繰り返されてしまうのです。このような負の連鎖を断ち切って、「富の連鎖モデル」をつくり出さなければならないのです。その解決の方法は、子どもとかかわり合うことなしには、親は育っていけないという、原理原則に立ち返るということです。出産して子育ての順番が回ってきたことをチャンスと捉え、自らの子育てを通して「親としての私」を、子どもに育ててもらう（親育ち観の捉え直し）ということです。ところが、私たちが子育てや保育の専門家だとして、親に代わって引き取っただけで終わってしまうと、かかわり合いのなかで育つ親子の関係が失われてしまうのです。この頃、「専科」の先生を頼んで保育をする話を聞きますが、専門家しかできない幼児教育になってしまうと、親は出番を失い、かかわり合いが痩せて、育つチャンスを逃してしまうのです。

親が親として育つというのは、子どもを信頼し、どう育とうとしているかを理解しようと向き合い、その育ちに併走できるようになっていくということです。これは、宮本さんや汐見さんが対談で語ってくれた、子どもの意見を聴ける親であり、河合隼雄さんがモデルにしたいと説明してくれ

た、一人ひとりが自立した一人前の人間として育つために、それぞれの存在を尊厳として受けとめ、親子であっても一人の人間とし向き合っていける関係を育てていくことなのだと思うのです。保育者として育つプロセスも同じです。子どもが子どもとして輝いて生きることを支えながら、一人の市民（自立した個人、社会に貢献し、責任を引き受けられる人）として育つことを支える幼児教育や学校教育、社会の教育力をつくり出したいのです。

（5）　倉橋惣三『幼稚園真諦（倉橋惣三文庫）』フレーベル館、二〇〇八年。倉橋は「幼児のさながらの生活から出発し、生活を通して、それを本当の生活にしていく」と述べている。筆者はこれを、生活のなかで出会う興味・関心・意欲を、生活しながらの葛藤や試行錯誤をくぐらせて、生活への参加・参画の機会や出番を広げ、よりよい生活へと活かし高めていくという意として理解している。

3 「聴き入ること」から拡がる保育の世界

森　眞理

1 グランドデザインの心は世界に「聴く」ことから拡がる

「なにしにきた（の）？」

「どこからきた（の）？」

「だれ？」

「なんできた／どうやってきたの？（交通手段の意味）」等々……。


保育者養成・現職者研修に携わり、乳幼児教育保育施設にうかがう機会を多くいただいているなかで、国内外問わず、子どもからこうした「問い」のシャワーを浴びることが多々あります。直球で「問い」を投げる子どももいれば、一歩一歩ソロソロ近づいて来てとか、オモチャやつくっているモノ持参でその紹介から、という変化球で「問い」を投げてくる子どももいます。「○○えんのこどもが、どんなことしてあそんでいるのかしりたいから」「おもしろいことをしていると、えんちょうせんせいからきいたから、ぜひみたいとおもって」「みんながかえったあとに、せんせいがたといっしょに、おはなししたり、べんきょうをするから」と応えると、さらに「問い」は続き、「〇〇ちゃんのおばあちゃん（ときにはおかあさん！）じゃないの？」「じゃあ、〇〇せんせいのおともだち？」とか、「（地方都市の場合ですと）とうきょう⁉　しってるよ、うちのじいちゃん、いったことある」「うちのおじいちゃんも！　スカイツリーにいったんだよ」「しんかんせん、のったことある？」「ひこうきは？」「こわかった？」と、「問い」と「応え」のキャッチボールが続くことがあります。

あるとき、英国の彫刻家でナーサリー・スクールのアーティスト・エデュケーター（芸術教育者）であり研究者のピートさん（ピートさんは週一～二回、定期的持続的に子どもと木工等の活動を行っている）と鳥取県の赤碕保育園を訪問したときは、「えいごじんなの？」「（私は日本語で話しているのにもかかわらず……）にほんごわかるの？」と心配されたこともあります。このときを機に赤碕保育園に行くと「ぴーとさん、げんき？」と私が英国からやってきた「えいごじん」と捉えて話が始まったり、「ねえ、サナギってえいごでなんていうの？」「じゃあ、バッタは？」「スズムシは？」と英語の質問タイムになってしまったりということもありました。

私はこのやりとりが大好きです。なぜならば、こうしたときの子ども一人ひとりの表情は、好奇心に満ち溢れ、やりとりから私のことを意味づけよう（保育の場にいる意味をわかろう・納得しよう）としていたり、新たな発見へと課題を探ろうとしていたり、私との共通性や相違点を見出そうとする「聴き入る」ことの関係性にある時間と空間にあるからです。聴き入ることから、おもしろいことに活動や遊びが発展していくのです。保育のグランドデザインを想うとき、真っ先に私の脳裏に浮かんだのがこれらの情景でした。それは、子どもも大人も身のまわりの人やモノや文化・社会・自然のコトに「聴き入り」、丁寧に「問い」を響き合わせるキャッチボールである対話が、子どもといまとこれからの世界を創造する保育のリソース（資源）そのものであると思ったからです。（無名性の）誰かが描いた保育はこうあるべき論、とするのが本書における保育のグランドデザインではありません。先述した子どものように、「知りたい」「深めたい」という個人の問いから子どもの願いを見出し、大人がその願いと対話し実践することが求められていると思うのです。

ここでは、「聴き入ることの教育」とは何かを探り、「聴き入ることの教育の保障」が保育のグランドデザインの根底であり、ここから読者が保育のグランドデザインを描くことへと繋がれば、との思いで記すことにします。

2 聴き入ることとは？——教育・保育のグランドデザインの根底として

「聴き入ることの教育」が教育の根本

一九九〇年代から世界的にその実践や街づくりが注目され、現在も年間三〇〇〇人余りがイタリア国内外から研修に訪れる北イタリアの小都市レッジョ・エミリア市。街の人口が約一七万人ですので、研修者の割合は相当なものです。一般に同市の実践が紹介される際、「高い芸術性」の作品、「プロジェッタツィオーネ（プロジェクト）」活動が取り上げられることが多いのではないでしょうか。こうしたことで、レッジョ・エミリア市の乳幼児教育をわかったとするのはとても残念なことです。

「レッジョに学ぼう！」が世界の乳幼児教育の一過性のブームではないことは、現地での研修者や訪問者が途絶えることがないことからもわかることでしょう。レッジョ・エミリア市の実践を揺るぎないものとしていること、すなわちグランドデザインに着目する必要があるでしょう。実践の根本となっている教授学（ペダゴジー）が「聴き入ること」なのです。この姿勢は単に乳児保育所（〇～二歳児）や幼児学校（三～五歳児）に限られたことではなく、敗戦後の復興から恒久平和へという街づくりの信条の柱となっています。子どもに・大人に・街の文化や自然に聴き入る、という姿勢を徹底しています。聴くことの重要性は保育指針ともいえる『レッジョ・エミリア市自治体の幼児学校と乳児保育所の指針[1]』にも次のように明確に表明されています。

> 2．4　聴くこと
> 参加型教育において、おとなたち、子どもたちと環境の間における聴くことの積極的態度は、どの教育的関係性においても前提であり文脈である。
> 聴くこととは、自分自身と他者に向けて、省察し、歓迎し、開かれた態度を養う絶え間ないプロセスであり、聴くことは、対話と変化のために欠かせない条件である。
> 聴く態度は、文化的な価値－関係や現代の世界の政治的シナリオに向けての関心と繊細さの出発点となる。乳児保育所と幼児学校は、教育的ドキュメンテーションによりこうしたプロセスを促進し可視化する責任を有する。

ここで注目すべき点は、聴くことを大切にする保育実践が単なる園の敷地内で完結するものではなく、市民として、文化・社会の一員として育つために欠かせないという捉え方です。

レッジョ・エミリア市の乳幼児教育の哲学と実践の礎を形成したローリス・マラグッツィ氏の後継者として国内外の研修や出版、コンサルティングを行っている「レッジョ・チルドレン」協会の代表であるカルリーナ・リナルディさんは、「聴き入ることの教育」をレッジョ・エミリア市の乳幼児教育の思想、すなわちグランドデザインとして国内外の講演や著作で語り続けています。

ここでは、数あるリナルディさんの著作のなかから、聴き入ることの教育学に焦点化しているところから紐解いてみたいと思います。(2)

まず、聴くことは、市民の生活に対する姿勢であり、意味を探求することとして捉えています。さらに、(聴き入る人として育つことを可能にするための)乳幼児教育・保育の場は、子どもが生活者となるための準備の場ではなく、すでに子どもは生活者であり、さらによりよい生活者へと、「創造性、変化、革新的、間違い、疑問、そして不確実性の存在を実感する」場として、いつも「研究する精神性」を滋養する魅力ある場でありたい、と述べていらっしゃいます。聴くことは、子どもと

---

(1) レッジョ・エミリア市自治体の乳児保育所と幼児学校施設、渡邉耕司(監修)、森眞理(訳)『レッジョ・エミリア市自治体の幼児学校と乳児保育所の指針』二〇一六年、一一頁。二〇一六年五月現在、翻訳版は非売品。

(2) Carlina Rinaldi (2012). The Pedagogy of Listening: The Listening Perspective from Reggio Emilia. In C. Edwards, L. Gandini, & G. Forman, (Eds.), *The Hundred Languages of Children: The Reggio Emilia Experience in Transformation* (*3rd. Edition*). CA: Praeger. pp. 233-246.

保育者（大人）・まわりの環境との関係性から「悦び、確信、愛すること、感謝すること」をもたらし、尊厳あるものとしての子どもが望みをもち続け、生活それ自体を研究とすることというのです。

私には、「聴き入ることの教育」を可能とするためには、保育に携わるすべての人が、まず「子ども観」「人生観」「学校観（乳幼児教育・保育施設観）」を省察し問い直し、子どもに聴き入ることに価値を与える乳幼児教育・保育の構築（＝グランドデザイン）が重要、として読み取れます。

さらに聴き入ることについて、リナルディさんは以下のように述べています。(3)

- 聴き入ることは、自分（たち）と他者がお互いにわかりあえるための繊細さをもたなくてはならない。私たちの理解や存在は小さいが、繋がることで広い一つの宇宙となるのである。
- 聴き入ることは、開かれた態度と繊細さをもって、聴きたい人や聴いてもらいたい人に対して耳だけではなく、すべての感覚器官を駆使する必要性があるということである。
- 聴き入ることは、自己表現やコミュニケーションに用いられる多様な言語、記号や暗号コードを知ろうとすることである。
- 自分自身に聴き入ることとは、「自分自身の内声を聴く」ことであり、自分自身が他者に対して聴き入る者となり、他者が私たち自分自身に聴き入る機会を生み出すことである。
- 聴き入ることは時間を要する。真摯に聴き入ることとは、時との対話であり、内なる省察であり、現在と未来という内面の時間との対話である。ゆえに時計的な時間の枠組みに捉われない時でもあり、長い沈黙の時でもある。

・聴き入ることとは、好奇心、願い、疑問、不確実性から生まれるのである。これは不安なことではなく、むしろどの「真実」にも限界があり、間違いの可能性があると再確信することである。
・聴き入ることとは、答えではなく問いを生み出すことである。
・聴き入ることは情動によって引き起こされる。すなわち、他者の気持ちや情動の刺激に影響されるのである。
・聴き入ることとは、他者の解釈や視座となる価値観を認め、違いを歓迎し開かれた態度をとることである。
・聴き入ることとは、能動的なことである。わかろうとメッセージに意味をもたせて、他者から聴かされたことに対して価値をもたせることである。
・聴き入ることは簡単なことではない。深い洞察と自己判断や偏見に対して疑うことも求められる。未知なことに対して価値をおき、確信したことについて問われた際に経験する空虚感や未解決感を乗り越えることが求められる。
・聴き入ることは、個人の無名性（子どもは無名性に耐えられる存在ではない）を取り去ることである。すなわち、私たちは見える存在／可視性がある存在として正当化される。聴き入る者と聴かせる者双方を豊かにし、共通するメッセージを生み出すのである。
・聴き入ることは、関係性の学びの基礎となる。行動や省察を通した学びは思考を形づくり、表

（3） 以下、同前書、pp. 234-235 を筆者意訳。

現や交流を通して、その人の知識やスキルとなる。

・聴き入ることは、「聴き入る文脈」のなかで展開される。すなわち、一人ひとりが聴き語り合い、一人ひとりの記号やイメージ（「一〇〇の言葉」）によって表される行動、情動、表現や描写が正当化されることである。理解と気づきは分かち合いと対話から生み出される。

こうしたことが、乳児保育所と幼児学校の生活においては、ヒト・モノ・コトとの関係性を豊かにし、一人ひとりがかけがえのない人として受けとめられ認め合う共同体を構成する市民生活に繋がることをリナルディさんは示唆しています。グランドデザインは、子どもを真ん中にして聴き合う関係性のある乳幼児教育・保育施設と街づくりをめざした生活の土台といえるのではないでしょうか。

「聴き入ることの教育」の実践を考える：レッジョ・エミリア市の対話による実践の一コマから

二〇一三年の秋、私はレッジョ・エミリア市のローリス・マラグッツィ国際センターに併設されている幼児学校と小学校を訪れました。訪問者は自由に教室に入って子どもの生活を見学してください、とのことで各教室を訪問する機会に恵まれました。そこで、先述したリナルディさんが述べられた「聴き入ること」が生きている、と実感する実践に遭遇したのです。

通訳の方と四歳児の教室にいたときのことです。テーブルに四人の子どもが絵（自画像）を描いていました（教師から「楽しさ」のプロジェッタツィオーネ（プロジェクト）として、絵や粘土で自分の楽しさを表現していた、と後ほど聞きました）。その傍らに、教師が静かに子どもの様子を優しい眼差しをもって座っていました。女児が「できた！」と立ち上がり、教師に絵を見せたとき、同じテーブルにいた男児がその絵を見て「へん（おかしい）！」と言ったのです。そのとき、教師は「そんなことを言うのではありません」「ダメでしょ」とか「○○ちゃんは、一生懸命描いたのだから、そんなことを言ったらおかしいでしょ」といったことは言いませんでしたし、女児に向って「○○ちゃん、よく描けたわよね」ということも言いませんでした。教師は、静かに「それは、どういうことかしら？」と男児に問うたのです。その声のトーンや表情は「聴き入ること」とばかりに丁寧かつ能動的でした。女児はその場に描いた画用紙を両手でもって直立不動で、少々、沈黙がありました。すると、男児はじっくりとまるで女児が描いた自画像から醸し出された声を聴くように、女児がもっている画用紙に前傾姿勢で見入ったのです。そして、「あのね、（本物の）シンツィア（女児の名前）より口が小さい」としっかりと自分の思いを言ったのです。教師はさらに、「ニコラ（男児の名前）は、口が小さいと話しているけれど、どう思う？」とシンツィアに問い、また少しの沈黙。シンツィアは「それはね、ニコニコしたら口が小さくなったの」と返しました。ニコラは「口は大きくなるんじゃないの」と返します。シンツィアは考えるポーズをしました。教師は「どうする？」とシンツィアに問います。そして沈黙。シンツィアは「うーん、もう一枚描く」と言い画用紙を受け取ると、じっくり紙に向かいゆっくりと線を描き始めました。ニコラは自分が取りかかっていた粘土の手を動かしつつもシンツィアの様子を窺っていました。「できた！」とシンツィアの二枚目は、先の自画像より口が大きく、ニコラは「いいねえ、すてき」とニコニコ、シンツィアもニコニコでした。教師は、じっくりと頷き、横の棚の上にシンツィアの自画像を置きました。

こうしたことは何気ないやりとりかもしれませんが、私にはシンツィアもニコラも教師も丁寧に各々の思いに聴き入ることから「楽しさ」を表すことの意味を探求している、と読み取れたのです。「良い・悪い」や「できる・できない」と二項対立や白黒で短絡的に答えを出すのではなく、「楽しさ」とは何かと根源的に問うことであり、「よくありたい」「もっとよく」という世界を切り拓く市民としての声を響き合わせている生活であると感じられたのです。

「聴き入ることの教育」を軸（＝グランドデザイン）としているレッジョ・エミリア市の乳幼児教育の生きた実践を肌で体験したひとときでした。

イギリスのナーサリーのグランドデザインから：「OWL」アプローチ

二〇一三年と二〇一六年、イギリスのブリストル市にある三〜四歳を対象とするSt. Werburgh's Park Nursery School（以下Wナーサリーと表記）を訪れたとき、「聴き入ることの教育」の大切さを提唱しているのは、レッジョ・エミリアに限ったことではないと、はっきりと示されました。イギリスは、連合王国（イングランド・ウェールズ・スコットランド・北アイルランド）ですので、それぞれ独自の教育制度があります。Wナーサリーはウェールズの制度下にあり、満四歳からはレセプション学級と呼ばれる英語の読み書きと計算重視の学習準備教育に移行し、五歳から義務教育が始まることが一般的です。Wナーサリーには、母語が英語ではない子どもが多く在籍しており（二六言語に及ぶ！）、園長をはじめ教師らは、教え込みではなく子どもの文化背景と従来の文字（英語）とは異なる自己表現を尊重して実践することを保護者と教育実習者にむけての園の案内書に、教師の心構えとして表明しているのです。このアプローチを「ＯＷＬ」と称しています。このＯＷＬ（ＯＷＬは直訳すると「フクロウ」です。ギリシャ神話の「知恵」「賢さ」のシンボルとかけている）は、

Ｏ：Observe（観察すること）：じっくり丁寧に子どもの表現（アート）を観察すること

Ｗ：Wait（待つ）：子どもの興味関心主導の実践には、時間を要するので待つこと

Ｌ：Listen（聴き入る）：子どものＳＯＵＬ（魂）の声に聴き入ること

の略です。子ども（の興味・関心）を信じて待ち、子どもの魂に聴くことが、教育理念であり実践を織りなす基盤、と記されています。ゆえに、教師の役割は、「ファシリテーター（子どもの主体的な活動、遊びや学びを援助的に促進するガイド）」、「サポーター（子どもの思いや願いを支える人）」、そして、「エンカレッジする人（励ます人）」となることであり、「これをしなさい」「ここを見なさい」「言いなさい」と指図するのではない、と示しています。すなわち、子どもの人権を尊重することがグランドデザインの根底にあり、尊重して子どもの心の鍵を解いて子どもからの質問、疑問を理解するところから実践は展開する、と保護者に意思表明しているのです。ここには、子どもは子どもとしての表現のあり方・考え方がある＝アーティストとしての子どもを前提にしていると読み取れます。

ですから、一日の保育は、数日前また前日の子どもの興味・関心を活動の資源（リソース）として捉え、教師間で話し合い、登園前に教材や空間を整え、子どもがその日の朝の活動を選ぶという環境を構成していました。

こうしたＷナーサリーの実践に対して、ＯＦＳＴＥＤ（Office for Standards in Education, Children's

Service and Skills：教育水準局）から、〝Outstanding：優秀校〟と評価を受けています。評価は画一的なものさしではなく、園の文脈を基にグランドデザインを描いて実践していることに対して評価していることに、私たちは学ぶ点があるのではないでしょうか。

Wナーサリーでは、子どもを自分の創造的な声（表現）をもつアーティストとして捉えており、まわりの人が聴き入ることから、子どもと共にある生活世界が拡がるとして実践を展開しています。

「アート的思考」と「聴き入ることの教育」

子どもが「アーティスト」であり、教師はファシリテーターと捉えているWナーサリー。このことは、佐伯胖氏が、保育者は子どもの「アート的思考」の広がりと高まりを豊かにする役割がある教育的な働き、として述べておられることに共通していることでしょう。アート的思考とは、芸術作品をつくりあげたりアート活動をしたりするなかだけで養われる考える力ではない、と佐伯氏ははっきり述べています。アートを、さまざまなモノやコト、ヒトに出会い、心のなかにさまざまな可能的世界の情景が思い浮かべられることとして、そうしたアート的なものを見たり、触れたりして、人々の心のなかに「絵」や「音楽」や身体運動などのアート的世界が広がり、深まり、展開していく内的経験をアート活動として、意味を探求するのが「アート的思考」だと名づけています。

さらに、佐伯氏はものごとの意味を探求するアート的思考は、「聴き入ること」の教育からと説いています。そして、「聴き入ること」の教育を次のように捉えています。(4)

子どもがモノ・ヒト・コトに注意をむけて、それらの意味すること——「それらはそもそもどういうことなのか」についての考えや、それらの願い——「どうでありたいのか、どうしたいのか」——について、さまざまな情景に思い巡らせつつじっくり「聴き入る」ことと、さらに、おとな（保育者、教師）が、一人ひとりの子どもが意味づけている考えや願いにじっくり「聴き入る」ことの二つの意味を含んでいる。

子どもが意味を探求する主体者としてまわりのモノ・コト・ヒトに聴き入ることから知を構築していく教育（Pedagogy of listening）は、「あきらかに、『教えることの教育（Pedagogy of instruction）』の正反対である[5]」と佐伯氏が述べているとおりだ、と本書を読み進めてこられた方であれば本書が問うている保育のグランドデザインのスタンスが伝わっていることでしょう。しかも、「聴き入ることの教育」は、決して机上での夢物語でも空の理想論ではなく、子どものもっと知りたい、わかりたい、聴き入りたいという願い（desire）を、保育者をはじめまわりの人が感知したら、その思いに寄り添い、世界の声をもっと聴ける助けをすることや、素材や道具、保育室の構成等を工夫して、『誰かとともに』味わい、聴き入る道具[6]」を子どもが手に取れるところに置くことが大切なことだ

（4）佐伯胖『幼児教育へのいざない——円熟した保育者になるために（増補改訂版）』東京大学出版会、二〇一四年、二〇七頁。
（5）同前書、二〇八頁。
（6）同前書、二〇九頁。

と佐伯氏は指摘しています。

保育に携わる者、すなわち、子どもと共に生活する者の課題は、子どもを未熟で物事を知らない弱者として捉えて、教師（大人）による一方的な教え込みの教育をするのではなく、レッジョ・エミリア市の乳幼児教育施設やイギリスのWナーサリースクールの実践のように、子どもを市民でありアーティストとして尊重し、子どもが身の周りのモノ・コト・ヒトに出会い、さまざまな表現による考える力（意味づけへの探究）＝アート的思考に聴き入ることを保障する実践のあり方ではないでしょうか。そのためには、教師（大人）自身もモノ・ヒト・コトに聴き入ることが欠かせないことでしょう。そして、「よくありたい」「もっとよく」という生活・世界への創造を市民としての子どもの声と響き合わせ、織り成していきたいものです。

赤碕保育園（鳥取県）の「生活アート展」から

赤碕保育園では、二月下旬の一週間、近所の公民館で「生活アート展」を開催しています。アート展というと、「何の作品を創ったのか」「その出来栄えは」と結果の評価に終始しがちです。もちろん、作品の出来栄えを気にしない人は子ども本人を含めおそらくいないことでしょう。しかしながら、赤碕保育園の作品展は子どもの願い・意思に保育者が聴き入り展開してきたということが、一人ひとり異なる作品から伝わってきます。さらに、子どもの作品に聴き入る姿勢でその世界に身を置いてみると、子どものアート的思考のプロセスが浮かび上がってくるのです。そして、何よりもその子どもの傍らにいる聴き入る保育者のあり方が大切な鍵として見えてくるのです。ここでは、

題名：「やさいさん」

数ある作品のなかから、紙面の関係上、二人の作品を取り上げてみることにします。

＊「やさいさん」りあさん（三歳一〇か月）

「ジャガイモに花？」「ナスにリボン？」「やさいさんなのにミミズまで登場？」と作品だけを見ると、とかく思い抱きがちではないでしょうか。しかし、作品のそばに掲示してあるドキュメンテーションを読むと、そこからはりあさんの思いを保育者が聴き入り、りあさんの頭のなかで生まれ、展開している物語を実現しようと尊重したプロセスが読み取れます。「毎日」ゆったりとしたモノづくりの時間を保障し、とことん納得のいくまで子どもが意味を探求する軌跡を保障したことが伝わります。「りあちゃんの根気・やる気に学ばされた」という保育者の考察に、子どもを尊重し子どものアート的思考と共に歩むことは、おもしろく楽しく、保育者（大人）の生涯の学びをもたらすことに繋がると教えられるのでしょう。

＊「とうきょうと、あかさきと、なみと、はし」ふうがくん（年中児）

「東京タワーに行きたい」とふうがくんから始まったグループ

題名：「とうきょうと、あかさきと、なみと、はし」

におけるまちづくりプロジェクト。しかし、住みたいのは「赤碕」というふうがくんの願い、揺れ動く心を「どちらか」にとするのではなく、橋でつないで表現して「どちらも」を実現化したプロセスが保育者によるドキュメンテーションにより伝わります。さらに、この過程でふうがくんが赤碕の良さを見つめなおし、赤碕の意味づけへの探求がされたことが描かれています。ここには、ふうがくんのアート的思考を保障し聴き入ることとの教育実践が、ふうがくんが市民としての自分を見出し、さらに異なる世界へと歩み出す希望と勇気を作品に見出すことができるのではないでしょうか。

子どもの作品というと、とかく「出来た物」としての捉え方に偏る傾向がありがちななか、子どもの願いや問いに聴き入ると、自ずから新たな問いが生まれる。そうした関係性が対話であり、子どもと共にある保育の創造を導くことであると、保育の原点(始点)について、また方向性について明らかになることと教えられるのです。

題名「**やさいさん**」

はなぐみ　いりえ　りあ（3歳10か月）

〈今までの経過〉
・粘土が好きで、自分のイメージを細かいところまで表現出来る。
・野菜の絵本をよく見ていて、イメージが膨らんでいる。

図 1
・紙粘土に、何色も混ぜながら色をつけていき、イメージの色に近づけていく。
「やっと、じゃがいもの色になったな〜。」

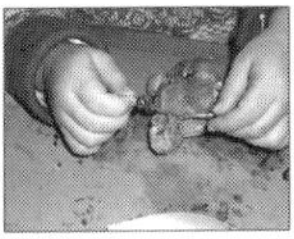

図 2
・茄子の頭にリボンを結びたいが、選んだ素材が結びづらく苦戦する。「自分でやる。」と、保育士の手を借りず、自分で何度も挑戦する。

図 3
・箱の中に、野菜たちの過ごす空間を作る。「お花好きだけ、あったら喜ぶ。」「ミミズさんも仲良しだけ来る。」と言いながらミミズも作る。

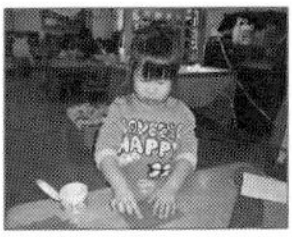

図 4
・箱の蓋を装飾する。「かわいい箱がいい。野菜さんが喜ぶけ。」と言いながら、1枚1枚丁寧に貼っていく。

＜考察＞
野菜の色や形、すべてにこだわり、「この色じゃないな。」「トマトは丸だけど、ピーマンはちょっと違う。丸じゃない。」と、納得のいくまで何度もやり直しをしていたりあちゃん。「早く作品したい！今日もする！」と毎日口癖のように言っていたりあちゃんでしたが、最後出来上がったときに、「もうせん。出来た。」と保育士に伝えてきました。その言葉から、納得のいくまでやり尽したのだと感じ、嬉しくなりました。りあちゃんの根気、やる気に保育士の方がたくさん学ばされました。これからも、自分の納得のいくところまで、どんどん突き詰めていってほしいです。

「やさいさん」のドキュメンテーション

題名「**とうきょうと、あかさきと、なみと、はし**」

にじぐみ（年中児）しみず　ふうが

図1　「東京タワー」から「まち」へ
「東京タワーに行きたい」というふうが君の言葉から始まった「東京タワープロジェクト」。タワー作りをしているうちに、興味は、タワーの周辺、町や橋に及び、友だちと一緒にまちづくりが始まる。

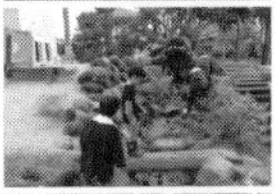

図2　「まち」から「橋」へ
スカイツリー周辺の写真から、変わった形の「桜橋」に興味をひかれ、ボール紙を使って桜橋を作る。「どこかとどこかをつなげる」橋。遊んでいても「橋」に意識が向く。

図3「東京に行きたい」「赤碕に住みたい」
東京に行きたくて始まった「東京作り」だが、住みたいのは「赤碕」。そこで赤碕も作ることに。東京と赤碕の違い(東京は建物がたくさん。牛がおらん)を考えてみたり、赤碕の好きなところを思い返したりしながら作る。赤碕の好きなところは、駅や牧場、保育園の園庭。

図4　波の表現
まちづくりプロジェクトと並行して盛り上がった「波プロジェクト」。そちらの活動にも興味があり、「波の見える町を作りたい」。赤碕鏝絵の漆喰を使い、指やヘラを使って波の形や色を作っていった。

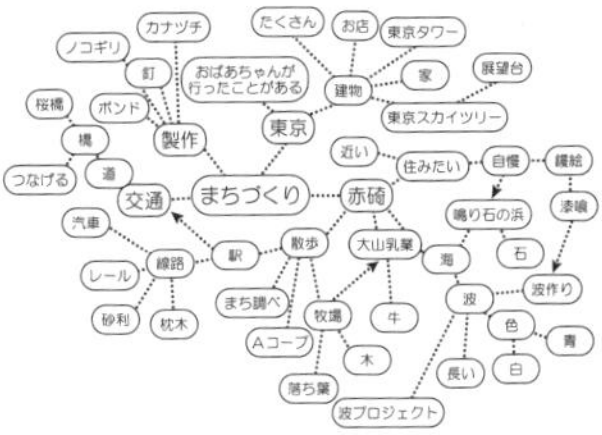

《考察》
「東京タワーに行きたい」というふうが君の願いから始まったまちづくりプロジェクト。タワーから始まり、まちに広がり、「つなげるもの」としての橋に興味を持ち、また他のメンバーが取り組んでいた波プロジェクトにも関心を寄せてきたふうが君。今までのプロジェクトを振り返り、しかし到達した結論は「住むのは赤碕に住みたい」。それは「家があるから」「楽しいところがあるから」。住み慣れたあかさきを見つめなおし、赤碕の好きなところ、牧場、駅を作りました。そして線路を作り、作品作りの最後でその線路が「橋」として東京につながった時、「住みたいのは赤碕。でも東京に行きたい」という当初の願いが、いつの間にか作品として表現されていました。

「とうきょうと、あかさきと、なみと、はし」のドキュメンテーション

3　保育のグランドデザインに大切なコトは？——保育のＭＶＰ

本稿では、子どもを市民として、アーティストとして世界を共に創造する人として、子どもに聴き入ることからの教育をグランドデザインの根底に据えることが、これからの保育の創造に希望と勇気をもたらすのではないか、と語ってきました。そのなかで、保育者がどういう心構えで子どもとの生活に従事するかという問いが生じるのではないでしょうか。私は、子どもの願いに応えて展開する保育には、ＭＶＰの心構えが大切ではないか、と考えています。一般にＭＶＰは、Most Valuable Player の略字であり、直訳すると最も価値ある役者／選手となり、野球等スポーツの最優秀選手の略として用いられています。ここで私が保育のＭＶＰとして表すのは、子どもがかけがえのない社会の一員、ＭＶＰとして生きることを保障するために欠かせない三つの柱です。

Ｍ：Mission（ミッション）：使命、使命感をもって保育（生活）の今に従事すること
Ｖ：Vision（ビジョン）：展望、未来像を描くこと、今ある世界からその先を見据えること
Ｐ：Passion（パッション）：熱意、情熱をもって、子どもに関心を寄せ、子どものアート的思考に感心し、子どもと共に在ることに歓心すること

変わりゆく社会、世界にあり、子どもが投げかける一見素朴でかつ驚かされる問いに、私たち保育に直接かかわる者も間接的にかかわる者も共に、人間の尊厳を教えてくれる子どもに聴き入ることにいま、未来の保育の世界が拓かれてくる、との思いを抱いて歩んでいきたいものです。

終　グランドデザインを論じ合うということ

汐見稔幸

1　グランドデザインということについて

「グランドデザイン」が意味すること

「グランドデザイン」は英語では〝Grand Design〟と書くのだと思います。〝grand〟はグランドピアノのグランドで、意味は、辞書では雄大な、壮大な、盛大な、豪奢な、華やかな、威厳のある、堂々とした、偉い、遠大な、崇高な、などとありますので、グランドデザインとは、①短期の保育計画のことではなく、目標、子ども像、保育観などをも含み、それらをもとにした保育設計、制度設計を叙述した中長期的な保育総合デザイン、というような意味と解していいでしょう。ただ、その内容が社会全体で認められるには、保育のそうした意味づけが社会にとっても大事であることが了解されなければなりませんので、グランドデザインは、②保育の社会的意味が説得的に叙述されていること、も要件になります。またグランドという言葉のニュアンスから、このデザインは、なるほど、すごいなというような、③社会の大きな夢を叙述したものであることも必要でしょう。

いま、そうしたグランドデザインを描くことが大事になってきているという判断が保育関係者に生まれていて、それがこの本を生んだ最大の理由になっているのだと思います。

「教育全体のグランドデザイン」と「保育のグランドデザイン」をリンクさせながら描く必要性

実は保育に限らず、教育の世界では、歴史のなかで何度か、そうしたグランドデザインが描かれたことがあります。

保育は広く教育一般とつながった営みですので、保育だけのグランドデザインは原則あり得ず、教育全体のグランドデザインがあって、そのある部分を保育が担うというほうが合理的です。ですから、歴史のなかで教育のグランドデザインがつくられたときに連動して保育のグランドデザインも描かれたと言いたいのですが、残念ながらそうした関係がきれいにあったわけではありません。詳述はできませんが、その最大の理由は、保育が小学校以降大学に至るまでの、あるいは社会教育を含んだ教育全体の重要な一部を担うという認識や了解が社会には十分なかったことです。

しかし、いま、世界の多くの国が保育・幼児教育重視策に転換しているさなかで、保育が教育の初期の重要な部分を担うということが国レベルで常識化してきています。したがって、保育のグランドデザインを教育のグランドデザインとリンクさせながら描くということも必然の課題になってきています。

読者のみなさんには、その意味で、私たちはいま日本の教育がどういう方向に舵取りされつつあるのかをしっかり把握することが大事だということを述べておきたいと思います。その動きとリンクさせながら、しかし、保育・幼児教育の独自性を失わず、主体的にグランドデザインを描くことが、私たちに課せられているということを了解していただきたいのです。

2　グランドデザインが見直されるとき

グランドデザインの三つの転換期

先ほど、歴史のなかで何度か教育のグランドデザインが描かれてきたと言いました。戦後だけに限っても、次の三つの時期に教育の基本デザインが練り直され、立て直されたことはよく知られています。

①敗戦から戦後復興期
②高度経済成長への切り替え期
③オイルショック後の経済理念、国家理念の転換期（新自由主義への切り替え期）

まず、①は言うまでもなく、二度と戦争をしないという平和主義への社会の切り替え期で、民主主義、文化主義等が国是となり、それを教育によって国民の思想にしなければと燃えていた時期です。この時期は、一時戦前復帰の動きが政権側にありましたが、この国是とそれに基づく教育のグランドデザインを国民の大部分が受け入れたことによって、このグランドデザインによる教育改革が進んだのです。この、国民の多くが改革デザインを受け入れ自分のものとしていたこと、これがこの時期の教育改革を実り豊かなものとする条件になっていたことは、これからの改革にも教訓的です。

②は、およそ一九六〇年頃から一九八〇年頃まで続く時期で、国が日本を農業国家から工業国家に大規模に変えようとした時期です。農業中心策をやめ、あちこちの埋め立て地で巨大なコンビナートを造成し、全国から農民を、建築業や製造業といった作業現場で働くいわゆるブルーカラー労働者としてかり集め、国民の子弟全員に高校教育を受けるような仕組みをつくり、大学も理系重視にきり変えていった時期で、学校でも科目内容を増やし、また理系科目の内容を難しくして、結果「落ちこぼれ」ということが平気で言われるようになった時期です。受験教育が学校にも入ってきて、〇×式の学力への批判が強まったことを覚えている人も多いのではないでしょうか。国は五歳児からの義務教育に変えようとしたこともありました。この時期にも教育のグランドデザインが描かれたわけですが、ただ、それが①の時期のように国民全体に広く歓迎されたデザインであったかどうかは微妙で、そのために教育の世界では分裂も増え、また無理にこうしたデザインの改革を進めることで、「落ちこぼれ」や「怠学」「受験苦自殺」といったいわゆる学校病理が広がった時期でした。

③は、そうして中学校がまず荒れ、次に小学校も荒れたり学級崩壊問題に見舞われたりして、学校が社会の変革の重要なエージェントとなれなくなった時期です。不登校の子どもがどんどん増え、いじめがはびこって、学校は多くの子どもにとって夢を描く練習の場ではなくなってくるなかで、それを思い切って変えようとして構想されたデザインです。「新しい学力」とか「週休二日制」「総合的学習」などがキーワードでしたが、旧い学力にこだわる人たちからの強い批判によって、この

新しいデザインは容易には具体化できませんでした。保育・幼児教育はこの動きに連動して、子どもの主体性を重視し、自主性や意欲を育てるという目標に切り替えましたが、現場ではその趣旨がうまく伝わらなかったところも多く、また中間にいた行政メンバーも趣旨を深く理解していなかったため上手な指導ができなくて、あちこちで混乱が起こりました。

なぜグランドデザインは見直されるのか

さて、こうして戦後だけでも、教育の世界で三回の大きなグランドデザインが構想されたわけですが、よく見てみると、どういう時期にグランドデザインがつくられようとしたかがわかります。端的にそれは、国や社会が大きく構造変換しようとするとき、あるいは文化・文明の変化によって人間が社会のなかで果たすべき役割に大きな内容転換が生じるとき、ということです。

①は戦後改革という大改革の時期で、新しい社会をつくろうと燃えていた時期です。社会も文化もメディアも大きく変わろうとしていました。

②は強制的に工業国家に変えようとしていた時期で、村に昔から伝わってきた農業社会的しきたりを旧いものとしてどんどん切り捨てていった時期です。

③はそうした視点から見ると、環境問題や人口問題、食糧問題、地球規模の格差拡大、宗教対立などが現実になるなかで、それらを克服して地球を未来に向けて持続させることが課題となってきた時期と言えます。あわせてコンピュータ等による情報処理が普遍化し、生活のなかで人間が本当に必要としている力についての見直しが大事な課題になってきた時期でもあります。

なぜ社会が大きく変わるときとか、文化・文明が大きく変わるときに、それまでの教育を見直して新しいグランドデザインを構想し直さねばならなくなるのか。その理由は簡単で、教育、特に制度としての教育は、それ自体で独立している営みではなくて、みんながどうすれば幸せに生きていく社会がつくれるのかということを考えて計画をつくり、その計画を担う人間をどう形成していくのかという論理で課題化されるからです。人育ては新しい社会づくりの一環として問題にされる必然性があり、この関係構造が欠けると、教育と保育の正統性が担保されなくなるのです。

ですから、社会の大きな変わり目では、教育は必ずその内容や目標、方法、制度などの全体を検討し直すことになります。

実は、ヨーロッパ諸国、特にOECD加盟諸国が、この間幼児教育重視策を採用するようになってきたのは、基本的には、二一世紀社会をどうつくっていくのかという問題意識から生まれてきたことでした。日本の子ども・子育て支援新制度も、大きな枠でみると、ヨーロッパのように二一世紀社会の課題を明確にして、その課題の克服の担い手を育てていくということから始まっています。けれども、日本の場合、ヨーロッパに比して、その課題意識がそれほど鮮明ではないという問題があり、それが現在の保育・幼児教育改革が数の問題として捉えられがちで、質の問題、さらには新たな制度問題として十分に捉えられていない理由になっています。そのことは、逆に現場を預かっている保育関係者は、自分の頭でしっかり考えて、二一世紀社会の課題を鮮明にしていく努力をしなければならないことを表しています。このことをここではしっかり考えておきたいと思います。

3　グランドデザインを描くということ

“育てたい”子ども像を描くことから始めることの落とし穴

グランドデザインを描くということは、各園でいえば教育課程や保育課程、基本的な計画をきちんと策定するということにあたりますが、ここではそれよりももっと大もとの、各園がそうした基本計画を策定する際の原理・原則となるものを考えておきたいと思います。

グランドデザインを描く際、各園なら基本計画を策定する際、それを何から描くかという戦術的な問題があります。こうした計画を描く際は、通常、まず育てたい子ども像を描くということから始めるのが定石と考えられているのではないでしょうか。私たちはこれからの時代を生きる子どもたちにどのような力をもってほしいのか、どういう人間になってほしいのか、それをまず明確にする。そして、だからそういう力をもってもらうために、かくかくの教育・保育を行う、という論理構成です。事実、戦後の教育改革期にも、子ども像が盛んに議論されました。「ロビンソン・クルーソー的人間像[1]」などが議論のテーマになったこともありました。その後も『山びこ学校[2]』などの生活綴方実践を通じて、新しい子ども像が模索されました。

そのひそみにならっていえば、いま私たちは、これからの時代に求められる人間像、子ども像を

(1)　戦後の混乱を、粘り強く、勇気と希望をもって切り拓く人間が大事だということで、それをロビンソン・クルーソーにたとえて「ロビンソン・クルーソー的人間像」が必要と言われたこともあった。

まずは議論しよう、となるのですが、ここに実は落とし穴があります。

これから求められる人間像を議論するとき、その手がかりは、多くの場合、いまの子はこういうことができなくなっている、ああいうことも知らなくなっている、というようなことから始まりがちです。でも、その議論は得てして、先行世代の後行世代に対する不満や不安であって、本当に必要な人間像になっているとは限らないことがあるからです。

先に三つのグランドデザインが戦後議論されたと言いましたが、第三の議論のとき、このことが現実化しました。子どもが三無主義になっている、手が不器用で虫歯になっている、生活リズムがおかしくなっている等々、子どもの育ちや生活ぶりに対する先行世代の不満や不安が多数言語化され、それに対して、生活リズムのしっかりしている子、意欲のある子、手先に器用さをもっている子などが子ども像として対置され、それに向けて教育・保育が展開されました。しかし、その多くはある種の訓練主義とならざるを得なかったのです。それは文化や社会の論理、倫理的状況などが変化してきて、それに適応する形で子どもたちの生活形態の変化が生まれているのに、その文化や社会の論理のほうを直接問わずに、変化してきている子どもにだけ、その文化、社会状況の論理とは異なる生き方をせよ、と迫ることになるからです。社会の変化によって実践する機会が減り、結果として苦手になっていること、たとえば鉛筆をナイフで削ることなどを取り上げ、学校でそれをできるようにする、となると、子どもたちは、個人の責任ではなく、社会の変化によってできなくなっていることを個人責任で「できるようになれ」と迫られることになり、結果としてその教育の多くは子どもたちの願いや自発的意志と離れた訓練主義的なものにならざるを得なくなります。

このことは、現在も同じです。「自尊感情、自己肯定感が低い状況がある　↓　自尊感情をしっかりもった子を育てよう」「運動能力が衰えてきている　↓　運動が得意な子どもを育てよう」等々という論理でグランドデザインを組み立てていくと、どこかで訓練主義的な保育・教育になりがちなのです。グランドデザインは、繰り返しますが、子ども像をしっかり描くことを不可欠の要素として含みます。が、そのために子どもたちの苦手になっていることを種々取り上げ、それを克服するという論理で教育・保育を構想すると、教育・保育を訓練主義的で窮屈なものにしがちなのです。そもそも、かつての子どもたちはこうした力があったのに、今それがなくなっているのはおかしい、何とかそうした力を、ということで導かれる内容は、普遍性をもったものになるのでしょうか。あるいは、私たちはかくかくの能力を期待しているのに、それが身についていないから何とか身につけてほしい、という論理から生まれる子ども像は正当なものなのでしょうか。

丁寧な議論を通して導かれるべき子ども像

子ども像というのは、

①子どもたちがこれから生きる社会、世界はかくかくのものになっていくと思われる

②この社会を、人間がみんな幸せに生きていく方向で担っていくには、これこれの力が不可欠だ

（2）『山びこ学校』は、中学校教師であった無着成恭（むちゃくせいきょう）が、教え子の中学生たちの学級文集（内容的には生活記録）をまとめ、一九五一年に青銅社から刊行された教育実践記録。無着成恭『山びこ学校』岩波書店、一九九五年。

③だから、今、私たちはそのことを子どもたちに示し、できるだけ同意を得て、その力、態度、
　姿勢などの育成を教育・保育の課題としたい

こうした論理で導かれるものです。

大事なのは①と②の議論が丁寧に行われているかどうか、なのです。戦後の最初の教育改革期がうまく進んだのは、この議論があちこちで活発に行われ、かつ憲法や教育基本法という導きの糸になる文書が厳然と存在していたからです。これから平和主義、民主主義、文化主義等々の社会をつくろう、そのためには自分の意見が言えなければならないし主権者意識をもたねばならない、だからかくかくの教育をしよう、こうした論理で教育・保育がデザインされたからです。

高度成長期以降のグランドデザインがこの時期ほどの効果をつくり出せなかったのは、工業社会を急いでつくるということに国民的同意が必ずしもなかったこと、旧いものをなくしていくことに不安があったこと、公害などで工業国家づくりに大きな課題が見えたこと等があったため、子ども像が国民的同意のもとで鮮明に描けなかったからです。

第三の改革期は、ポスト近代の始まりの時期で、近代主義そのものが相対化され、地球規模の環境問題等が深刻化し始めていて、未来がよく見えなくなっていた時期の改革です。未来が不透明になり、後発国が先進国を追いかけていることはわかっても、それが近代社会がつくり出したひずみを拡大する可能性があるという不安がひろがってきて、こうした社会をつくらねば、ということに簡単な同意ができない時期の改革でした。でもこれまでの教育・保育ではうまくいかないということを感じている人は多く、その限り、変えねばならないということだけはある程度一致していると

いう改革です。

以上の簡単な記述からでもおわかりいただけると思いますが、教育や保育を改めてデザインし直すというときには、そのデザインが大きければ大きいほど、これからどのような社会・文化になっていくのか、どのような社会・文化を創出していかねばならないのか、ということをしっかり議論して、ある程度一致したことを前提に、その社会の担い手（市民）を育てるには幼い頃にどのような力を身につけることが大事か、どのような体験をすることが必要かという順番で議論していくことが大切になります。この前提的な議論を飛ばして、明日、明後日どういう教育・保育をするかというカリキュラム問題や方法問題を議論すると、それがなぜ大事なのかということに深い同意が得られなくなりがちです。ときに新たな対立を生み出すだけでなく、保護者の同意も得られにくいし、園や学校は変わっても家庭は変わらないということになりがちです。

要するに、子ども像を描くことはグランドデザインに不可欠ですが、まず子ども像からという戦術で議論していくと、子どもの責任で生じているわけではないことを子どもに要求して、結果として管理的・訓練主義的な教育が生まれがちということが起こりがちですし、そもそもそういうことを子どもに要求することが正当かという根拠が鮮明でないということが起こりがちだということです。そうではなく、まずはこれからどういう社会・文化になっていくのか、どういう社会・文化にしなければいけないのかということをワイワイ議論しながら、だからこういう力を子どもたちに育てたい、それでいいか議論してほしい、という順で論を進めていくことが大事だということです。社会の変化が大きく起こっている時期の改革議論にはこのことが不可欠になります。

保育のグランドデザインをどう描くかという本書でも、その議論が実り豊かなものになるには、同じ戦術をとることが肝要だと思います。まず保育関係者は、すべからく、これからの時代をどう捉え、どういう方向に進む可能性があるのか、それでいいのか、私たちは、どういう方向に進みたいのか、等々ということを大いに議論してほしいのです。今回の対談で、そうしたことがあちこちでほの見えているのは、園長、施設長のみなさんのなかに、そうした議論が必要と実感されている方が多いからだと思います。大事なことです。

一言補っておきますと、対談のなかでも出てきましたが、子どもの「ない」から出発するのではなく「ある」から出発することが大事だということは、子ども像を描くときにもあてはまります。しかしこの違いは実際には微妙です。たとえば、子どもは、何でも触りたがり、何でも試したがり……というような子ども像が対談でも語られましたが、それは子どもが本来もっている資質、性行、可能性を改めて発見したということです。この「本来もっている」という子どもの資質は、それ自体私たちが描く「子ども像」のベースになるはずのもので、その内容は、人類史的な進化の過程で身につけたものというしかありません。しかし、その姿をベースにして保育を構想しようというとき、「本来のある」が発揮されていないから……という「ない」の論理で保育の課題を考えるのではなく、確かに「ない」に近い状態だけれど、それを「ない」と見るのではなく「ある」ようにうまく導かれていないからと発想して、子どもたちに豊かな本物の文化をぶつけていけば「ある」が活性化するはずと考え、子どもを信じてまかせる部分を増やしていくのが「ある」の論理です。「ない」の論理は、子どもに必要と思うことを励ましてさせてみる、となります。この二つは似ているようですが、実践の方向はかなり異なります。ここでは、「子どもは本来……」という人類史的な視点で子ども像を描くこととそれを「ある」の論理で理解することの大切さだけを言っておきます。

4　「人間が元来求めているのは？」という視点

〝文明〟と〝自然〟

これからの社会のイメージ、現代の社会の問題点などを議論するとき、今はできるだけ見る視点を後ろのほうに引くことが大事になっています。

おそらく、幹細胞から臓器がつくれるようになると、人は大きな病気になっても、その人の遺伝子を含む幹細胞からその病気になっている部位の臓器などを別につくり、適宜取り替えていくということが可能になるでしょう。そうなると、脳以外は、何度でも取り替えることができるようになり、治療という概念も変わっていくことになります。コンピュータに感情を処理する機能をもたせれば、人は行う情報処理の九九％程度をコンピュータが行うことになりますから、人間は情報処理の分野ではやることがほとんどなくなります。恋愛相談をコンピュータに向かって行う日が間違いなく来るでしょう。

これは果たして人間が求めていた社会なのでしょうか。

私たちは、文明という、人間がすると時間がかかったり、面倒に思われたりすることを機械やモノに大規模にさせる仕組みを極限近くまで発展させてきています。夏目漱石は文明開化について

「元を糺せば面倒を避けたい横着心の発達した便法にすぎない」と言いましたが[3]、そういう方向をさらに進めるのかどうか、深刻に問われる段階に来ているのではないでしょうか。

その際、「人間が元来求めているのは」という視点でものを見、考えることが大事になります。その、〝人間は元来〟とか、〝本来〟とかいう立場でものを考える思想を、かつて、社会をなんとか変えたいと思っていた人がよく使いました。たとえばルソー。ルソーたちは、身分制階級社会をなんとか変えたいと願って、〝人間は元来〟という視点で論理を構成しました。そのとき彼らが使った言葉が「自然」でした。「自然状態では人間は」とか、「人間の自然は」とかいった言い方で、本来こうあるべきという自己の言い分を正当化するために「自然」をキーワードにしたのです。

たとえば『エミール』[4]では、教育には三種類ある、一つは自然が行う教育、二つは事物が行う教育、そして三つは人間が行う教育で、理想の教育はこの三つが一致していることだが、自然の教育は人の力では変えようがないので、事物の教育と人間の教育を自然が行う教育に合わせていくのがいい教育になる、という論を展開しました。ルソー自身は自然に帰れということはどこにも書いていないのですが、そういうこともあってルソーの自然主義ということがよく言われます。

でも、ここでいう自然とは何でしょうか。それは「元来そうあるはず」とか、「もともとそういうもの」というような意味で使われているのですが、言い換えれば「神」はそうつくったはず、「神様」はそうせよと言ったはず、というような意味で使われています。

キリスト教が世俗化していく時代に、それまでのように神学の用語で説明するのをやめ、人間が行うことでこれはおかしいと感じることを「自然に反する」という言い方で説明し始めたのです。

以前なら「神はそうしてはいけないといった」ということを「自然に反する」と言い換え始めたわけです。そして人間のなかにある自然を「人間的自然（Human nature）」と言いました。〝Human nature〟は、「人間性」と訳されますが、もともとは「人間のなかの自然」という意味です。人間のなかにある神のつくったもの、人間のなかに元来あるもの、が人間性なのです。

現在の私たちも、同じことを迫られていると言えます。自然の論理を探り、それを応用して、人間生活をどんどん機械で代用していくということは、神が求めていたことなのか、つまり自然なことと考えるべきかどうか、ということです。人間は何かを手に入れると、それと対になっていたような力は次第に失っていく可能性をもった動物です。手であれこれをつくっていれば手先がまるで感覚器官のように鋭い感性をもつものになっていきますが、いつでも機械や道具に頼っていると、そうした能力を失っていくことになります。それでいいのかどうか、ということを、自分の好みの問題ではなく、人類史的な視点で判断するということです。

対談で人類史的な視点での話がいくつか出ていたのは、その意味でとても納得のいくことです。最後は私たちの価値判断になりますが、その前にできる限り、人類はどう進んできたのか、もともと求めていたのは何なのか、ということを可能な限り客観的に議論してみることです。

（3）　夏目漱石「現代日本の開化」（一九一一年、和歌山講演）『漱石文明論集』岩波書店、一九八六年。
（4）　ルソー、今野一雄（訳）『エミール（上／中／下）』岩波書店、一九六二年／一九六三年／一九六四年。

「美」という視点

私自身は、そうしてみると、人類は、便利さ、簡便さ、効率化等を求めて生きてきただけでなく、「美」というものに強いこだわりをもって生きてきたということに注意がいきます。最近では南アフリカ共和国のある発掘現場で、十数万年前にもう芸術的な作品をつくっていたのではないかと思わせるものが発掘されていますが、四万年くらい前のホモ・サピエンス属の遺跡からは女性の裸体像が出土していますし、ラスコーなどに壁画がたくさん残っていることを思うと、人々は「美」というものに強いこだわりをもってきたということがわかります。この「美とは何か」ということがこれからの人類の行く末を決める上で大きな意味をもっていると思うのです。

たとえば職人仕事のすぐれたものに私たちは目を奪われます。これは便利さ、簡便さ等という価値志向では説明がつかないものです。途方もない時間をかけて一つの美的世界を形にする。そのことに人類はどうしてこだわってきたのでしょうか。

いまユネスコは世界遺産を残そうとしていますが、遺産として認定されているものの多くが、「美しいもの」であることに注目すべきだと思います。美的世界を人類は飽くことなく追求してきたし、自然のなかにも「美」を求めてきたのです。それが簡便さや効率、速さを第一価値（原理）とする近代科学・技術文明によって滅びてしまう可能性が出てきている。それはまずい、何とか残そうというのが世界遺産運動でしょう。

児童文学作家の古田足日さんは、生前、子どもは遊びによって「美的体験」をすると意味づけたことがあります。(5) 私は納得がいくのですが、では「美的体験」とは何かということがあわせて検討課題になりますのでここではこれ以上は述べませんが、ともかく「美」は人類を論じる際のキーワードになることは否定できないように思うのです。

こんなことを言うのは、これからの人類の進むべき道を考えていくとき、地球全体の美、人間関係の美、生活の美など、すべてを「美」という視点から考え直す作業をみんなで行うべきだと思うからです。おそらく、私たちの美意識は、自然のなかで長く暮らしてきて、その暮らしのなかで命が最も活性化するときに生まれたものと思います。我々の心身の最も奥にある生命機能そのものを司るところが活性化する、喜ぶ、そういうときを美的体験といってきたのだと思いますし、そういうものを人工的にもつくろうと願ってきたのだと思います。

そう考えると、たとえばワイマール期のドイツで、芸術と技術を統合しようとしてナチスに解散させられたバウハウスの実践や日本の民芸運動などの位置づけ直し、見直しも必要になるはずです。特に、世界遺産にもなっているバウハウス実践は、造形、工芸、表現芸術を融合させ、合理主義や機能主義の芸術を提唱して、生活に美の論理を普遍化させようとした点で、保育の世界でも関心をもつべきと思います。

いま原発への不安から、あちこちでソーラーバッテリー発電に切り替えようとしていますが、田舎に行くと、田んぼや畑が一面のソーラーバッテリーで埋め尽くされているところが多くなっています。業者が土地を借りて、効率的に太陽光発電をして稼ごうとしているのでしょうが、私個人で

（5）古田足日『子どもと文化』久山社、一九九七年。

言うと、悔しい、気持ち悪いという感触に襲われます。いままで森や畑、田んぼであって自然が豊かに残っていたところが突然機械的な相貌の平面に変わってしまうのです。美しくないのです。田舎の美はどうしてくれるのだと叫びたくなります。

そもそも田んぼを区画整理して、きれいな長方形の田んぼ群にしたときにもそうでした。自然と相談しながら田んぼをつくれば曲線が当たり前で、長い時間をかけてつくられた川の曲線、山の曲線にあわせて田んぼや畑がつくられあぜ道ができる。これが人間が自然と相談してつくった里山であり、田舎でした。そのきれいに曲がったあぜ道が幅四メーターの農免道路になり、幾何学的な長方形の田んぼがズラーと並ぶ。これを見たとき私はその風景を「田んぼ工場」と命名せざるを得ませんでした。どうして美しい田舎に都市の機械の論理、工場をもち込んでくるのだ、これが美しいと思っているのか、ということです。

昔の町並みには「美」がありました。だから江戸時代の町並みを保存しようとする運動があちこちで起こっているのでしょう。明治のはじめにもありました。しかし高度経済成長期から、町中に電信柱、トタン屋根、コンクリートブロックが当たり前のように並ぶようになったときから、町の「美」は消えました。効率、簡便、安上がりという論理は、「美」とはなじみにくいのです。「美」は人が自らの命の営みを感じながら、全身全霊でその命が喜ぶものを探すなかで結晶してくるものでしょう。だから効率とか簡便とかの対極に位置づくのです。

話を戻しますが、こうした「美」へのこだわりこそが、人類史的視点から見えてくる人間の自然の一つではないかと思うのです。そこから、これからの社会をどうつくっていくか、その担い手をどう育てていくかというときの大事な視点の一つが「美」になり、「美」を原理とする社会づくり、人づくりが課題化されてきます。

5　これからの社会をどう構想していくか

人類に備わっている凶暴性と共感性

以上は一例ですが、こうして人類史を私たちなりに見てみると、いろいろなことがわかってきます。人類ほど生命を殺してきた動物もいないのですが、己の欲望の実現のために同じ仲間である人と大量に殺し合ってきた動物も人間だけです。それほどの凶暴性をもっているから地上の王者になったのだと思いますが、逆に、人間ほど深い愛情や共感能力をもった動物もいません。だから大きな社会をつくることができるのだと思いますし、恋愛感情を豊かにしてきたのだと思います。昔のことを聞いて怒ったり、地球の向こう側の事故のことを聞いて悲しむことができるのも人間だけです。それほどの共感能力をもつに至ったので、戦争で解決しようとしても、そんなことをしたらかわいそうとか、悲しいという感情でそれを防ぐことができているのです。つまり、人という動物は凶暴性と共感性の狭間で生きている動物で、凶暴性のスイッチが入りやすい環境をつくるか、共感性のスイッチが入りやすい環境をつくるか、その綱引きこそが、平和な社会をつくることができるかどうかの根底で問われていることなのです。その際大事なことは、凶暴性のスイッチは凶暴にされることで入ってしまうということであり、共感性のスイッチも共感されることで入るということでしょう。そして、どのスイッチを子どもたち、親たちに入れていくのかということが、教育・保育の根本問題であり、文化の基本問題なのです。

保育においては、凶暴性＝攻撃性は、身体を活発に使った遊びの形で文化的な攻撃性に昇華されていきますし、共感性は、日頃の保育の基本原理となるべきで、特に養護の原理として自覚されることが大事になります。

資源循環型社会づくり

その他、これからの社会をどう構想していくべきか、子どもたちにどういう社会をつくり生きる人間になってほしいか、ということをぜひ保育関係者は議論してほしいのですが、これまで述べたこと以外に、すでにいろいろな分野でこれからの社会にとって大事な原理があるのではないかと提案されています。それをもう少し自分たちの言葉で消化して、自分たちの原理にして表現してほしいと思います。たとえば、以下のような原理です。

資源循環型社会、資源最大有効利用社会、ムダ廃止社会……、名称はいくらでも考えられます。地球の人口が一〇〇億を超えることがわかっていて、後三〇億人増えるとしても三〇億人分の資源、食料が必要になるわけですから、環境問題を考えても、ともかく資源を最大限ムダにしない社会をつくらねば地球は滅びます。そうした生活をする原理をエコロジカルな原理と言ってきましたので、これをエコ社会づくりと言ってもいいでしょう。そうした社会をつくるために、日常の生活をどう見直していくのか、それが保育の現場の人間が議論すべきテーマになります。

たとえば、日本は食料自給率は、計算の仕方にもよりますが、四〇％以下になっています。戦前は一〇〇％でした。戦後の産業発展は、基本的に第一次産業の犠牲の上に実現したものでしたが、そのためにたとえば大きな飢饉がきたとき、日本に食料を輸出していた国がその余裕をなくして、我々の食料が足りなくなるということが起こります。そうしたことを念頭に置けば、食糧自給率をみんなで工夫して上げていくことが、安全な生活の大事な条件になることがわかります。

そうしたことを念頭に置くと、これから日本は人口がどんどん減ってきて空き家があちこちに出てくるわけですから、その空き家を公共の空き地にして、そこに地域農場をたくさんつくっていくという施策が有効になっていきます。都市農業の振興が二一世紀型の地域づくりの大事なテーマになるわけです。とすると、そうしたことを率先して行うところが保育所や幼稚園、こども園だという社会をつくれないかというアイディアが生まれます。子どもたちが日常的に食べる野菜や果物を、地域に住んでいるリタイアした元サラリーマンたちが有機農法でつくっている、というような社会です。また、家庭で出た生ゴミなどは、幼稚園や保育所、こども園にもってきてください、堆肥にします、ということにすれば、ゴミも減らせますし、子どもたちのエコ社会、資源循環型社会のイメージづくりにも貢献できます。その一環で食育をいろいろな形で展開することも可能になります。食育は生活の基本を自覚的に遂行できる能力を育てる教育ですが、そのイメージも膨らむはずです。資源循環型社会づくりをどれほど真剣に大事に思うか、これからの教育・保育は試されているといえるでしょう。

同じようにして、脱原発依存社会づくりも課題になるでしょう。地産地消の原理をエネルギー分野まで拡大すると、エネルギー自給の問題にリンクしていきます。いま原発大国フランスなどでは、高速道路にソーラーバッテリーを敷き詰める可能性が検討されていますが、それ以前によりエネルギーを使わない生活づくりの原理を模索する必要があります。手づくりの世界を拡大していくことです。そうして、新しい社会のエネルギー管理を自分たちで行う社会づくりが課題になっていると考えてよく、それを念頭に置いた保育・教育を考えるべき時期に来ていると思っています。

市民参画型社会づくり

次は、市民参画型社会づくりです。

日本は、ヨーロッパと違って、市民（都市住民、職人や商売人、医師や弁護士などの専門家など）が自治的に暮らすためにつくった都市が歴史的にあまりありません。江戸時代には秀吉が大坂という大きな町を人工的につくったのをモデルにして、統治者としての武士が、城を拠点に人工的につくった城下町が中心的な町になっています。ヨーロッパの多くの都市は市民の自治をめざしましたが、城下町では自治はあり得ません。かろうじて商売人たちの株仲間的な自治集団がありましたが、日本は、秀吉につぶされた堺以外に、自治都市は生まれなかったのです。

その影響で、明治維新のときも、上からの近代化という形を取り、市民の自治を権利化するために市民革命を起こすということがありませんでした。あくまでも政治の主体者は武士という名の軍人で、上からの近代化という構図をとったのです。ですから、政治主体としての市民というカテゴリーがなかなか実体化せず、自由、平等ということは言葉だけでも入ってきても、男性市民のある意味では特権的な支え合いであった「友愛」のほうは言葉自体もなかなか広がりませんでした。

イギリスなどでは、市民が自由に公論を議論し合う場としてパブという場があったのですが、日本にはそうした公論を論じ合う場がなかなかできませんでした。明治の初め、福沢諭吉がこうしたことを念頭に置いて、スピーチ（＝演舌）の場を慶應義塾につくろうとしたことは知られていますが、自由民権運動は、その意味ではこうした演舌の運動だったとも言えます。しかしそれも弾圧されて廃れます。ちなみにイギリスでは公論の場であったパブからパブリック＝公共という言葉が生まれますし、それを広めるパブリッシュという言葉も発生します。しかし日本ではパブリック＝公共は「おおやけ」と訳され、「おおやけ」＝「大きな家」＝「身分の高い人」というような意味で使われてしまいます。その名残は今でも残っていて、「公用車」は「みんなのための車」ではなく、偉い人、偉い役人が乗る車という意味になります。「公共」は「おかみ」というニュアンスからなかなか自由になれません。

戦後になっても、民主主義という言葉は大きく広がったのですが、その担い手としての市民という言葉はそれに比して理解されず広がっていません。戦後アメリカから入ってきた新しい学校の教科に〝civic education〟というものがあったのですが、これも「市民科」と訳されず「社会科」と訳されます。

民主主義という制度は、その担い手である市民が、政治テーマを判断できる知性を有していないと、衆愚政治になる危険のある制度で、プラトンやアリストテレスはそれを忌み嫌ったのですが、日本では、市民が市民的知性をもつための場をいまに至るまでつくっていません。パブがまだないのです。イタリアなどに行くと、市民が毎日、〝ＢＡＲ（バール）〟というパブで口角泡を飛ばして議論しているのを見ますが、この点になると彼我の差を感じてしまいます。

それはともかく、社会が進むということは、すべての住人が政治主体として政治に参加・参画するようになるということを意味していることをまず認めねばと思います。特に環境問題、子育て問題、介護問題など、市民がそれぞれ当事者である問題が普遍化している現代にあっては、当事者が判断と行動に参加する政治主体として登場しない限り、血の通った政治はできません。しかし、そのためには、子どもの権利条約にあるように、意見表明権や思想信条の自由を乳児期から子どもたちに保障していかないと効果はないでしょう。人間は、それまで誰かが決めたことを守るだけだったのに、今日から自分で決めて行動するのだ、と言われても、突然できるようになるわけではありません。市民参画型社会をつくるという固い決意をもとに、それを形にする保育・教育を懸命に丹念に模索することが肝要だと思います。

その他に、新しい社会をつくる原理にはどういうものがあるでしょう。みなさんで大いに議論してほしいのですが、たとえば子育て支援型社会、高齢者参画型社会も大事になると思われます。子育てや介護を社会全体で応援していく社会のことです。また男女平等社会、男女共同参画型社会もそうです。人間の半分をしめる女性が長く男性に支配されてきたことを根本から考え直し、性的な違いをたくさんもちながら平等になるとはどういうことかを真剣に考えていく社会です。ＬＧＢＴ(6)の人々が、そうでない人と同じように参加していく社会づくりということを当然含みます。

あるいはインクルージョン社会も大事になるでしょう。障害のあるなし等にかかわらず、同じ場で、同じ時間を共有しながら生きることを支え合う社会です。ユニバーサルデザイン社会と言ってもいいでしょう。これから多様な国々から来た人、多様な民族の人々が日本で住み、共に生きていく社会になると思いますが、そこに差別や偏見が生じないようにするには、多様性（ダイバーシティ）を大事な価値とする社会になっていくことが必要になります。この多様性（ダイバーシティ）は遠山さんとの対談でも出てきたようにこれからの社会のキーワードになる可能性がある概念で、たとえば学校の多様化を具体化するにも、キーワードとなる言葉です。学校の多様化は、不登校の子たちがたくさん通うフリースクールだけでなく、シュタイナー学校やモンテッソーリ学校、デモクラティック学校（サドベリー学校）等々、理念をしっかりもった多様な学校が併存し、子どもたち、保護者たちの多様な選択を保障する教育システムをつくることを指します。

スペースの都合で、以上にしておきますが、新しい社会の構成原理を、みんなでワイワイ言いながら模索することが、新時代の市民を育てる場になってきた学校・保育のメンバーたちの、いまやらねばならない最も大事なことの一つになってきたことをご理解いただきたいと思います。

保育のグランドデザインは、こうした議論をワイワイ行いながら、さらに保育が行っている地の特性、そこに根ざすときのテーマ、そこで地域づくりを行っている人の実際、その人たちとの協働の可能性等々をも議論していく必要があります。そうして、こうした社会、こうした地域をつくり

---

(6)　LGBTとは、女性同性愛者（レズビアン、Lesbian）、男性同性愛者（ゲイ、Gay）、両性愛者（バイセクシュアル、Bisexual）、性同一性障害を含む性別越境者など（トランスジェンダー、Transgender）の人々を意味する総称。

たいので、その担い手になってほしいと子どもたちに願うところから実際の保育は構想されていきます。

保育の実際については、子どもの主体を活かすこと、子どもの自己選択を可能な限り重視すること、子どもたちの落ち着きや意欲を導く環境をどうつくるかを考えること、本物の文化とできるだけ出会わせてやること、子どもたちの科学、芸術、美的体験への願いをしっかり把握してその活動を保障していくこと等々のことを自分たちの言葉で記述していっていただきたいと思います。この本が、そのために刺激になればと願っています。

最後に、対談につき合っていただき、貴重な提言・発言をしてくださった六人の園長と久保さんに心よりお礼申し上げます。

あとがき

私にとって、「保育のグランドデザイン」を描くことは非常に難しいことでした。なぜなら、たとえば、「一．子どもは、国の宝である」……、と順に箇条書きで書いていっても、どのようにすれば宝を大切にすることになるかはわかりにくいからです。また、それは、人によって違います。親による子どもへの虐待は後を絶ちませんが、その親の多くは、「しつけとしてやった」「子どものためだと思ってやってしまった」と答えます。「ために……」ということも、具体的な行動に移すときになると、非常にわかりにくい言葉です。それは、この言葉は大人主体だからです。「保育のグランドデザイン」を描く上で、子ども主体である必要がありますが、そこには深い子ども理解がなければならないのです。

心理学において、子どもの行動はいろいろと解明され、その意味を理解することができました。しかし、一方、科学的、特に脳科学的に解明されてくると、過去の心理学との微妙なずれが生じ始めています。また、保育園という場は、子ども集団が生活する場であり、その子ども相互の関係がさまざまなことに影響をしていきます。その関係における影響は、心理学では説明できない部分も多くありますし、その部分こそ、保育園の特徴であり、グランドデザインを描くことが必要な、重要な部分でもあるのです。

ノーベル賞を受賞したニュートリノ研究がなされている岐阜県飛騨にある観測装置「カミオカンデ」を見学したことがあります。ここでは、ニュートリノ研究とは別にダークマターと呼ばれるものの研究も進められていました。ダークマターとは暗黒物質と呼ばれ、宇宙の質量の大半を占めるものだと考えられながらまだ解明されていない物質のことです。わかっていることは二割程度で、残りはまだ何もわかっていないそうです。私はこのことを聞きながら、「赤ちゃん」についても同じことが言えると思いました。赤ちゃんがもつ能力は、まだまだ解明されてないからです。たとえば、赤ちゃんは小さい頃から人の表情を真似ながらさまざまなことを身につけていきますが、「舌を出す」という複雑な感覚と動きは、いつ、どのように知っていくのだろうと思います。新生児から「偉大な学び手」だと言われるように、赤ちゃんは生まれたときから学び始めていることは確かのようです。

私たち保育に携わる者の仕事と責任は、この偉大な学び手に対するエデュケーション・アンド・ケアです。ただし「エデュケーション・アンド・ケア」を「教育と養護」と認識してしまってはいけないと思います。もともとエデュケーションの語源は、外に引き出していくという意味があります。実は、福沢諭吉は、最初にエデュケーションを「発育」と訳しました。福沢は、自ら創刊した『時事新報』に、「学校は、人に物を教える所ではなく、天資の発達を妨げないようにして、それをよく発育するための道具なのである。その意味で、教育という文字は穏当でない。発育と言うべきである。また、このような次第で、学校の本旨はいわゆる教育（教えること）ではなく、能力の発育（事物の理を窮めてそれに処する能力の発育）にあるべき」と主張し、「自ら発するものを育んでいく行為」として発育と訳しました。さらに、福沢諭吉は、「教」という字の語源には、鞭をもって叩き込むという意味があるので、「教」を当てるとエデュケーションを「教え込む」「思い込む」と後世まで誤解させてしまうと激怒したそうです。私は、福沢諭吉と同じく発育することが本来の教育だと思います。

ケアを養護と訳すことにも違和感があります。養護というのは世話をするというイメージが強くなってしまいます。ケアは「気配り」とか「配慮する」と訳すほうが適していると思います。相手のことを思いやる、つまり、子どもに共感したり、寄り添ったりすることが、「ケア」のイメージにあっていると私は思っています。

このように、最近の研究による新しい知見が次々と発表され、また、言葉の合意も得られないままグランドデザインを描くという行為は、とても困難なことです。だからといって、描かなくてよいわけではなく、逆にそれだからこそ必要なのです。保育という営みは、ますます重要になっていきます。それは、「保育」とは、人の生きる道であり、生き方だからです。古代より国家論が論じられていますが、その多くは「教育論」なのです。すなわち、「保育のグランドデザイン」とは、「人はどう生きるべきか」という哲学を語ることでもあるのです。

現在の保育政策はハードウェアの整備に集中してきています。しかし、量だけでなく質の議論も必要になってきます。そのためには、子どもの行動をよく見て、子どもに合わせる具体的なプログラムをつくっていくことが望ましいと思っています。それは、日本で批准した「子どもの権利条約」を踏まえ、また、この時期のあり方を、児童福祉だけに押しこめるのでなく、また学校教育のなかに位置づけるのではなく、人生におけるもっとも大切な時期として乳幼児を捉え、保育のグランドデザインを提案していくべきだと思っています。
対談によるその試みは、決して満足のいくものではありませんし、それだけで言い表していると は思いません。しかし、それぞれの考え方のなかに、保育という芯を見出してもらえれば幸いです。そこに、グランドデザインの曙を見出し、そこから皆さんで描いていくことを願っています。

二〇一六年四月

執筆者を代表して　藤森平司

《園紹介》

社会福祉法人赤碕保育園

赤碕こども園

開　設：1936年4月1日
所在地：鳥取県東伯郡琴浦町赤碕1867-8
ＴＥＬ：0858-55-0708
定　員：110人
職員数：28人
敷地面積：4,166 m²
延べ床面積：1,128.49 m²
ＵＲＬ：http://www.kosodate-web.com/akasaki

〈園の特色〉

▶経緯

1936年初代福田信雄園長が浄土宗専称寺の境内において開設し，1995年現在地に移転改築し，2015年で創立80周年を迎える。2016年4月より幼保連携型認定こども園「赤碕こども園」として開設。児童クラブ「しおかぜクラブ」と子育て支援センター「アトリエ・ラボ」を運営している。

▶保育理念

- 法人の理念

  現在と未来にわたり，個人の自由と社会の自由を実現し，人生を自ら豊かに生きる人を育み支援する。

- 保育の理念

  感性を基に，自ら学び表現する。瞬間を豊かに生きる子どもを育み，葛藤を乗り越え，互いを生かし合い，学び合う共同体を創造する。子どもと社会の願いを実現し，未来を切り開く力の基礎を培う。

▶保育の特徴

子どもの主体的な活動を援助し，生活から学び，遊びを豊かなものとするためにプロジェクト・アプローチ保育を展開している。特に感覚の発達を大切にし，身体的・情緒的・認知的な活動を一体として保育するよう努めている。また，物，人，出来事との対話を大切にし，生活と表現との一体的展開を重視している。そのためドキュメンテーションの充実を図っている。保護者，地域などと連携し，生活に根差した社会文化的な保育実践を心がけている。

《園紹介》

社会福祉法人相友会

諏訪保育園

開　設：1969年4月
所在地：東京都八王子市諏訪町5
ＴＥＬ：042-651-4555
定　員：本園214人　分園49人（0，1歳児）
職員数：62人
敷地面積：本園 2,122 m^2　分園 1,732 m^2
延べ床面積：本園 1,194 m^2　分園 590 m^2
ＵＲＬ：http://www.suwahoikuen.ed.jp

〈園の特色〉

▶経緯

1953年，小学校教諭だった相馬サユが始めた個人立浅川保育園がこの法人のスタートである。女性の自立と子どもたちや地域の福祉向上という高い志は，いまも法人の理念として受け継がれている。諏訪保育園は，1969年にその娘である村松一惠がやはり個人立として，地域の熱望を受け開園。1976年に法人化し，2007年には八王子市で最初の指定管理者制度により長房西保育園の運営を始め，2011年には諏訪保育園の分園であるのぞみ乳児園を開園。

▶保育理念

- 保護者と共に子どもの遊びと育ちを支える
- 地域の子育て支援の役割を担う

▶保育方針

- 何よりも元気で，丈夫な体をつくる
- 子どもの発達段階に応じて，その時期に最も大切で欠くことのできない生活体験を用意し，自分のことをやりとげてたくましい意思を育てる
- 集団生活を通して，日常生活の基本的なしつけと習慣を身につける
- 創造性豊かなのびのびとした思考の土壌と情操を育てる

▶保育の特徴

周囲の豊かな自然や人との交流を生かし，健全な体と豊かな心の発達を図っている。また，遊びや生活のなかで一人ひとりの子どもが今をたくましく生き，望ましい未来をつくり出す力をもてるよう，発達段階に応じた四季折々の生活体験を用意し保育を展開している。そのため，保育の心がけとして子どもの心のなかに3つの好き（自分・人・自然）が育つように，子どもとの応答を大切にし，日々の保育の振り返りから明日を考え，子どもの生活の連続性に着目した保育を目指している。また，家族が子どもの一番の応援団になれるよう子ども理解を深め，家族と共有する保育を模索中。

《園紹介》

社会福祉法人バオバブ保育の会

バオバブちいさな家保育園

■バオバブ保育園
開　設：1973年4月1日
所在地：東京都多摩市一ノ宮1-20-3
定　員：110人　職員数：23人

■バオバブちいさな家保育園
開　設：2001年4月1日
所在地：東京都多摩市一ノ宮3-9-1
ＴＥＬ：042-375-4701
定　員：80人　職員数：19人
敷地面積：634.62m²　延べ床面積：621.3m²
ＵＲＬ：http://baobabcc.jp

〈園の特色〉

▶経緯

バオバブ保育園は1973年，多摩市から土地の貸与を受け開設された。

バオバブちいさな家保育園は，2001年，多摩市から土地建物の貸与を受けて３歳未満児保育園として開設されたが，2014年，現在地に０～６歳の園として新築移転した。

同じ法人内には稲城市若葉台，横浜市緑区霧が丘，世田谷区喜多見の園を含めて５か所の保育所があり，また多摩市の委託を受けて２か所の学童クラブを運営している。

▶保育理念（法人共通）

「子どもたちが，
　“自分をたいせつに思える人”
　“柔らかに開かれた心をもち，様々な人と共に生きていける人”
に育っていくことを願い，保護者とともに子育てをすすめる」

▶私たちの思い

- 子どもたちが，のびのびと過ごせる毎日の暮らしを大事にする。
- 子どももおとなも互いに自分の心を開き，人の気持ちも感じられるようにする。
- 自然の恩恵をいっぱい受け，自然の不思議をからだで感じられるようにする。
- その時その時に，保育の場に関わる全ての人が主人公になり保育を創っていく。

▶地域子育て支援事業

- 一時保育／定期利用保育　定員10人
- 親子サロン“びーだま”

《園紹介》

社会福祉法人照隅福祉会
パンダ保育園

設　立：1972年7月1日
所在地：沖縄県浦添市安波茶1-13-8
ＴＥＬ：098-877-7585
定　員：120人
職員数：30人
敷地面積：702.36 m^2
延べ床面積：695.40 m^2
ＵＲＬ：http://www.rik.ne.jp/panda

〈園の特色〉

▶経緯

本土復帰の年の1972年7月，浦添市のなかの有数の団地である浦添ニュータウン内に，無認可保育施設として開設する。翌年に5歳児保育を始める。

1981年，市の規定で4歳児までの認可園となる。5年後の1986年，5歳児が措置され，定員が60人から90人となる。

2001年，新園舎落成，120人定員となる。

▶保育理念

「一隅を照らすものは国の宝なり」

一人の照らす明かりは小さくとも，一人，二人，三人と集まれば，もっともっと明るくなり，この世の中も明るくなる。このように明るい世の中にしていくようなそんな人に育ってほしい。

▶私たちの保育

「あそべ，あそべ，もっとあそべ！」

あそびの保育をとおし，子どもの固有の権利，すなわち心身ともに健やかに生まれ，健やかに育てられること（生存権），自己の感性と能力を豊かに発達させること（発達権），平和と幸福のうちに生きること（幸福権）を総合的に保障することに努める。

《園紹介》

社会福祉法人種の会

はっとこども園

開　設：2002年4月1日
所在地：兵庫県神戸市灘区摩耶海岸通2-3-14
ＴＥＬ：078-805-3810
定　員：105人
職員数：27人
敷地面積：1,200.69 m^2
延べ床面積：803.38 m^2
ＵＲＬ：http://www.tanenokai.jp

〈園の特色〉

▶経緯

2002年，兵庫県神戸市灘区に「はっと保育園」として開園し，2015年より「幼保連携型認定こども園　はっとこども園」として運営している。2016年4月現在，法人として「はっとこども園」に加え，「なかはらこども園（兵庫県神戸市灘区)」，「ななこども園（大阪府藤井寺市)」，「池田すみれこども園（大阪府寝屋川市)」，「もみの木台保育園（神奈川県横浜市青葉区)」，「みやざき保育園（神奈川県川崎市宮前区)」，「世田谷はっと保育園（東京都世田谷区)」の計7園を運営。

▶運営理念

「みんなでみんなをみていく園づくり」

- 園の職員だけでなく，地域ボランティア，学生ボランティア，専門機関など，子どもに関わる人々の輪を広げる実践
- 園児だけでなく，地域の子育て家庭全般に広げて関わる内容（関係性）を深めていく実践
- 人の輪を広げ，関わる内容（関係性）を深める手立てや方法に対して，専門性を追求する実践

これによって，園の社会的価値を高めることを目指している。

▶主な保育内容

- 「異年齢グループ」と「学年別クラス」の保育：どちらも小グループが基本
- 「自分で考えて行動しやすい環境」と「コーナー・ゾーン型の保育」
- 「プログラム型プロジェクト」と「季節型プロジェクト」
- 「保育者と保護者と子どもたちによる“要録”づくり（きらきらシート)」
- 「サーキット運動（1～2歳児は毎日10分程度)」と「クラブ型保育（5歳児)」
- 「5歳児の子ども企画による保育」：誕生会プロジェクト，やりきるクッキング

《園紹介》

社会福祉法人省我会
新宿せいが保育園

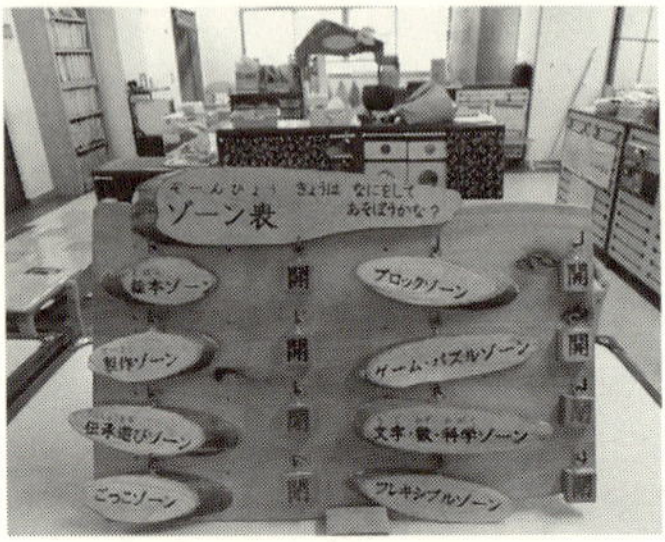

開　設：2007年4月1日
所在地：東京都新宿区下落合2-10-20
ＴＥＬ：03-3954-4190
定　員：171人
職員数：42人
敷地面積：782.44 m^2
延べ床面積：1,558.05 m^2
ＵＲＬ：http://shinjuku-seiga.hoikuen.to

〈園の特色〉

▶保育理念：「共生と貢献」

- 共生
  他を受け入れ，共に生きていくなかで，それぞれの子どもが周りのすべての環境のなかで生かされていることを知り，自分も相手の存在を深め，また豊かにしていくことができる社会づくり。
- 貢献
  さまざまな体験を通して得た知恵や知識を用いることによって，よりよい共生を目指す（貢献）ことに喜びを感じる子ども。

▶保育方針：「子どもの主体性を育てる保育」

- 子どもの主体的な活動としての生活を保障する保育（生活をはぐくむ）
- 子どもの自発的な活動としての遊びを保障する保育（自立をはぐくむ）
- 一人ひとりの特性に応じた保育（個性をはぐくむ）
- 人とのかかわりを大切にした保育（社会性をはぐくむ）

▶保育目標：「自分らしく意欲的で，思いやりのある子ども」

- 自ら課題を見つけ，自ら考え行動する子ども（主体的に行動する子ども）
- やりたいことをやれる子ども（意欲的な子ども）
- 自分を好きになれる子ども（自尊感情をもてる子ども）
- 人の喜びを喜べる子ども（思いやりのある子ども）

▶保育方法：「見守る保育」

- たてわりではない異年齢児保育
- 子ども主体の保育
- ねらいに応じた選択制の保育
- かかわりを大切にした保育
- チーム保育（職員集団）

《園紹介》

社会福祉法人岩屋福祉会

岩屋こども園アカンパニ

設　立：1950年10月1日
所在地：京都府京都市山科区大宅中小路町
65-8
ＴＥＬ：075-571-5790
定　員：226人
職員数：49人
敷地面積：3,460 m^2
延べ床面積：1,740 m^2
ＵＲＬ：http://www.iwayanomori.org

〈園の特色〉

1950年に，岩屋保育園として開園し，2015年，幼保連携型認定こども園移行に伴い，園名を社会福祉法人岩屋福祉会岩屋こども園アカンパニとしました。愛称のアカンパニは，伴奏するという意味です。子どもたちの素敵な表現をひき出し，ひき立てることが保育者の仕事だと思っています。子どもの表現は，造形や音楽のような活動に限りません。表情や仕草も，泣くことも拗ねることも笑うことも怒ることも表現だと思っています。子どもが自分の気持ちや思いを伝えることのすべてが子どもの表現であり，子どものアートだとすれば，残された作品だけが子どものアートではないはずです。ですから，子どもを手伝ってかけがえのない今日をつくる保育者も，創造的に子どもと日々を暮らしています。

子どものアートとともに大切にしていることは，大地です。土や草や凸凹したところを駆けぬけることは，子どもの特権です。枝や木の実や葉っぱを集めて，並べて飾って盛りつけて遊ぶのも子どもの特権です。草むらに足を踏み入れてとび出すバッタと出遭い，小川の小石をどかしてサワガニと出遭うのも子どもの特権です。自然とひとつながりであること，人を超える大きな力によって生かされていることに感謝して，子ども時代を子どもらしく生きてほしいと，心から願っています。

神社の境内にあるおかげで，本館と２つの乳児棟は森に囲まれています。本館には，美術アトリエ，音楽制作スタジオ，音楽演奏や舞台芸術，映画鑑賞のためのシアターがあります。大地を裸足で掴み，気持ちや思いを存分に表現して，子ども時代を子どもらしく生きる。それが，鎮守の森に展開する岩屋こども園アカンパニの保育＝大地とアートです。

《園紹介》

社会福祉法人わこう村

和光保育園

開　設：1957年4月1日
所在地：千葉県富津市小久保2209
ＴＥＬ：0439-65-2772
定　員：90人
職員数：25人
受入年齢：産後57日～（産後50日～56日は親子でなじむ保育）
敷地面積：1,794.38 m^2
延べ床面積：806.3 m^2
ＵＲＬ：http://www.wakoh-mura.com

〈園の特色〉

▶経緯

築120年の園舎は，初代園長（現園長の父）が，旧四街道町にあった兵舎の食堂を払い下げてもらい，1957年に移築した。

保育者主導で，週案・日案通りに展開する保育が，子どもを不自由にさせていたことに気づいて，1983年頃から子ども目線で保育の見直しを始める。

2001年度に，園舎をまだ50年は使おうと大規模修繕を施し，再々利用を決める。

親だからこそ，子どものことは一番知っていてほしいと，子どもが自分で自分を育てようとしている姿を，親に物語ることを続けてきた。そのことが，親も保育者も育ててくれたのか，子育てを支え合う「子ミュニティー」が，ようやく実を結び始めてきていることを実感する近年。

▶保育理念

- ゆったりした時間と　たっぷりの経験を子どもたちに
- 出会い　ふれあい　育ち合いの　子ミュニティーを大人たちに

▶私たちの思い

都市化／近代化で無機質／画一的な人工物が増え，「自然」から遠ざかる人間。だからこそ自然の縁（へり）の里山で，自然のもつ多様な世界と出会って，おもしろそう，やってみたいと手の届きそうな生活道具や文化（手仕事文化）のなかにまじって，子どもも大人もそれぞれにもち味の出番がある。あてにされて，気がついたらいつの間にか生活者の一人として育っている。大人と子どもの年齢の違いや，男女や障碍の違いに隔てなく，お互いを侵さず尊重して，生活者の一人として責任を引き受けながら，一人一人が主人公で共に生き，共に育ち合う「わこう村」。

▶地域子育て支援事業

地域子育て支援事業「もう一つのお家」（利用者と創る支え合いの子育て子ミュニティー）

島本一男（しまもと・かずお）　第Ⅰ部対談を読んで見えてきたこと―その１―

1953年生まれ。社会福祉法人相友会諏訪保育園園長。

主著：『とんちゃん＆しまちゃんの歌ってこっつんこ』（共著）小学館，2009年

『園長パパの豊かな食育実践』（単著）芽ばえ社，2013年

福田泰雅（ふくだ・たいが）　第Ⅰ部対談を読んで見えてきたこと―その２―

1955年生まれ。社会福祉法人赤碕保育園赤碕こども園園長。

主著：『保育のなかのアート』（共著）小学館，2015年

森　眞理（もり・まり）　第Ⅱ部３

1960年生まれ。立教女学院短期大学幼児教育科准教授。

主著：『レッジョ・エミリアからのおくりもの――子どもが真ん中にある乳幼児教育』（単著）フレーベル館，2013年

『子どもの育ちを共有できるアルバム　ポートフォリオ入門』（単著）小学館，2016年

《執筆者紹介》（執筆順，執筆担当）

久保健太（くぼ・けんた）　はしがき，序，第Ⅰ部対談1～対談6
編著者紹介参照。

汐見稔幸（しおみ・としゆき）　第Ⅰ部対談1～対談6，終
編著者紹介参照。

鈴木まひろ（すずき・まひろ）　第Ⅰ部対談1，対談を終えて1，第Ⅱ部2
1952年生まれ。社会福祉法人わこう村和光保育園園長。
主著：『保育園における「子どもの育ちと学びの分かち合い」への招き（改訂版）』（単著）全国私立保育園連盟，2012年
『育ちあいの場づくり論』（共著）ひとなる書房，2015年

室田一樹（むろた・いつき）　第Ⅰ部対談2，対談を終えて2
1955年生まれ。社会福祉法人岩屋福祉会岩屋こども園アカンパニ園長。
主著：『保育の場に子どもが自分を開くとき』（単著）ミネルヴァ書房，2013年
『保育者論（第2版）』（共著）ミネルヴァ書房，2016年

藤森平司（ふじもり・へいじ）　第Ⅰ部対談3，対談を終えて3，あとがき
1949年生まれ。社会福祉法人省我会新宿せいが保育園園長。
主著：『見守る保育』（単著）学研教育みらい，2010年
『0・1・2歳の「保育」』（単著）世界文化社，2012年

片山喜章（かたやま・よしのり）　第Ⅰ部対談4，対談を終えて4
1953年生まれ。社会福祉法人種の会理事長，株式会社ウエルネス会長，神戸常盤大学客員教授。
主著：『片山流運動会ユーイギ種目集』（単著）チャイルド本社，2006年
『遊びっくり箱』（単著）ひかりのくに，2013年

當間左知子（とうま・さちこ）　第Ⅰ部対談5，対談を終えて5
1957年生まれ。社会福祉法人照隅福祉会パンダ保育園園長。

遠山洋一（とおやま・よういち）　第Ⅰ部対談6，対談を終えて6，第Ⅱ部1
1935年生まれ。社会福祉法人バオバブ保育の会バオバブちいさな家保育園園長。
主著：『開かれた心を育む』（単著）筒井書房，2009年
『心を感じる，自然を感じる』（単著）筒井書房，2012年

《編著者紹介》

汐見稔幸（しおみ・としゆき）

1947年生まれ。白梅学園大学・同短期大学学長。

主著：『本当は怖い小学一年生』（単著）ポプラ社，2013年

『保育者論（第２版）』（共編著）ミネルヴァ書房，2016年

久保健太（くぼ・けんた）

1978年生まれ。関東学院大学教育学部専任講師。

主著：『子どもが道草できるまちづくり』（共著）学芸出版社，2009年

『育ちあいの場づくり論』（共著）ひとなる書房，2015年

保育のグランドデザインを描く

——これからの保育の創造にむけて——

2016年５月20日　初版第１刷発行　〈検印省略〉

定価はカバーに
表示しています

編著者	汐見稔幸 久保健太
発行者	杉田啓三
印刷者	江戸孝典

発行所　株式会社　ミネルヴァ書房

607-8494 京都市山科区日ノ岡堤谷町１
電話代表（075）581-5191
振替口座 01020-0-8076

共同印刷工業・新生製本

ISBN978-4-623-07490-7

Printed in Japan